HOLY SPIRIT

A. W. 토저 마이티 시리즈(A. W. TOZER Mighty Series)

토저는 교인수의 성장을 위해서라면 대중의 인기에 야합하고, 거대 기업의 경영방식을 무차별 차용하고, 헐리우드 엔터테인먼트 방식을 예배에 도입하는 것에 대해 통렬한 비판을 가하였다. 그는 현대의 교회가 물량적 성장을 위해서라면 교회의 순결성을 포기하는 듯한 자세를 보일 때는 그것을 좌시하지 않고 언제나 선지자의 음성을 발하였다. 듣든지 안 듣든지 이스라엘 교회의 세속화를 준열히 책망했던 예레미야처럼, 토저도 시대에 아부하지 않고 하나님교회의 순정성(純正性)을 파수하기 위해 '강력한'(Mighty) 말씀을 선포했다. 그래서 토저는 '이 시대의 선지자' 라는 평판을 들었다. 토저가 신앙의 개혁을 위해 외쳤던 뜨겁고 강력한 메시지를 이 시대의 우리도 들어야 한다. 말씀과 성령에 의한 개혁이 절실히 필요한 이때, 규장에서 토저의 강력한(Mighty) 메시지들을 'A. W. 토저 마이티(Mighty) 시리즈' 로 출간한다.

"토저의 설교는 설교단에서 발사되어 청중의 마음을 관통하는 레이저 광선과 같다." – 워런 위어스비

Holy Spirit

홀리스피리트 • 성령님

A. W. 토저 지음

이용복 옮김

규장

레오나드 레이븐힐 | 부흥운동가, 「부흥의 세대여 통곡하라」의 저자

토저 같은 사람이 다시 나오지 않을 것 같아서 두렵다. 토저 같은 사람이란, 학교에서 배운 사람이 아니라 성령께 배운 사람이다.

제임스 몽고메리 보이스 | 필라델피아 제10장로교회 담임목사 역임, 강해설교가

토저는 모든 시대의 사람들에게 진부하고 피상적인 기독교에서 떠나 진지하게 하나님을 찾으라고 외쳤다.

찰스 콜슨 | 세계교정선교회 회장, 연사이자 저술가

토저의 책들에서는 참된 경건과 건전한 상식의 보기 드문 조화가 발견된다. 그는 온갖 종류의 영적 가식(假飾)에 도전한다.

브루스 윌킨슨 | 「아베스의 기도」의 저자

토저의 책은 언제 읽어도 좋다. 내 마음에 다시 불을 붙여야 한다고 느낄 때, 나는 나도 모르게 그의 책으로 손을 뻗는다.

어윈 W. 루처 | 무디기념교회의 담임목사, 「다 빈치 코드 깨기」의 저자

토저가 가라지와 알곡을 구별하고 중요하지 않은 것과 중요한 것을 구분할 수 있었던 것은 그의 시선을 오직 하나님께 고정시켰기 때문이다.

래비 재커라이어스 | 기독교 변증가이자 저술가

토저의 글을 읽은 사람은 숨죽이지 않을 수 없다. 왜냐하면 하나님이 가까이 임하셨기 때문이다.

스티븐 F. 올포드 | 저명한 부흥사

토저는 거룩한 것이 무엇인지 아는 사람이었다. 그와 몇 분만 함께 있으면 그가 하나님과 동행하는 사람이라는 것을 금방 느낄 수 있다.

토니 에반스 | 오크클리프 바이블 처치의 담임목사, 기독교 저술가

토저가 전달한 영원한 영적 보석은 하나님의 진리의 말씀에 용기 있게 순종하는 그리스도인의 삶에서 반짝일 것이다.

스튜어트 브리스코 | 엠브룩교회 담임목사, 설교가이자 저술가

토저가 주는 영적 음료를 깊이 들이키는 사람들은 고단위 영양을 섭취하여 새 힘을 얻을 것이다. 오늘날 우리는 그의 음료를 마시고 큰 활력을 얻어야 한다.

닐 앤더슨 | 'Freedom in Christ Ministries'의 대표이자 연사

나에게 가장 큰 영향을 준 기독교 작가는 바로 토저이다.

잭 헤이포드 | 처치온더웨이(church on the way)의 담임목사, 저술가

그리스도께서 토저의 글을 통해 분명히 들려주시는 거룩한 명령을 들을 때 나는 나의 생활과 사역을 깊이 살피지 않을 수 없다.

로버트 A. 쿡 | 연사이자 저술가

A. W. 토저는 진정 현대의 선지자였다. 그는 어떤 집단도, 어떤 개인도 두려워하지 않았다. 그는 그의 말을 듣는 사람들의 양심과 의지에 직접 호소했다.

데이비드 무어 | 신학박사

시카고 남부 지역에서 토저의 영향을 받으며 성장한 나에게는 그 영향력의 흔적이 뚜렷이 남아 있다. 그를 통해 나는 경건한 예배의 중요성을 깨달았으며, 하나님을 더욱 깊이 알기 원하는 열망을 갖게 되었다.

데이비드 엔로우 | 목회자이자 저술가

토저는 그의 시대의 대부분의 사람들과 달리 그리스도의 임재 안에서 살았다.

래리 키예스 | 연사이자 저술가

눈이 녹아 흐르는 차가운 시냇물처럼 토저는 우리의 마음을 시원하게 해주고 우리의 영혼에 힘을 준다.

성령님은 큰 변화를 일으키신다

에이든 윌슨 토저(Aiden Wilson Tozer)는 1897년 4월 21일 미국 서부 펜실베이니아의 뾰족한 산마루로 둘러싸인 작은 농장에서 태어났다. 훗날 '이 시대의 선지자' 라는 평판을 듣게 된 그는 사람들에게 단지 '토저' 라고 불리기를 더 좋아했다.

그가 열다섯 살이 되었을 때 그의 가족은 오하이오 주(州)의 애크런으로 이사했다. 어느 날 타이어 공장에서 일을 마치고 귀가하던 그는 길거리에서 어떤 전도자가 "어떻게 구원받아야 할지 모르겠다면 하나님께 그 방법을 알려달라고 구하십시오" 라고 말하는 것을 우연히 듣게 되었다. 집에 당도한 그는 좁은 계단을 타고 다락방으로 올라가 길거리 전도자의 말을 기억하며 무릎을 꿇었다. 그리고 평생 지속되었던 '하나님을 추구하는 여행' 에 첫발을 내디뎠다.

1919년, 공식적인 교육을 받지 못한 그가 웨스트버지니아 주(州) 너터 포트에 있는 한 작은 교회의 목회자로 청빙받았다. 그 교회는 하나의 점포를 반으로 나누어서 길거리 쪽 공간을 교회로 사용하고 있었다. 이렇게 소박하게 목회를 시작한 토저와 그의 아내 에이다(Ada)는 그후 44년 동안 '기독교선교연합'(The Christian and Missionary Alliance) 교단에 소속되어 목회하였다.

그는 이 기간 중 31년간은 시카고의 '사우스사이드 얼라이언스 교회'에서 목회하였다. 그의 능력 있는 설교에 힘입어 이 교회는 부흥에 부흥을 거듭했다.

그의 설교나 글에 나오는 솔직하고 소박한 유머는 윌 로저스(Will Rogers, 1879~1935. 미국의 유머 작가 및 배우)의 유머에 비교되곤 했다. 그의 유머 때문에 한순간에 웃음바다에 빠졌던 청중은 곧 다시 경건한 마음으로 숨을 죽이고 그의 설교를 경청했다.

토저의 강점은 그의 꾸준한 기도생활에 있었다. 기도하면서 예배당의 측면 복도를 걷거나 바닥에 얼굴을 대고 기도에 집중하는 모습이 자주 사람들의 눈에 띄었다. 토저의 전기작가 제임스 스나이더는 "토저의 글과 설교의 뿌리는 기도다"라고 말했다. 스나이더보다 먼저 토저의 전기를 썼고 토저의 막역한 친구이기도 한 데이비드 팬트는 "토저는 책상에서 보낸 시간보다 무릎을 꿇고 보낸 시간이 더 많았다"라고 썼다.

토저의 마지막 목회 사역지는 캐나다 토론토 시내 애비뉴 로드 교회였다. 1963년 5월 12일, 그가 66세를 일기로 세상을 떠남으로써 하나님을 추구하는 그의 여행은 끝났다. 오하이오 주의 애크런의 한 작은 공동묘지에 있는 그의 비문(碑文)은 너무나 담백하다.

"하나님의 사람, A. W. 토저."

토저가 단언했듯이, "성령님은 큰 변화를 일으키신다."

이 책을 내면서 우리는 성령님이 토저의 글을 통하여 당신의 삶에 큰 변화를 일으키시기를 기도한다.

메를린 포스터

천둥 같고 번개 같은
토저의 성령님 증언을 들어라!

성령님에 대해 오해하는 사람들이 많은 것 같다. 어떤 사람들은 성령님을 일부 부흥사들이나 방언이나 신유의 은사를 받은 사람들의 전유물로만 생각하여 성령님을 구하거나 성령께 가까이 다가가는 것을 꺼려하기도 한다.

또 어떤 사람들은 성령님을 능력이나 영향력 정도로 여겨 자신의 일을 성취하기 위한 도구로 생각하기도 한다. 이렇게 우리는 성령님에 대해 부분적으로 알거나 오해하는 일이 많다.

이 책의 저자 토저는 성령님에 대한 이러한 우리의 부분적인 지식이나 오해를 바로잡아주어 성령 하나님을 올바로 섬기는 가운데 그분의 은혜와 복(福)을 체험하게 해준다.

이 책은 토저의 빛나는 메시지 중에서 성령님에 대한 가르침들만을 선별해서 생활에 적용(묵상)까지 하도록 구성되었다. 토저의 성령님에 대한 가르침은 무미건조한 교리의 나열이 아니다. 성령님에 대한 그의 증언에는 하나님의 천둥과 번개가 있다. 그의 메시지에는 거룩한 불덩이가 이글거리고 있다. 따라서 성령님에 관한 그의 뜨거운 가르침과 조우하는 자들은 그 심령에 거룩한 화상(火傷)을 입을지 모른다. 그의 메시지는 냉랭한 심령에 불을 지른다. 엠마오로 가던 두 제자가 했던 말 그대로이다.

"우리에게 성경을 풀어주실 때에 우리 속에서 마음이 뜨겁지 아니하더냐"(눅 24: 32).

토저의 이 뜨거운 책을 대하는 자들은 거룩한 변화의 격동을 받을 것이다. 그의 성령님 증언은 성령 충만을 뜨겁게 간구하게 만들 것이며, 성령의 은사를 간절히 사모하게 만들 것이다. 지정의(知情意)를 정화시키는 성화(聖化)의 불을 열렬히 갈구하게 만들 것이다.

지금 한국 기독교계는 죽은 정통에 대한 경계경보를 발해야 할 때이다. 토저는 죽은 정통을 가장 경멸했다. 죽은 정통은 성령 체험을 성령에 관한 교리 나열로 대체한다. 그리하여 성령의 거듭남의 변화가 없는 교양강좌 같은 성경공부와 성령의 성화(聖化) 사역을 의지하지 않는 인본적 자기계발(self-help) 강좌가 기독교계에 만연하게 된 것이다.

이런 현상의 결과는 무엇인가? 능력 없는 기독교, 세상과 혼합된 기독교이다. 자신이 성령으로 변화되지 못했으니 세상도 변화시키지 못하는 것이다. 변화되지 못한 자신이 변화되지 못한 세상을 보니 부담 없는 친구처럼 보여서 세상과 혼합되는 것이다.

우리가 과거 믿음의 선배들처럼 성령님을 열망하지 않는 이유가 무엇일까? 그리스도인들이나 교회가 살 만해져서 성령님이 없어도 자본력으로 꾸려나갈 수 있기 때문은 아닐까?

토저는 사람들이 성령께서 역사하셨던 자리를 사이비 성령으로 대체하고 있다고 질타한다. 토저는 인간의 기획력, 재력(財力), 연예 오락(entertainment)이 성령님의 자리를 대체하고 있는 것을 슬퍼한다. 우리가 이렇게 될수록 성령님은 우리에게서 더욱 멀어진다는 것이다.

이와 같은 진단 하에서 토저는 무엇보다도 우리가 하나님이신 성령님을 뜨겁게 사모할 것을 역설한다.

토저의 성령에 관한 역작(力作)인 이 책을 통해 죽은 정통의 올무에서 벗어나 사도행전적인 성령의 사람으로 도약하자. 이 세상의 세뇌에서 벗어나 성령의 기름부음이 있는 사람이 되자. 인간적 능력이 아니라 성령의 능력의 사람이 되자.

규장 편집국장 김응국 목사

A.W. TOZER

A.W. TOZER

Part 1
ANOINTING
기름부으심

하나님께서는 성령의 기름부음을 받고

자 하는 우리의 열망에 비례하여 우리

에게 기름부음을 허락하신다. 성경은

예수께서 의(義)를 사랑하고 악을 미워

하셨기 때문에 특별한 기름부음을 받

으셨다고 가르친다. 이 가르침은 우리

가 전능하신 하나님으로부터 충만한

기름부음과 복을 받기 위해 어떤 사람

이 되어야 하는지를 분명히 보여준다.

성령님이 주시는
위엄을 회복하라

위엄 DIGNITY

오직 나는 여호와의 신으로 말미암아 권능과 공의와 재능으로 채움을 얻고
야곱의 허물과 이스라엘의 죄를 그들에게 보이리라_ 미가서 3:8

오늘날 우리의 영적 연약함을 보여주는 가장 강력한 증거는 세상 사람들이 우리에게서 신비로운 것을 발견하지도 못하고 우리를 두려워하지도 않는다는 사실이다. 우리와 관계된 거의 모든 것들이 심리학 또는 통계로 설명된다.

초대교회 성도들은 솔로몬 행각에 모이곤 했다. 그런데 그들에게서 하나님의 임재가 너무나 강력하게 느껴져서 "나머지는 감히 그들과 상종하는 사람이 없었다"(행 5:13)라고 한다. 그 당시 세상 사람들은 떨기나무에서 불꽃을 보았기 때문에 두려움에 차서 한 발짝 뒤로 물러섰지만, 지금의 사람들은 우리에게서 다 타버린 재만 보기 때문에 우리를 두려워하지 않는다.

오늘날 세상 사람들은 '그리스도의 신부(新婦)'라고 고백하는 교회의 등을 두드리며 추잡스러운 농담을 건넨다. 만일 우리가 구원받지 못한 사람들에게 초자연적인 두려움을 심어주기 원한다면 우리는 성령님이 주시는 위엄을 회복해야 한다. 즉, 하나님의 능력으로 충만한 사람과 교회에 대해 경외감을 느낄 만한 신비를 회복해야 한다.

성령님은 순수하시다. 왜냐하면 그분은 거룩한 영이시기 때문이다. 그분은 지혜로우시다. 왜냐하면 그분은 지혜의 영이시기 때문이다. 그분은 진리이시다. 왜냐하면 그분은 진리의 영이시기 때문이다. 그분은 예수님을 닮았다. 왜냐하면 그분은 예수님의 영이시기 때문이다. 그분은 성부(聖父)를 닮았다. 왜냐하면 그분은 성부의 영이시기 때문이다. 그분이 당신의 삶의 주인이 되기를 원하신다.

성령 충만의
첫째 목적은 무엇인가?

하나님이여 사슴이 시냇물을 찾기에 갈급함같이 내 영혼이 주를 찾기에 갈급하니이다_ 시편 42:1

신유의 능력을 얻기 위해 성령님을 원하는 사람들이 너무 많다. 어떤 사람들은 방언의 은사를 얻기 위해 성령님을 원한다. 또 어떤 사람들은 그들의 증거가 더욱 효과가 있도록 만들기 위해 성령님을 원한다. 병을 치료하고 방언을 말하고 더욱 효과적으로 증거하는 일이 잘못된 것은 아니다. 신약성경도 이런 것들을 강조한다는 것을 알고 있다. 그러나 하나님이 오직 우리의 목적을 위해 봉사하는 종이 되시도록 만들 수는 없다. 신유, 방언, 증거 같은 2차적인 목적을 위해 성령으로 충만하게 해달라고 기도해서는 안 된다.

하나님이 우리에게 성령 충만을 허락하시는 이유는 우리가 하나님을 알고 하나님께 온전히 몰두하도록 하기 위해서다. 우리는 하나님의 아들(그리스도)이 우리 안에서 영광을 받으시도록 하기 위해 성령 충만을 받아야 한다.

나는 하나님께 헌신한 옛 성도들의 책과 찬송가 가사들을 나의 영혼 안에 가득 채우려고 애썼다. 우리는 고결하고 거룩하고 아름답고 은혜로운 것들을 읽고 노래하고 인용해야 한다. 우리가 마땅히 이렇게 해야 하는데도 이렇게 하지 않는 교만한 사람들을 볼 때 나는 도저히 이해가 가지 않는다.

성령님이 오시면 성령님은 우리의 마음이 새로운 이상(理想)에 눈뜨게 하신다. 마음속에 성령님을 모신 사람들은 현재의 체험에 만족하지 않고 더욱 원대한 미래를 향해 나아가려는 욕구로 충만해진다.

영적 자만은 성령 충만을 받는 데 큰 방해가 된다

자만 COMPLACENCY

갓난아이들같이 순전하고 신령한 젖을 사모하라 이는 이로 말미암아 너희로 구원에 이르도록
자라게 하려 함이라 너희가 주의 인자하심을 맛보았으면 그리하라_ 베드로전서 2:2,3

성령으로 충만하려면 우선 성령 충만을 받겠다는 열망에 불타야 한다. 이런 열망이 다른 모든 욕구를 몰아낼 정도로 강렬할 때 비로소 성령으로 충만할 수 있다.

성령 충만의 정도는 성령 충만을 바라는 갈망의 정도에 비례한다. 하나님은 우리가 하나님을 원하는 만큼 우리와 함께하신다. 성령 충만을 받는 데 가장 큰 방해가 되는 것 중 하나는 오늘날 복음을 믿는 그리스도인들에게 널리 퍼진 영적 자만(自滿)이다. 영적 자만에 빠진 사람들은 자기들은 성령 충만이 필요 없을 정도로 모든 것이 만족스럽다고 착각한다.

한술 더 떠서 이런 사람들은 다른 사람들이 성경을 모르는 불신앙 때문에 성령 충만을 갈망한다고 비판한다. 그러나 성경을 제대로 읽으면 누가 옳은지 분명히 드러난다. 영적 자만에 빠진 사람들에게서 거룩한 삶을 발견할 수 없다는 것도 어느 쪽이 잘못되었는지를 웅변적으로 말해준다.

●

내가 만나본 어떤 그리스도인들은 여러 해 동안 성령 충만을 막연히 원했다. 그러나 그들이 성령 충만하지 못한 이유는 그들이 성령 충만보다 다른 것들을 더 원했기 때문이다.

성령의 감동을
받기 위해 침묵하라

너희는 떨며 범죄치 말지어다 자리에 누워 심중에 말하고 잠잠할지어다_ 시편 4:4

그리스도인들은 성경을 하나님의 말씀으로 믿는다. 그들은 종교적 활동을 일시 중단하고 위로부터 임하시는 성령님의 감동을 받기 위해 마음의 집을 정리해야 할 것이다.

오늘의 교회 현실을 보라. 보수적 기독교에 속한 그리스도인들은 지금 너무나 육신적이다. 일부 교회들의 공예배는 경건한 분위기를 찾아볼 수 없는 쇼 공연장처럼 되어 버렸다. 또 어떤 교회의 저질스러운 행태는 차마 입에 담을 수 없을 정도이다. 따라서 역사상 그 어느 때보다 현재 우리에게는 성령님의 능력이 필요하다.

우리는 침묵과 자기 성찰의 기간을 선포해야 할 것이다. 우리가 우리의 마음을 살피고 위로부터 임하는 능력의 세례를 받기 위한 모든 조건을 충족시킨다면 큰 유익을 얻을 것이다.

경외로운 하나님의 임재 앞에서 잠시 침묵의 시간을 보낸다면 몇 년 동안 연구한 것보다 더 많은 영적 진보를 이룰 것이다. 침묵의 시간은 짧을지라도 그것이 주는 영적 유익은 영구한 것이다.

성령의 불을 사모하라

 불 FIRE

내가 너와 함께하여 너를 구원하리라 나 여호와의 말이니라 하시고 여호와께서 그 손을 내밀어 내 입에 대시며 내게 이르시되 보라 내가 내 말을 네 입에 두었노라_ 예레미야서 1:8,9

파스칼(1623~1662. 프랑스의 철학자 및 수학자)은 그의 체험을 한 장의 종이에 간략하게 기록하고 그것을 접어서 심장에 가까운 호주머니에 넣어두었다. 그가 이렇게 한 것은 틈틈이 그 글을 읽고 자기 체험을 상기하기 위해서였던 것으로 보인다. 그의 임종 때에 사람들이 그의 손에서 구겨지고 닳은 이 종이를 발견했다. 종이에는 이렇게 적혀 있었다.

"밤 10시 30분부터 밤 12시 30분 무렵. 불! 오! 철학자들과 지혜로운 자들의 하나님이 아닌 아브라함의 하나님, 이삭의 하나님, 야곱의 하나님. 오직 복음을 통해서만 알 수 있는 예수 그리스도의 하나님. 든든한 마음, 감정, 평화, 기쁨, 기쁨의 눈물. 아멘."

이 글이 광신자나 극단주의자의 글로 보이는가? 그렇지 않을 것이다. 천재적인 학자 파스칼은 지극히 지성적인 사람이었다. 그러나 살아 계신 하나님은 인간적인 것, 지적(知的)인 것 그리고 철학적인 것을 초월하여 그를 바꾸어놓으셨다. 하나님의 나타나심을 체험하고 감동한 그는 하나님의 나타나심을 '불' 이라는 한 단어로 표현할 수 있었을 뿐이다.

우리에게 필요한 것은 성령님이 우리에게 나타나시는 것이다.

●

성령님이 우리 영혼에 새로운 활력을 불어넣으려고 하신다면, 그 무엇도 성령님을 막을 수 없다.

성령 충만의 향기는 숨길 수 없다

마리아는 지극히 비싼 향유 곧 순전한 나드 한 근을 가져다가 예수의 발에 붓고
자기 머리털로 그의 발을 씻으니 향유 냄새가 집에 가득하더라_ 요한복음 12:3

언젠가 한 그리스도인 형제가 내게 이렇게 고백했다.

"나는 내가 성령으로 충만하다는 사실을 다른 사람들에게 알리지
않으려고 애썼습니다. 나는 믿음으로 내 삶을 하나님께 바쳤습니다.
그분은 나의 기도에 응답하여 나를 성령으로 충만케 하셨습니다. 나
는 내가 성령 충만하다는 것을 다른 사람에게 말할 수 없습니다."

그가 이렇게 말한 다음 3일이 지났을 때 그의 아내가 그의 팔을 잡으
며 "여보, 무슨 일이 있어요? 당신에게 무슨 일이 일어난 게 분명해
요"라고 말했다. 그러자 "사실, 내가 성령님의 기름부음을 받았소"
라는 말로 시작된 그의 간증은 봇물이 터지듯 흘러나왔다. 그는 자
신이 성령 충만하다는 것을 말하지 않았지만, 그의 아내는 집안에서
그에게서 흘러나오는 성령 충만의 향기를 맡았던 것이다! 성령 충만
때문에 그의 삶이 바뀌었기 때문이다. 거룩한 삶의 영적 열매와 아
름다움은 드러나게 되어 있다. 성령의 기름부음을 받은 사람에게는
기쁨이 강물같이 흘러나온다.

성령의 기름부음을 받고 그리스도의 사랑 안에서 즐거워하고 하나님과
사람들을 위해 열매를 맺는 사람은 사람들 앞에서 높아지려고 애쓰지 않
는다. 헛된 영광은 결코 사람의 마음을 만족시킬 수 없다. 허영과 교만은
성령으로 충만하여 그리스도의 발 아래에서 누리는 참된 안식과 기쁨을
대신할 수 없다.

성령 충만한 자는 담대하다

담대함 BOLDNESS

만일 누가 말하려면 하나님의 말씀을 하는 것같이 하고
누가 봉사하려면 하나님의 공급하시는 힘으로 하는 것같이 하라 _ 베드로전서 4:11

현재 교회에는 제대로 된 사람들이 필요하다. 여기서 제대로 된 사람들이란 담대한 사람들을 가리킨다. 우리에게 부흥과 성령 세례가 필요하다는 말들이 이곳저곳에서 흘러나오고 있다. 하나님은 우리에게 이 두 가지가 다 필요하다는 사실을 잘 아신다. 그러나 하나님께서 생쥐들을 부흥시키시는 것이 아니라는 것을 기억하라. 그분은 토끼들에게 성령 충만을 허락하시는 것이 아니다.

우리는 영적 전쟁에서 자신을 담대히 희생할 준비가 된 사람들이 나타나기를 간절히 기대한다. 이 세상의 갖은 유혹에 대해 이미 죽었기 때문에 죽음을 두려워하지 않는 사람들이 나타나기를 고대한다. 약한 사람들은 본능적인 욕구에 사로잡혀 행동하지만 이런 사람들은 그렇지 않다. 그들은 상황의 압박에 못 이겨 부득불 행동하지 않는다. 오직 내부로부터(또는 위로부터) 오는 충동에 따라 행동한다.

하나님은 우리가 하나님의 거룩한 사람들이 되기를 요구하시고 또한 권면하신다. 왜냐하면 우리는 거룩하신 하나님의 자녀이기 때문이다. 하나님은 하나님을 기쁘게 해드리는 삶을 살기를 간절히 원하는 사람들에게 정결하고 온유하고 사랑으로 가득한 성령님을 보내신다.

성령께 사로잡혀라

한 사람이 두 주인을 섬기지 못할 것이니 혹 이를 미워하며 저를 사랑하거나 혹 이를 중히 여기며 저를 경히 여김이라 너희가 하나님과 재물을 겸하여 섬기지 못하느니라_ 마태복음 6:24

성령 충만을 받기 위해서는 먼저 성령 충만을 간절히 원해야 한다. 당신은 진정으로 성령 충만하기 원하는가? 만일 그렇다면 당신이 반드시 알아야 할 것이 있다.

성령 충만하다는 것은 당신의 영(靈)이 아닌 다른 영에게 사로잡히는 것이며, 이 다른 영이란 바로 하나님의 거룩한 영이시다. 이 영은 지극히 온유하신 예수님의 영이시다. 이 영은 온유하고 거룩하고 자유로우시다. 이 영은 지극히 지혜로우시다. 이 영은 치유의 고귀한 고약(膏藥)에서 정수(精髓)를 뽑아내신다. 이 영은 하나님의 마음처럼 사랑으로 가득하시다. 이 영이 당신을 사로잡는다는 것은 그분이 당신의 삶의 주인이 되신다는 것이다.

당신에게 진정으로 묻겠다. 당신은 이런 성령님이 당신의 삶의 주인이 되시기를 진정으로 원하는가? 나는 당신이 그분이 주실 수 있는 여러 가지 유익들을 원한다는 것을 잘 안다. 나는 그것을 원하는 당신의 심정을 이해한다. 그러나 그것을 얻으려면 먼저 당신이 그분께 사로잡혀야 한다. 그럴지라도 당신은 그것을 원하는가? 당신의 영혼의 열쇠를 그분 손에 넘겨드리기를 진정으로 원하는가? 당신은 당신의 금고(金庫) 열쇠를 그분께 넘겨드리기를 진정으로 원하는가? 성령 충만을 받기 전에 당신은 이런 질문에 먼저 답해야 한다.

한 가지 분명한 사실은 그리스도인들이 세상을 사랑할 수 없다는 것이다.
그들은 하나님보다 쾌락을 더 사랑해서는 안 된다.

성령님은 깨끗한
마음에 거주하신다

깨끗함 CLEANNESS

하나님이 그들로 하여금 이 비밀의 영광이 이방인 가운데 어떻게 풍성한 것을 알게 하려 하심이라
이 비밀은 너희 안에 계신 그리스도시니 곧 영광의 소망이니라 _ 골로새서 1:27

우리 안에 거하시는 성령님을 기쁘게 해드리려면 우리는 오직 예수님에게만 몰두해야 한다. 현재 성령님이 하시는 일은 예수님을 영광스럽게 하는 것이다. 성령님이 행하시는 모든 것은 궁극적으로 이한 목적에 집중되어 있다. 따라서 우리는 우리의 생각이 성령님이 거하시기에 합당하고 깨끗한 성소(聖所)가 되도록 해야 한다.

성령님은 우리의 생각 안에 거하신다. 왕(王)이 더러운 내의(內衣)를 불쾌하게 여기듯이 성령님은 우리의 더러운 생각들을 불쾌하게 여기신다. 무엇보다 우라의 감정이 시시각각 아무리 요동친다 할지라도 성령님에 대한 우리의 믿음이 흔들려서는 안 된다.

성령 충만한 삶이란 어쩌다가 다른 사람들보다 예민하고 세련된 성격을 타고난 소수의 특권층에게나 어울리는 호사스러운 기독교를 말하는 것이 아니다. 성령 충만한 삶은 전 세계의 구속(救贖)받은 모든 사람들의 정상적인 삶이 되어야 한다.

하나님의 영광이 당신의 삶의 최고 목적인가? 하나님을 향한 사랑이 당신에게 최고의 가치를 갖는가? 하나님을 향한 당신의 사랑이 육체적이고 감각적인 것을 지향하는 사랑보다 더 큰가? 당신이 영원한 하나님보다 더 사랑하는 존재가 있는가? 하나님을 최고로 사랑하는 것은 마음이 새로워졌음을 보여주는 결정적인 증거이다.

성령님의 강력한 기름부음이 임하는 길

기름부음 ANOINTING

또 무리에게 이르시되 아무든지 나를 따라오려거든 자기를 부인하고
날마다 제 십자가를 지고 나를 좇을 것이니라_ 누가복음 9:23

더 깊은 생명의 세계로 들어가려는 사람들은 신약성경이 영적 문제들에 관하여 최종적인 권위를 갖는다는 것을 기꺼이 받아들여야 한다. 그들은 그리스도께서 그들의 삶에 최고 통치자요, 주님이 되시도록 해야 한다. 그들은 십자가 앞에 완전히 무릎을 꿇어야 한다. 그들은 그들의 죄에 대하여 죽어야 할 뿐만 아니라 그들의 의(義)에 대해서도 죽어야 한다. 그들은 그들이 전에 자랑했던 모든 것들에 대하여 죽어야 한다.

이것이 너무 큰 희생을 요구하는 일이라고 여기는가? 만일 그렇다면 그리스도께서는 주님이시기 때문에 주님이 택한 사람에게 어떤 요구라도 하실 수 있다는 것을 기억하라. 심지어 주님은 우리에게 자기를 부인하고 날마다 자기 십자가를 지라고 요구하셨다.

우리가 우리를 부인하고 십자가를 질 때 성령님의 강력한 기름부음이 임할 것이며, 우리는 우리가 희생했던 것보다 무한히 더 많은 것을 다시 받게 될 것이다. 십자가의 길은 힘들지만 그만큼 영광스러운 것이다. 이 길의 매력을 경험한 사람들은 그들이 포기했던 것들에 대하여 불평하지 않는다. 왜냐하면 그들은 그들이 잃은 것보다 훨씬 더 많은 것을 얻고 기뻐하게 될 것이기 때문이다.

인간을 불행에 빠트리는 것들 중 하나는 인간의 고집이다. 복을 받는 한 가지 비결은 자기 고집을 버리는 것이다. 자신의 뜻을 꺾고 하나님의 뜻을 받아들이는 것이 곧 평안과 안식이다.

성령님의 섬세한
손길을 느껴라

하나님이 능히 모든 은혜를 너희에게 넘치게 하시나니 이는 너희로 모든 일에
항상 모든 것이 넉넉하여 모든 착한 일을 넘치게 하게 하려 하심이라_ 고린도후서 9:8

성령님은 언제나 동일하시다. 성령님이 인간의 마음을 만지시면 그
분의 손길이 너무나 분명히 드러나기 때문에 누구라도 그것을 알아
볼 수 있다.

프랑스의 화가 밀레(1814~1875)의 작품을 잘 아는 사람들은 그의 모든
작품에서 발견되는 유사점을 깨달을 수 있다. 그것은 바로 살아 있는
밀레가 그의 그림 속에 들어가 있는 것처럼 보인다는 사실이다.

성령님은 모든 신자에게 동일한 것을 가르치신다. 성령님이 교훈하
시는 주제가 서로 다르더라도 모든 교훈에서 성령님의 섬세한 손길
이 느껴지는 것과 같다.

오, 하나님의 불이시여!
제 안에서 시작하소서.
저의 자아와 죄의 불순물을 태워주소서.
저의 족쇄를 태워 저를 풀어주소서.
그리고 저의 마음속에 천국이 이루어지게 하소서.

제 영혼에 불 세례를 주소서.
하나님의 영의 능력을 제게 허락하소서.
하나님의 거룩한 능력을 통해
제가 불타서 빛을 발하게 하소서.

성령 충만이 영혼의 갈증을 해결할 수 있다

갈증 THIRST

예수께서 가라사대 내가 곧 생명의 떡이니 내게 오는 자는 결코 주리지 아니할 터이요
나를 믿는 자는 영원히 목마르지 아니하리라_ 요한복음 6:35

"의에 주리고 목마른 자는 복이 있나니 저희가 배부를 것임이요" (마 5:6).

굶주림과 목마름은 심한 경우에는 고통을 유발할 수 있는 신체적 현상이다. 하나님을 간절히 찾는 사람들은 하나님을 향한 그들의 굶주림과 목마름이 고통스러운 단계에 이르러 갑자기 놀라운 방법으로 해소되는 것을 체험한다. 사실 이런 체험을 한 사람들은 무수히 많다. 따라서 문제는 하나님이 우리를 충만케 하시도록 하나님을 설득하는 것이 아니라 하나님이 우리를 충만케 하시기를 간절히 원하는 것이다.

그리스도인들은 대개 냉랭하고 그들이 처해 있는 현재의 가련한 상태에 만족하기 때문에 간절히 성령님을 원하지는 않는다. 성령님은 그들을 채우기 원하시지만, 그들은 성령님이 들어오실 수 있는 공간을 내어드리지 않는다.

하나님나라의 자녀여! 성령으로 충만하라.
오직 성령 충만이 그대의 갈증을 해소할 수 있다.
성령 충만은 생명의 선물이요, 봉사를 위한 선물이다.
성령 충만을 주시겠다는 아름답고 확실한 약속은 바로 그대를 위한 것이다.
"내가 갈한 자에게 물을 주며 마른 땅에 시내가 흐르게 하며" (사 44:3).
"네 입을 넓게 열라 내가 채우리라" (시 81:10).
"너희가 전심으로 나를 찾고 찾으면 나를 만나리라" (렘 29:13).

종교인인가,
성령의 사람인가?

뱀이 그 간계로 이와를 미혹케 한 것같이 너희 마음이 그리스도를 향하는 진실함과
깨끗함에서 떠나 부패할까 두려워하노라_ 고린도후서 11:3

지금 기독교는 숨이 차다. 눈물과 기도와 믿음에 대한 가사를 담은
노래를 아주 쉽게 들을 수 있는 시대이다. 어디를 가나 종교에 대한
이야기를 들을 수 있다. 심지어 육체와 마귀에게 바쳐지는 세상 프
로그램들에서도 종교 이야기가 약방의 감초처럼 끼어든다.

지금 종교의 꼭대기에 앉아 있는 것은 황금을 두 눈에 붙인 늙은 '탐
욕의 신' (Mammon)이다. 탐욕의 신은 자기가 최고의 선물을 줄 수
있다는 거짓말로 사람들을 현혹한다. 제단에 앉아 있는 이 종교 사
제(司祭)는 거룩하게 들리는 목소리를 내는 데 능숙하다. 그가 자못
감동스러운 목소리로 "이제, 신나는 찬송가를 들려드리겠습니다!"
라고 말하자마자 밴드 연주가 요란스럽게 울려 퍼진다. 쿵짝, 쿵짝,
쿵짝, 쿵짝…. 그들이 부르는 찬송가는 마귀가 들어도 얼굴을 붉힐
만한 것이다.

그들은 이것을 '종교'라고 부른다. 그렇다! 종교이다. 이것이 종교
임을 나도 인정한다. 하지만 이것이 기독교는 아니다. 성령님도 아
니다. 신약도 아니요, 구속(救贖)도 아니다. 이것은 단지 기독교를
이용할 뿐이다.

성령님의 기름부음 없이 그리스도를 위해 일한다고 자처하는 것은 분수
를 모르고 주제넘게 나서는 것이다.

성령으로 충만한 것은
하나님으로 충만한 것이다

> 내가 주의 신을 떠나 어디로 가며 주의 앞에서 어디로 피하리이까
> 곧 거기서도 주의 손이 나를 인도하시며 주의 오른손이 나를 붙드시리이다_ 시편 139:7,10

사탄은 우리가 성령님을 제대로 알지 못하도록 온갖 수단을 동원했다. 예를 들어서 사탄은 성령님에 대한 우리의 개념을 혼란스럽게 하거나 그리스도인들이 성령님에 대해 무자비한 논쟁을 일삼도록 유도했다.

사탄의 궤계를 물리치려면 성령님이 하나님이시라는 사실을 분명히 명심해야 한다. 성령님은 하나님의 본질을 소유한 분으로서 우리에게 찾아와 거하실 수 있는 분이다. 우리는 성령님이 성부와 성자에 대해 깨닫게 해주시는 만큼만 성부와 성자에 대해 알 수 있다.

우리가 그리스도를 알 수 있는 것은 성령님이 우리에게 빛을 비추어주시기 때문이다. 성령님이 계시지 않으면 진리의 말씀조차 어둠의 말씀이 되고 만다.

성령님은 우리의 친구가 되기 위해 보내심을 받으셨다. 그분의 사명은 천국으로 가는 긴 여행길에서 우리를 돕는 것이다. 그분은 우리와 함께 살기 위해 찾아오신 그리스도 자신이시다. 그리스도가 하늘에서 하나님 우편에 앉아 계신 것은 사실이다. 하지만 성령님이 찾아오심으로써 "내가 세상 끝날까지 너희와 항상 함께 있으리라"(마 28:20)라고 하신 그리스도의 약속이 성취되었다.

우리가 성령으로 충만할 때 우리는 영향력이나 감각 또는 개념이나 사상으로 충만한 것이 아니라 하나의 인격체로 충만한 것이다. 그리고 이 인격체의 본질은 우리 안에 거하시는 그리스도의 생명이시다.

성령님을 올바로 알라

지식 KNOWLEDGE

그러므로 이제 그리스도 예수 안에 있는 자에게는 결코 정죄함이 없나니_ 로마서 8:1

대개의 경우, 성령님에 대한 그리스도인들의 개념이 너무 회박하기 때문에 그들이 그분에 대해 모르는 것 같다는 느낌이 든다. 혹시 그들이 성령님에 대해 생각한다 할지라도 그들의 머릿속에 떠오르는 것은 교회에 임재한다거나 죽어가는 성도들 위에서 맴돈다는 한 줄기 '무형의 연기' 같은 존재이다.

그렇다면 우리는 성령님을 어떻게 이해해야 하는가? 이 질문에 충분히 답하려면 수십 권의 책을 써야 할 것이다. 그러므로 여기서 나는 성령님이 '위로부터 임하는 은혜로운 기름부음' 이심을 지적하는 것으로 만족하려고 한다. 나는 당신이 성삼위(聖三位) 가운데 제3위이신 그분을 알겠다는 열망에 불타서 그분을 더욱 많이 알도록 힘쓰기를 바란다.

나는 오랜 세월에 걸쳐서 그리스도인들의 성령 체험에 대한 다양한 기록을 읽어보았다. 역사적으로 볼 때 성령께 많은 능력을 받아 큰 일을 이룬 사람들은 역설적으로 그분을 정의(定義)하려는 노력을 그다지 기울이지 않았다. 성령님 안에서 행한 성경의 인물들도 그분을 설명하려고 애쓰지 않았다.

성령님을 그리스도와 분리하여 이해하려고 한다면 결코 성령님을 제대로 이해할 수 없다. 성경은 언제나 우리를 우리의 주관적 체험의 경계를 넘어 그리스도께로 이끌어 간다.

성령님을 체험하라

너희는 스스로 씻으며 스스로 깨끗케 하여
내 목전에서 너희 악업을 버리며 악행을 그치고 _ 이사야서 1:16

신구약 시대가 끝난 이후에 신앙생활을 했던 사람들 중 많은 사람들이 성령 충만한 삶을 살았다. 하지만 성령 충만한 놀라운 삶의 체험을 필설로 다 표현할 수는 없었다. 그들은 자신의 체험을 분석할 능력 없이 다만 성령님과 동행하는 삶을 살았다.

그들은 예수님을 사랑하고 그분과 교제하듯이 성령님을 사랑하고 그분과 교제를 나누었다. 이런 사랑과 교제가 없었다면 그들은 성령님이 누구신지에 대한 철학적 논쟁에 몰두하느라 막상 그분을 알지 못했을 것이다. 그러나 다행히 그들은 이런 잘못을 범하지 않았다. 오히려 그들은 성령의 능력에 힘입어 거룩한 삶을 살았고 열심히 봉사하여 열매를 맺었다.

우리도 그들처럼 되어야 한다.

실재의 삶에서는 언제나 개인의 체험이 가장 중요하다. '체험을 통해 아는 것'이 '지식을 통해 아는 것'보다 더 중요하다. 전자는 후자를 전제하지 않으며, 후자를 필요로 하지도 않는다.

복 있는 사람은 누구인가? 세상으로 눈길을 돌리지 않고 마음을 비워 깨끗하게 한 다음 그리스도의 임재를 기다리는 자가 복된 사람이다. 그분은 이런 사람에게 임하여 영광의 주님으로서 언제까지나 충만히 거하실 것이다.

성령님은 겸손한 마음을 주신다

도둑이 오는 것은 도둑질하고 죽이고 멸망시키려는 것뿐이요 내가 온 것은 양으로 생명을 얻게 하고 더 풍성히 얻게 하려는 것이라_요한복음 10:10

인생에는 두 종류가 있다. 하나는 휴경지(休耕地) 같은 인생이며, 다른 하나는 경작지(耕作地) 같은 인생이다.

휴경지 인생은 이미 이루어놓은 열매에 만족하여 자만에 빠진다. 그는 나가서 일하는 것을 더 이상 원치 않는다. 그는 부흥회로 몰려가는 사람들, 금식하는 사람들, 자신의 마음을 살피는 사람들을 보고 미소 지으며 "굳이 저렇게까지 할 필요가 있나?"라고 말한다. 그는 현재의 안락을 포기하지 않으려고 자신의 둥지에서 나오지 않는다. 그러나 그는 추수할 것이 없다. 휴경지 인생의 저주스러움은 더 이상 한 발짝도 앞으로 나가지 않는다는 점이다. 이런 사람의 인생은 화석(化石)이 되어버렸다고 말할 수 있다.

경작지 인생은 회개를 통해 자기 방어의 울타리를 걷어버리고 고백(자복)의 쟁기로 영혼을 깊숙이 갈아엎는 인생이다. 이런 인생을 사는 사람은 열매 없는 생활에 대한 반성, 주변 상황의 압력 그리고 성령님의 감동을 통해 자기 잘못을 깨닫고 겸손한 마음을 갖는다.

이런 사람은 자기 방어의 수단을 포기하고, 진정한 평안을 얻기 위해 거짓 안전을 버린다.

하나님은 우리가 원하는 것을 주신다. 우리가 하나님의 은혜를 조금 원하면 우리는 그것을 얻을 수 있다. 우리가 냉담한 상태에 머물러 있기 원하면 또 그렇게 할 수 있다. 그러나 우리가 온전히 하나님의 소유가 되고 하나님의 충만함 가운데 거하기 원한다면, 하나님은 우리에게 찾아와 거처를 정하시고 하나님의 사랑을 쏟아 부어주시기를 간절히 원하신다.

성령께 순종하는가?

내 영혼이 여호와의 궁정을 사모하여 쇠약함이여
내 마음과 육체가 생존하시는 하나님께 부르짖나이다_ 시편 84:2

개인 기도를 하거나 공예배를 드릴 때 우리는 두 가지 잘못을 범한다. 하나는 하나님이 이미 이루신 것을 이루어달라고 구하는 것이고, 다른 하나는 우리의 불신앙 때문에 하나님이 이루실 수 없는 것을 이루어달라고 구하는 것이다. 하나님이 이미 말씀하셨거나 우리가 구하는 바로 그 순간에 말씀하고 계신데도 우리는 말씀을 들려달라고 구한다. 성령님이 이미 임재하셔서 우리가 그분의 임재를 깨닫기 원하고 계신 상황에서 우리는 성령님의 임재를 구한다. 우리의 의심이 성령 충만의 걸림돌이 되는 상황에서 우리는 성령 충만을 구한다.

하나님께 불순종하는 신자가 그분의 나타나심을 바랄 수는 없다. 하나님의 뜻이 분명한 상황에서 그분에게 순종하기를 거부하는 사람이 있는가? 그리스도의 명령을 거부하기를 고집하는 사람이 있는가? 이런 사람이 있다면 그의 신앙생활은 헛된 것이다. 성경은 순종이 제사보다 낫다고 가르친다(삼상 15:22). 분명히 말하지만, 불순종 때문에 헛된 신앙생활을 해서는 안 된다. 하나님께 순종하는 그리스도인은 매순간 교회생활이 즐거울 것이며, 교회생활에서 큰 유익을 얻을 것이다. 진흙이 토기장이에게 순종하듯이 말씀을 배운 신자는 하나님께 순종해야 한다. 하나님께 순종하는 사람은 헛된 삶을 사는 것이 아니라 영원히 영광스러운 삶을 산다.

말씀하소서. 주의 종이 듣겠나이다. 주여! 침묵하지 마소서. 소생케 하는 말씀을 듣기 위해 제 영혼이 주를 기다리나이다.

성령님의 감동을
대신할 수 있는 것은 없다

대체불가 NO SUBSTITUTE

아름답고 거룩한 것으로 여호와께 경배할지어다 온 땅이여 그 앞에서 떨지어다_ 시편 96:9

하나님은 자원하는 자들을 하나님을 아는 지식과 하나님과의 교제의 바다로 깊이 이끌어 가신다. 이것은 너무나 감사한 일이다. 하나님이 자신의 아들의 영을 우리의 마음속에 보내주시면 우리는 하나님을 '아바 아버지'라고 부르며 예배하기 시작한다. 그러나 처음부터 신약이 가르치는 예배를 온전히 드릴 수 있는 것은 아니다.

하나님은 우리를 하나님 안으로 더 깊이 이끌어 가기 원하신다. 우리가 성령님의 학교에서 배워야 할 것은 많다. 하나님은 하나님을 향한 우리의 사랑이 점점 더 깊어지기 원하신다.

하나님은 우리의 경탄과 숭모를 받으시기에 합당하신 분이다. 하나님은 우리가 그분을 보고 더욱 경탄하며 그분을 더욱 숭모하기 원하신다. 하나님은 각 사람이 참예배에서 느낄 수 있는 영적 매력을 깨닫기 원하신다. 하나님은 우리가 예배를 통해 하나님이 어떤 분이신지 알고 깊은 황홀경을 느끼기 원하신다. 하나님은 우리가 전능하신 하나님의 높으심과 크심과 영광스러우심을 알고 경탄하기 원하신다. 우리는 이것을 예배를 통해 체험할 수 있다. 이런 예배를 대신할 수 있는 것이 이 세상에 또 있겠는가? 성령님이 주시는 감동이 없다면 우리는 우리의 창조주요, 구주요, 주님이신 하나님을 알지 못할 것이다. 이런 성령님의 감동을 대신할 수 있는 것은 이 세상에 없다.

하나님의 존전에서 낮아지지 않은 사람은 하나님을 결코 예배할 수 없다.

그리스도인의
영광스러운 역설의 삶

역설 CONTRADICTION

그럴 수 없느니라 죄에 대하여 죽은 우리가 어찌 그 가운데 더 살리요_ 로마서 6:2

'진정한' 그리스도인은 불신자들의 눈에 다소 이상한 사람으로 보일 수밖에 없다는 것을 우리는 인정해야 한다. 지금 내가 '그리스도인'이라는 말 앞에 굳이 '진정한'이라는 수식어를 붙인 이유는 거듭났을 뿐만 아니라 자신의 거듭남에 합당한 삶을 사는 그리스도인을 가리키기 위해서다. 그리스도인이 된 사람은 그리스도인이 되기 이전의 삶과는 아주 다른 삶을 살아야 하는데, 그렇게 살다보면 불신자들의 눈에 다소 이상한 사람으로 보일 수밖에 없다.

예수 그리스도에게 순종하는 삶은 순간순간 하나님의 영으로 충만하여 사는 것을 의미한다. 이 삶은 과거의 삶과 너무 다르기 때문에 종종 사람들의 눈에 이상하게 비칠 것이다. 오직 이 세상의 관점으로만 보는 사람들은 진정한 그리스도인을 이해할 수 없다. 왜냐하면 그들은 하나님과 하나님의 은혜로운 구원 계획에서 멀리 떠나 있기 때문이다.

그리스도인의 영광스러운 역설(逆說)을 보라. 그는 죽었지만 영원히 산다. 그는 자신에 대해 죽었지만 그리스도 안에서 산다. 그가 영원히 사는 까닭은 다른 분이 그를 위해 죽으셨기 때문이다.

진정으로 그리스도를 따르려 한다면 우리는 이 세상을 초월해야 한다. 모든 인간은 현세 지향적으로 살 것인지 내세 지향적으로 살 것인지를 결정해야 한다.

거룩한 마음에서
거룩한 생활이 나온다

거룩한 마음 *HOLY HEART*

네가 낮춤을 받거든 높아지리라고 말하라 하나님은 겸손한 자를 구원하시느니라_ 욥기 22:29

"성령 충만한 사람은 자기가 성령 충만하다는 것을 반드시 안다. 성령님이 임하시면 언제나 인간 의식(意識)에 자신을 알리신다"라는 말이 있다. "성령님이 자신을 알리신다"라는 말은 무슨 뜻인가? 성령님은 어떻게 자신을 알리시는가? 어떻게 우리는 그것을 인식할 수 있는가? 어떤 물리적인 증거나 육체적인 증거가 주어지는가? 아니면?

그러나 때때로 우리는 우리의 영혼 안에서 일하시는 성령님의 은밀한 활동을 의식하지 못할 수도 있다. 사실, 성령의 열매를 맺는 사람이 자신에게 그런 열매가 있다는 것을 알아채지 못할 수도 있다.

사랑과 오래 참음과 자비가 아주 많은 사람이 막상 자신에게 그러한 성령의 열매가 있다는 것을 알지 못할 수도 있다. 오히려 다른 사람들은 그에게 그런 성령의 열매가 있다는 것을 알아채지만 그는 오랫동안 그것을 알지 못할 수 있다. 그는 하나님 앞에서 겸손한 마음으로 살아가지만 자기에게 성령의 열매가 없다고 한탄하기도 한다. 이런 사람은 오랜 시간이 흐른 후에 비로소 아름답게 변화된 자신의 인격을 깨닫고 하나님께 감사할 것이다.

●

거룩한 마음과 거룩한 생활 사이에는 불가분리(不可分離)의 관계가 있다.
더러운 샘에서 깨끗한 물이 흘러나올 수 없듯이, 더러운 마음에서 거룩한
삶이 나올 수는 없다.

성령님의 기름부음은
영적 혁명을 일으킨다

> 너희가 하나님의 성전인 것과 하나님의 성령이
> 너희 안에 거하시는 것을 알지 못하느뇨_ 고린도전서 3:16

하나님의 어떠한 활동은 우리가 전혀 의식하지 못하거나 혹은 제대로 의식하지 못하는 순간 부지중에 일어날 수 있다. 이런 활동을 신학에서는 '선행적(先行的) 은혜'라고 부른다. 죄를 깨닫는 것, 그 무엇으로도 채울 수 없는 갈망, 영원한 가치들을 추구하고 싶은 강렬한 욕구, 죄에 대한 강한 혐오감, 죄악의 가증스런 손아귀에서 벗어나고 싶은 마음, 이런 것들이 하나님의 선행적 은혜 때문에 가능하다. 성령님이 우리 마음속에서 일하시기 때문에 이런 것들이 우리에게 일어난다. 그러나 우리는 성령님이 우리 속에서 이렇게 일하신다는 것을 거의 의식하지 못하면서 이런 일들을 겪는다.

그러나 하나님이 우리 속에서 일하실 때 우리가 의식하지 않을 수 없는 것 두 가지가 있다. 하나는 중생의 기적이며, 다른 하나는 성령님의 기름부음이다.

하나님이 구속(救贖)받은 사람들의 마음속에서 일하실 때 그들의 행동이 변하며, 사람들은 그런 행동의 변화를 알아보게 된다. 회심(回心)하여 그리스도를 영접한 사람의 삶에는 도덕적 변화가 즉각 나타난다. 영혼의 내부에서 일어난 영적 혁명은 영혼의 외부에서 도덕적 혁명의 형태로 나타나게 된다.

당신의 행위로 당신의 마음을 시험해보라. 그리고 당신의 마음으로 당신의 행위를 판단하라.

먼저 존재가 변하고
그 다음 행위가 변해야 한다

이와 같이 좋은 나무마다 아름다운 열매를 맺고 못된 나무가 나쁜 열매를 맺나니_ 마태복음 7:17

선한 행위가 사람을 선하게 만들어주는 것은 아니다. 선한 사람이
행하는 모든 것은 선하다. 왜냐하면 그가 선한 사람이기 때문이다.
거룩한 행위가 거룩한 까닭은 그것이 다른 행위와 종류가 다르기 때
문이 아니라 거룩한 사람이 취한 행동이기 때문이다.

모든 사람은 모든 죄에서 완전히 깨끗이 되고, 하나님의 뜻에 온전
히 순종하고, 성령으로 충만해지도록 노력해야 한다. 이런 노력이
성공할 때, 그는 "그가 무엇을 행하느냐"가 아니라 "그가 어떤 존재
인가"에 따라 판단받을 것이다. 이런 노력이 성공할 때, 그는 첫째
'하나님의 사람'이 될 것이고, 그 다음으로 화가, 광부, 농부 또는 목
사가 될 것이다. 그의 행위의 종류가 아닌 그의 존재가 그의 행위의
질(質)을 결정지을 것이다.

우리는 이 세상이 어떤 일을 이루기 위한 장소기보다 어떤 존재로 변화
하기 위한 장소라는 것을 명심해야 한다. 단조롭고 고된 일들이 벌어지는
일상의 한복판에서 우리는 우리의 삶을 변화시켜야 한다.
하나님은 우리가 얼마나 많은 일을 하느냐보다 우리가 얼마나 많이 사랑
하느냐에 더 관심이 많으시다. 사랑이 많은 사람 그리고 일을 잘하는 사
람이 세상 사람들에게 큰 도움을 준다.

성령 충만한 사람은 세상과 갈라서고 하나님과 동행한다

유혹 TEMPTATION

.

에녹이 하나님과 동행하더니 하나님이 그를 데려 가시므로 세상에 있지 아니하였더라_ 창세기 5:24

에녹의 삶은 그 시대의 사람들에게 '무언(無言)의 꾸지람'이었다.
그는 마귀의 유혹과 간계(奸計)를 단호히 물리쳤다. 그는 "세상 사
람들이 나를 버릴지라도 나는 믿음으로 하나님과 동행하겠다"라고
굳게 결심했을 것이다.

당신은 마귀의 유혹과 간계를 거부한 채 성령 충만한 삶을 살기 때
문에 세상에 버림받고 있는가? 우리는 각자에게 이 질문을 던진 뒤
스스로 답해보아야 한다.

세상 사람들은 '인격적 존재로서의 마귀', 즉 '인간 영혼의 원수'가
존재하지 않는다고 주장한다. 그러나 그들이 이런 주장을 늘어놓는
순간에도 마귀는 매우 바쁘게 일한다. 마귀는 여러 시대를 통해 그
효율성이 입증된 전술(戰術)을 구사하여 많은 사람들을 속인다. 마
귀는 사람들이 영적인 문제를 시급히 해결할 필요가 없다고 믿도록
만들기 위해 다양한 방법을 동원한다. 마귀는 멸망을 향해 달려가는
사람들에게 "스스로 준비가 되었다고 느낄 때까지 결정을 미루어
라"라고 속삭인다. 이 속삭임을 들은 수백만의 사람들이 결정을 미
루었다. 그리하여 그들은 회개와 믿음에 이르지 못했고, 결국 하나
님께 돌아오지 않았다.

2천 년 전에 그리스도의 십자가가 천국과 지옥을 상징하는 두 죄수(십자
가 좌우편의 강도) 사이에서 그들의 운명을 갈라놓았듯이, 현재도 그리스
도의 십자가는 구원받은 사람들과 멸망받을 사람들을 갈라놓는다.

진정한 영성은 그리스도를 적극적으로 영접하는 것이다

영접 RECEPTION

영접하는 자 곧 그 이름을 믿는 자들에게는 하나님의 자녀가 되는 권세를 주셨으니_ 요한복음 1:12

지성(知性)뿐만 아니라 성령님의 기름부음도 갖춘 사람, 통찰력뿐만 아니라 영적 능력도 있는 사람, 이삼 백 명이 아니라 수천 명의 마음을 사로잡을 수 있는 사람이 있는가? 이런 사람이 나타난다면 현재 막다른 골목에 처한 기독교가 다시 살아날 것이다. 수많은 군중이 모여들고 성대한 기독교 행사가 거행되고 기독교 사상(思想)이 인구(人口)에 회자(膾炙)된다고 해서 그것을 곧 영성(靈性)이라고 착각하지 말라. 결코 속지 말라.

"영접하는 자 곧 그 이름을 믿는 자들에게는 하나님의 자녀가 되는 권세를 주셨다"(요 1:12)라는 말씀에서 '영접한다'는 말은 매우 중요한 의미를 갖는다. 왜냐하면 우리는 그리스도를 능동적이고 적극적으로 영접해야 하기 때문이다. 그리스도를 영접한다는 것은 의지적 결단에 따라 그리스도를 받아들이는 것을 의미한다. 그것은 주님이 제시하시는 조건을 전부 수용한다는 것을 의미한다. 그것은 지금 우리 주변에서 기독교라는 이름으로 벌어지는 일들과 매우 다르다. 과거에 주님을 믿었던 사람들은 주님을 상대로 협상을 벌이려고 하지 않았다. 그들은 주님의 조건을 전부 수용하면서 주님을 받아들였다.

거룩한 삶은 작은 문제 하나까지 성경에 따라 사는 삶이다. 거룩한 삶은 우리의 마음에서 시작하여 우리의 귀를 거쳐 우리의 발에서 완성된다.

성령님의 기름부음으로
불가능한 일을 이룬다

내게 능력 주시는 자 안에서 내가 모든 것을 할 수 있느니라_ 빌립보서 4:13

사람들은 의(義)에 속한 것이나 악(惡)에 속한 것의 원인을 모두 그들이 믿는 신적 존재에게 돌리는 경향이 있다. 그러나 우리는 예수 그리스도께서 십자가의 죽음과 부활을 앞두고 그리스도인들에게 하신 약속을 기억해야 한다. 이 약속 때문에 우리의 변명은 설 자리를 잃게 되며, 우리는 우리의 책임을 인정할 수밖에 없다. 그분은 이렇게 말씀하셨다.

"그러하나 진리의 성령이 오시면 그가 너희를 모든 진리 가운데로 인도하시리니 그가 자의로 말하지 않고 오직 듣는 것을 말하시며 장래 일을 너희에게 알리시리라 그가 내 영광을 나타내리니 내 것을 가지고 너희에게 알리겠음이니라 무릇 아버지께 있는 것은 다 내 것이라 그러므로 내가 말하기를 그가 내 것을 가지고 너희에게 알리리라 하였노라"(요 16:13-15).

우리는 하나님이 아니다. 하나님이 하실 수 있는 것을 행할 능력이 우리에게 없다. 그러나 하나님이 우리를 인간으로 지으셨기 때문에, 만일 성령님의 기름부음과 임재가 우리의 삶 속에 주어진다면, 우리는 사람의 아들 예수님이 그분의 지상(地上) 사역 중에 이루신 일을 이룰 수 있을 것이다.

평범한 일들은 누구나 이룰 수 있다. 다른 사람들보다 용기와 열정이 강한 일부 사람들은 특출한 일들을 성취한다. 더욱이 그리스도인들에게는 불가능한 것을 이루어야 할 책임이 있다.

의를 사랑하는 자에게
성령의 기름부음이 임한다

의 RIGHTEOUSNESS

하나님이 죄를 알지도 못하신 자로 우리를 대신하여 죄를 삼으신 것은
우리로 하여금 저의 안에서 하나님의 의가 되게 하려 하심이니라_ 고린도후서 5:21

내게는 성령의 능력이 기쁨의 능력임을 온 세상에 알리는 것이 너무
나 즐거운 일이다. 우리 구주 예수 그리스도께서 이 땅에서 아름답
고 거룩한 삶을 살면서 치유와 구원의 사역을 감당하신 것도 바로
이 기쁨의 기름부음의 능력 가운데 행하신 것이다.

하나님은 당신과 나를 포함해서 이제까지 살았던 그 누구보다도 예
수에게 하나님의 거룩한 기름을 더 많이 부어주셨다. 물론 그렇다고
해서 하나님이 하나님의 가장 좋은 것을 우리에게 주지 않으신다는
말은 아니다. 다만 내가 하고 싶은 말은, 하나님께서 성령의 기름부
음을 받고자 하는 우리의 열망에 비례하여 우리에게 기름부음을 허
락하신다는 것이다.

성경은 예수께서 의(義)를 사랑하고 악을 미워하셨기 때문에 특별
한 기름부음을 받으셨다고 가르친다. 이 가르침은 우리가 전능하신
하나님으로부터 충만한 기름부음과 복을 받기 위해 어떤 사람이 되
어야 하는지를 분명히 보여준다.

사실 나는 새로운 주장을 하는 것이 아니다. 나의 증거는 "오, 주 예수님!
주님이 저의 의(義)이십니다. 저는 죄인일 뿐입니다"라는 마르틴 루터의
기도 속에 이미 들어 있다. 예수님이 짊어지신 죄는 루터의 죄요, 당신의
죄요, 나의 죄이다. 루터와 당신과 내가 소유한 유일한 의는 오직 그리스
도의 의이다.

성령 충만하려면
선을 사랑하고 악을 미워하라

너희는 악을 미워하고 선을 사랑하며 성문에서 공의를 세울지어다_ 아모스서 5:15

우리가 헌신적이고 경건한 그리스도인이라면, 우리가 십자가에서 죽고 부활하신 그리스도의 진정한 제자라면, 우리가 인정해야 할 몇 가지 진리가 있다.

우리는 부정직을 미워하지 않고서 정직을 사랑할 수 없다. 불결함을 미워하지 않고서 깨끗함을 사랑할 수 없다. 거짓말과 속임을 미워하지 않고서는 진실을 사랑할 수 없다.

우리가 예수 그리스도께 속했다면, 우리는 그분이 온갖 형태의 악을 미워하셨듯이 악을 미워해야 한다. 그분은 하나님을 대적하는 것을 미워하고 하나님으로 가득한 것을 사랑하셨다. 그렇기 때문에 그분은 기쁨의 기름을 충만히 받으실 수 있었다.

우리가 성령을 충만히 받지 못하는 것은 선(善)을 충분히 사랑하지 않고 악(惡)을 충분히 미워하지 않기 때문이다. 우리가 의(義)를 향한 예수님의 뜨거운 사랑과 악을 향한 예수님의 거룩한 미움을 본받지 않기 때문에 하나님은 우리에게 성령 충만을 허락하지 않으시는 것이다.

우리는 복음에 순종하는 순간 성령을 받는다. 그러나 우리가 악과의 싸움에서 온전히 시험을 받고 그리스도와 함께 승리해야 비로소 성령의 능력을 충만히 받을 수 있다.

우리는 하나님의 신비를
다 이해할 수 없다

내 영혼아 여호와를 송축하라 여호와 나의 하나님이여 주는 심히 광대하시며
존귀와 권위를 입으셨나이다_ 시편 104:1

"하나님에 관한 모든 것을 말하겠습니다"라고 말할 수 있는 설교자
나 선생은 이 세상에 없다.

"나를 가리는 구름이 언제나 있을 것이다. 나를 덮는 베일(veil)이 늘
있을 것이다. 너희가 내 땅에 있는 동안 너희는 나에 관한 신비에서 벗
어나지 못할 것이다. 왜냐하면 나는 스스로 있는 자이기 때문이다."
하나님은 모세와 이스라엘 민족에게 이런 취지로 말씀하셨다.

그러나 이것은 그들뿐만 아니라 우리를 위한 말씀이기도 하다.

나는 개인적인 체험에 근거하여 이렇게 말할 수 있다.

"50년 동안 믿음으로 하나님과 동행하면서 하나님과 하나님의 은혜
를 날마다 더 깊이 깨달았다 할지라도 우리 눈에는 시내산을 덮은
구름이 보일 것이며, 하나님에 관한 신비가 사라지지 않을 것이고,
우리 영혼이 하나님 앞에서 머리를 숙일 것이며, 하나님에 대한 우
리의 이해는 불완전할 것이다."

우리 안에는 어떤 존재 앞에서 경외심에 사로잡혀 무릎 꿇고 싶은
본능이 있다. 이런 우리 앞에 하나님이 나타나시면 우리는 놀라움과
두려움에 사로잡혀 무릎 꿇게 된다. 이렇게 될 때 우리는 성령 충만
한 삶을 시작하게 된다.

하나님이 얼마나 크신 분인지 묵상할 때 우리의 능변(能辯)도 침묵하게
된다.

성령 세례를 받은 자에게도 고난은 있다

주께서 생명의 길로 내게 보이시리니 주의 앞에는 기쁨이 충만하고
주의 우편에는 영원한 즐거움이 있나이다_ 시편 16:11

나의 그리스도인 형제자매들이여! 하나님께서 우리에게 양심과 예
민한 마음과 선택권을 주신 것을 언제나 감사하자. 당신에게 허락된
이 상황 속에서 당신은 하나님께 충성하는가?

하나님이 당신을 어둠에서 건져내어 하나님의 빛 안에 거하게 하셨
다면, 당신은 하나님을 예배해야 한다. 당신이 당신을 부르신 분의
높으심과 선하심과 아름다움을 드러내야 한다는 것을 깨달았는가?
만일 깨달았다면 당신은 성령님이 주시는 빛과 은혜 가운데 겸손히
기쁜 마음으로 예배해야 한다.

하나님이 인간에게 허락하신 상황 속에서 우리가 기쁨과 감사의 마
음으로 일하지 못하는 것은 슬픈 일이다. 하찮은 것들과 사소한 일
들 때문에 우리가 하나님과 교제하지 못하고 하나님을 위해 증거하
지 못하는 것은 참으로 슬픈 일이다.

성령으로 세례를 받았다고 해서 시련과 고난이 없어지는 것은 아니다. 성
령 세례를 받은 주님의 제자들에게는 기쁨도 충만했지만 많은 고난도 뒤
따랐다.

43

성령님이
떠나시지 않았는가?

하나님 아버지 앞에서 정결하고 더러움이 없는 경건은 곧 고아와 과부를 그 환난 중에 돌아보고
또 자기를 지켜 세속에 물들지 아니하는 이것이니라_ 야고보서 1:27

참된 종교의 본질은 자발성이다. 다시 말하면 성령님이 자신의 주권
적인 의지(意志)에 따라 사람들의 자유로운 영(靈)에 감동을 주시는
것이다. 성령님이 주시는 감동은 영적 탁월성의 증거이며, 허상들로
가득한 이 세상에서 유일하게 실재(實在)를 증명해주는 방편이다.

종교가 영적 탁월성을 잃어버리고 단지 형식으로 전락할 때 이런 자
발성이 상실되고 그 자리에 관습, 제도 및 행정이 들어선다. 제도와
행정에 의지하는 태도의 밑바닥에는 영성조차도 조직력으로 해결
할 수 있다는 신념이 깔려 있다. 이런 신념 때문에 종교에서 용납되
어서는 안 되는 것들, 예를 들면 통계, 숫자, 평균화(平均化)의 법칙
과 같은 인간적인 방법이 신앙을 대신하게 된다.

상황이 이 지경이 되면 신앙의 타락은 불을 보듯 뻔하다.

하나님의 손길에서 완전히 벗어나 있는 교회들도 있다. 성령님이 그들을
떠나실지라도 그들은 그분이 떠나셨다는 것을 몇 달씩 눈치 채지 못할 것
이다.

성령님이 주시는
거룩한 분노인가?

너는 말씀을 전파하라 때를 얻든지 못 얻든지 항상 힘쓰라
범사에 오래 참음과 가르침으로 경책하며 경계하며 권하라_ 디모데후서 4:2

그리스도를 따른다고 말하는 사람들이 세상 방법에 따라 살아가는
것을 볼 때 우리가 슬픔과 심적 부담을 느끼는 것은 당연하다. 그런
데 어떤 의미에서는 우리가 신령하기 때문에 이런 슬픔과 심적 부담
을 느끼는 것이다. 이런 상황에 처할 때 우리는 그들을 찾아가 분노
하며 그들을 손쉽게 비난한다.

그러나 이런 방법은 거의 효과가 없다. 우리 속에서 일어나는 분노
도 성령님이 주신 거룩한 분노가 아닐 가능성이 높다. 성령님의 인
도가 없는 상태에서 우리가 그들에게 화를 내는 것은 유익보다 해를
끼치기 십상이다.

다른 모든 문제처럼 이 문제에서도 그리스도는 우리의 완전한 모범
이 되신다. 기도하면서 그리스도의 삶을 묵상한다면, 온유함과 사랑
으로 사람들의 잘못을 지적하고 꾸짖는 법을 배우게 될 것이다. 이
렇게 될 때 우리 안에 거하시는 성령님의 능력에 힘입어 그리스도의
거룩한 모범을 따를 수 있을 것이다.

성령 세례를 받은 사람은 언제나 모든 사람들을 향해 사랑과 인자와 긍휼
의 마음을 품을 것이다.

두 주인을 섬길 수 없다

네 마음을 다하며 목숨을 다하며 힘을 다하며 뜻을 다하여
주 너의 하나님을 사랑하고 또한 네 이웃을 네 몸과 같이 사랑하라 하였나이다_ 누가복음 10:27

하나님! 저는 하나님을 온전히 신뢰하기를 원합니다. 저는 온전히 하나님의 것이 되기를 원합니다. 저는 하나님을 최고로 높이기를 원합니다. 제가 하나님 한 분만으로 온전히 만족하는 사람이 되기를 간절히 원합니다. 저는 하나님의 임재하심이 저를 덮는 것을 늘 의식하면서 하나님의 음성을 마음에 새기기를 원합니다. 저는 평안 중에 진실한 마음으로 살기를 원합니다.

저는 온전히 성령 충만한 삶을 살기를 원합니다. 그렇게 될 때 저의 모든 생각은 하나님 앞에 상달되는 향(香)처럼 향기로울 것이며, 저의 모든 행동이 예배가 될 것입니다. 이제 저는 하나님의 충성스러운 옛 종의 말을 빌려 기도합니다.

"말로 표현할 수 없을 정도로 놀라운 하나님의 은혜로써 저의 마음을 깨끗케 하소서. 그리하시면 저는 하나님을 온전히 사랑하며 하나님께 합당한 찬양을 드릴 수 있을 것입니다."

하나님이시여! 하나님께서 예수 그리스도의 공로를 통해 제게 이런 놀라운 은혜를 허락하실 것이라고 저는 믿습니다.

●

하나님을 향한 우리의 사랑이 참되다는 것을 어떻게 알 수 있을까? 우리가 이 세상 그 무엇보다 하나님을 더 사랑할 때 우리는 우리의 사랑이 참되다고 확신해도 좋다. 주님은 우리가 두 주인을 섬길 수 없다고 말씀하셨다. 하나님을 향한 사랑은 다른 어떤 것보다 선행되어야 한다. 우리의 모든 욕구는 하나님의 영광을 드러내려는 욕구에 종속되어야 한다.

성령의 감동 없이는
진리를 깨달을 수 없다

진리 TRUTH

위에서 주지 아니하셨더면 나를 해할 권세가 없었으리니
그러므로 나를 네게 넘겨준 자의 죄는 더 크니라 하시니_ 요한복음 19:11

성경의 가르침을 받았지만 성령님의 가르침을 받지 못한 사람들은
어디에서나 발견된다. 이런 사람들은 자신들의 지성(知性)으로 진
리를 알 수 있다고 믿는다.

어떤 사람이 기독교의 기본적인 교리를 붙드는 것을 볼 때 우리는
그가 하나님의 진리를 갖고 있다고 생각한다. 그러나 반드시 그런
것만은 아니다. 성령님이 계시지 않으면 진리도 없는 것이다.

아무리 머리가 좋은 사람이라도 하나님의 신비 앞에서는 바보처럼
되어버릴 수도 있다. 성경이 기록되기 위해서 성령님의 감동이 필요
했듯이, 우리가 성경의 진리를 깨닫기 위해서도 성령님의 감동이 필
요하다.

"위에서 주지 않으셨더라면"(요 19:11) 우리는 깨달음을 얻을 수도
없다. 위에서 허락하신 진리가 진짜 진리요, 이 진리가 우리 모두의
희망이다. 왜냐하면 진리를 깨달을 수 있는 은사는 하늘로부터 주어
지기 때문이다.

거룩하게 되는 것은 복된 일이며, 진리를 깨닫고 거룩하게 되는 것은 훨씬
더 복된 일이다. 진리를 전해 듣고 깨달음을 얻고 올바로 판단하는 가운
데 온전한 사랑의 복을 누리는 사람은 복된 사람이다.

불의 사람이 되라

오순절 PENTECOST

내 뒤에 오시는 이는 나보다 능력이 많으시니 나는 그의 신을 들기도 감당치 못하겠노라
그는 성령과 불로 너희에게 세례를 주실 것이요_ 마태복음 3:11

세례 요한은 '불'의 상징을 사용했다. 오순절에 성령님이 임하셨을 때에도 '불'의 상징이 사용되었다.

"불의 혀같이 갈라지는 것이 저희에게 보여 각 사람 위에 임하여 있더니"(행 2:3).

마가의 다락방에 모인 제자들에게 임하신 분은 바로 하나님이셨다. 유한한 인간들의 눈에 성령님은 불로 나타나셨다. 구약성경을 배워서 잘 알고 있던 제자들은 이것이 무슨 의미인지 알았을 것이다. 구약의 장구한 역사 동안 이스라엘 민족에게 불로 나타나셨던 하나님이 이제 제자들 중에 불로 임하여 계신 것이었다. 그분은 외부로부터 그들에게 찾아오셔서 그들의 중심으로 들어오신 것이었다. 구약 시대의 하나님의 임재는 성전의 시은좌(施恩座) 위에서 빛을 발하셨으나 이제는 그들의 이마 위에서 빛을 발하신 것이다. 이것은 그들의 본성 안으로 침투해 들어오신 불의 외적(外的) 상징이었다.

오순절의 성령 강림은 하나님께서 구속(救贖)받은 사람들에게 자신을 주신 사건이었다. 오순절의 불은 새로운 연합을 보증하는 표적이었다. 마가의 다락방에 모인 제자들은 불의 사람이 되었다.

중생은 새 마음을 주며, 불과 성령의 세례는 깨끗한 마음을 준다. 다시 말해서, 중생을 통해 새 마음을 갖게 된 우리는 성령과 불의 세례를 통해 깨끗한 마음을 갖게 된다.

기독교의 본질은 하나님이
사람들 안에 거하시는 것이다

성화 SANCTIFICATION

하나님의 성전은 거룩하니 너희도 그러하니라
너희는 그리스도의 것이요 그리스도는 하나님의 것이라_ 고린도전서 3:17,23

하나님이 사람들 안에 거하신다! 이것이 바로 기독교이다. 자기 안에 거하시는 하나님을 체험하지 못한 사람은 아직 기독교의 능력을 제대로 체험한 것이 아니다. 기독교의 다른 모든 것들은 하나님이 우리 안에 거하시기 위한 예비 단계에 불과하다.

성육신(成肉身), 속죄, 칭의, 중생 이런 것들은 하나님이 구속(救贖)받은 사람들 안으로 들어와 거하시기 위한 예비 단계이다. 범죄하여 하나님의 마음 밖으로 나갔던 인간이 구속을 통해 다시 하나님의 마음 안으로 들어오는 것이다. 죄 때문에 인간의 마음 밖으로 나가셨던 하나님께서 이제 다시 자신의 본래 처소로 들어오셔서 원수들을 내쫓고 자신의 처소를 다시 영광스럽게 만드시는 것이다.

중생(重生)은 집을 지어 완공하는 것이다. 성화(聖化)는 집주인이 그 집으로 들어와 기쁨과 생명과 아름다움 가운데 거하도록 하는 것이다.
오, 주여! 제멋대로 돌아다니는 저의 두 발이 더 이상 방황하지 않도록 영원히 주님께 붙들어 매소서. 제 영혼이 어떻게 주님의 능력을 부인할 수 있겠습니까? 하나님의 뜻의 중심이 곧 저의 집입니다.

성령님은 절대적으로 거룩하신 분이다

거룩함 HOLINESS

하나님이 우리를 구원하사 거룩하신 부르심으로 부르심은 우리의 행위대로 하심이 아니요 오직 자기 뜻과 영원한 때 전부터 그리스도 예수 안에서 우리에게 주신 은혜대로 하심이라_ 디모데후서 1:9

교회의 원수가 교회에 가한 강력한 공격 중 하나는 성령님에 대한 두려움을 심어준 것이다. 그리스도인들과 어울린 적이 있는 사람은 그들에게 이런 두려움이 있다는 것을 부인하지 않을 것이다. 아무런 거리낌 없이 '거룩한 위로자(慰勞者)' 이신 성령께 마음의 문을 활짝 열 수 있는 사람은 거의 없을 것이다. 성령님에 대한 오해가 너무 많이 퍼져 있기 때문에 어떤 교파에서는 그분의 이름을 언급하기만 해도 많은 사람들이 두려움과 거부감을 나타낸다. 그러나 성령님의 위격(位格)과 임재의 상징인 '불' 에 대해 정확히 알게 된다면, 그분에 대한 오해와 두려움과 거부감을 극복할 수 있을 것이다.

무엇보다도 성령님은 '도덕적 불' 이시다. 그분이 성령(聖靈), 즉 '거룩한 영' (the Holy Spirit)이라고 불리는 것은 결코 우연이 아니다. '거룩한' 이라는 단어에 다른 어떤 뜻이 있다 할지라도 한 가지 분명한 사실은 이 단어에 '도덕적 순수함' 의 개념이 담겨 있다는 것이다. 하나님이신 성령님이 절대 무한히 순수하신 것은 당연한 일이다. 사람들의 거룩함에는 차이와 등급이 있지만, 성령께는 그런 것이 없다. 그분은 거룩함 그 자체이시다. 그분은 말로 표현할 수 없을 정도로 순수한 모든 것의 총합(總合)이요, 본질이시다.

우리의 생명이 되시는 보좌에 앉으신 그리스도, 그분은 우리의 거룩함이요, 성화이시다. 우리 안에서 살고 말하고 행하시는 분은 거룩한 분 예수 그리스도이시다.

의심하는 자는
성령 충만을 받을 수 없다

나를 믿는 자는 성경에 이름과 같이 그 배에서 생수의 강이 흘러나리라_ 요한복음 7:38

모든 그리스도인이 성령으로 충만할 수 있고 또한 충만해야 한다는 것은 논쟁의 여지가 없는 분명한 진리이다. 그렇지만 어떤 사람들은 성령 충만이 보통의 그리스도인들을 위한 것이 아니라고 주장한다. 그러나 모든 그리스도인들은 회심 때 받았던 성령 충만보다 훨씬 더 많은 성령 충만을 받을 수 있다. 아니 한 걸음 더 나아가 오늘날 정통교리를 믿는 대부분의 신자들보다 훨씬 더 많은 성령 충만을 받을 수 있다고 나는 여기서 감히 단언한다.

우리가 이 점을 분명히 짚고 넘어가는 것은 매우 중요하다. 왜냐하면 의심이 없어지지 않는 한 믿음은 생겨나지 않기 때문이다. 하나님은 의심하는 사람에게 성령을 부어주지 않으신다. 하나님은 성령 충만을 받을 수 있다는 교리에 대해 의심의 눈초리를 보내는 사람에게는 성령 충만을 허락하지 않으신다.

의심은 사탄에게 문을 활짝 열어주는 것이다. 그에게 문을 열어주면 그는 물밀듯 밀고 들어와 알곡 사이에 가라지를 뿌린다. 반면 믿음은 마음의 문을 굳게 지킨다. 믿음은 하나님의 임재와 은혜가 우리 안에 머물게 한다. 그러므로 의인(義人)은 믿음으로 사는 것이다.

자아가 죽은 자에게
성령의 기름부음이 임한다

내적 죽음 INWARD DEATH

그러므로 너희가 그리스도와 함께 다시 살리심을 받았으면 위엣 것을 찾으라 …
이는 너희가 죽었고 너희 생명이 그리스도와 함께 하나님 안에 감취었음이니라_ 골로새서 3:1,3

이 말씀을 신학적으로 간단히 정리해보자. 우리가 고통스러운 내적
(內的) 죽음을 통과한다 할지라도 우리에게 어떤 공로가 생기는 것
은 아니다. 영혼의 어두운 밤에 '자기의'(自己義)라는 불신앙의 빛
이 단 한 줄기라도 비치어서는 안 된다. 우리가 그토록 원하는 성령
의 기름부음이 우리의 고난을 통해 주어지는 것은 아니다. 우리 영
혼이 황폐해지는 체험을 한다고 해서 우리가 하나님께 소중한 존재
가 되는 것도 아니며, 그분이 우리에게 부가적인 은혜를 주시는 것
도 아니다.

그렇다면 우리가 죽는 체험은 어떤 유익을 주는가? 그것은 삶의 덧
없는 유혹에 초연하여 영원을 바라보며 살아갈 수 있는 힘을 준다.
이런 체험을 통과할 때 우리는 질그릇과 같은 우리를 비우고 성령의
기름부음을 위해 우리 자신을 준비할 수 있게 된다.

따라서 성령으로 충만하려면 우리는 우리의 모든 것을 포기하고, 내
적 죽음을 통과하고, 수세기 동안 쌓인 아담의 쓰레기를 마음 밖으
로 몰아내고, 천상(天上)의 손님을 맞을 마음의 모든 방을 비워놓아
야 한다.

하나님은 우리를 깨끗케 하기 위해 성령님을 보내신다. 성령님은 우리를
눈과 같이 희게 만들 수 있는 물과 불을 주신다. 그러므로 그분을 신뢰하
고 그분에게 순종하고 그분을 영접하자.

성령 충만을 받는 것은
숨을 쉬는 것만큼 쉽다

숨 BREATHE

무리가 마음을 다하여 맹세하고 뜻을 다하여 여호와를 찾았으므로
여호와께서도 저희의 만난 바가 되시고 그 사방에 평안을 주셨더라_ 역대하 15:15

성령님에게는 기괴하거나 섬뜩한 것이 없다. 그분에게는 사람 마음
의 정상적인 작용에 역행하는 것이 없다. 그분은 바로 예수님 같은
분이시며 신자들에게 임하신 분이시다. 사복음서를 읽어보라. 그러
면 예수님이 얼마나 차분하고 순수하고 온유하고 소박하고 다정하
고 진실하고 사랑스러운 분이신지 알게 될 것이다. 심지어 그분의
신성(神性)을 믿지 않는 철학자들조차 그분이 이런 분이심을 인정
할 것이다.

당신은 성령님에 대한 진리를 모두 받아들이고 굳게 확신해야 한다.
어느 정도까지 확신해야 하는가? 당신이 하나님을 설득하려는 노력
을 포기할 때까지 확신해야 한다. 당신은 하나님을 설득하려고 해서
는 안 된다. 그분에게는 그런 설득이 전혀 필요 없다. A. B. 심슨(A.
B. Simson, 1843~1919. 미국의 저명한 복음전도자) 박사는 "성령 충만을
받는 것은 숨을 쉬는 것만큼 쉽다. 숨을 내쉬고 들이쉬는 것이 어려
운가?"라고 말하곤 했다.

예수님! 주님의 영을 저에게 불어주소서.
주님을 들이마시는 법을 가르쳐주소서.
죄와 자아로 가득한 저의 삶을 모두 주님께 내어드리도록 도우소서.

믿음으로
성령 충만을 받으라

믿음 FAITH

> 너희가 악할지라도 좋은 것을 자식에게 줄줄 알거든 하물며
> 너희 천부께서 구하는 자에게 성령을 주시지 않겠느냐 하시니라 _ 누가복음 11:13

성령 충만을 받으려면 이렇게 해야 한다. 우선, 당신의 몸을 하나님께 드려야 한다(롬 12:1,2). 그분은 그분에게 없는 것을 충만케 하실 수는 없다. 당신은 당신의 마음, 인격, 영, 사랑, 야망 그리고 모든 것을 그분께 내어놓을 준비가 되었는가? 성령 충만을 받으려면 우선 당신의 모든 것을 하나님께 드려야 한다.

성령 충만을 받기 위해 그 다음에 해야 할 것은 '구하는 것'이다(눅 11:9-11). 하나님은 우리가 구하지 않아도 우리에게 성령 충만을 허락하시는 방법을 택하실 수도 있었다. 그러나 그분은 우리가 구할 때 성령 충만을 허락하시는 방법을 택하셨다. 우리가 먼저 구하고 그 다음에 그분이 주시는 것이 그분이 정하신 순서이다.

하나님은 하나님께 순종하는 사람들에게 성령 충만을 허락하신다 (행 5:32). 당신은 그분의 명령대로 살 준비가 되어 있는가? 당신은 성경에서 배운 대로 살 준비가 되어 있는가? 이렇게 사는 것은 매우 간단하다. 하지만 혁명적이다.

성령 충만을 받기 위해서는 믿어야 한다(갈 3:2). 구원을 얻기 위해 믿음으로 그리스도를 영접하듯이 우리는 믿음으로 성령 충만을 받는다. 성령님이 우리에게 오실 때 그분은 능력 중에 하나님의 선물로 오신다.

●

죄를 짓는 능력과 죄를 짓는 성향은 별개이다. 성화(聖化)는 후자를 무력화시키고 전자를 거부한다. 성화는 자유로운 도덕적 존재의 속성이다.

편견을 버려라

너희는 내 목소리를 들으라 그리하면 나는 너희 하나님이 되겠고 너희는 내 백성이 되리라
너희는 나의 명한 모든 길로 행하라_ 예레미야서 7:23

옛것과 새것에 대해 우리가 가질 수 있는 두 가지 편견 중 한 가지는 옛것이 무조건 나쁘고 새것이 무조건 좋다는 생각이다. 일반적으로 말해서, 이런 편견은 실제적인 분야, 예배 그리고 종교 활동에서 두드러지게 나타난다. 이런 편견에 사로잡힌 사람들은 진리를 거부하는 잘못에 빠지기 쉽다.

하나님이 명하신 그 길로 행하여 하나님을 찾는 법을 배울 때 우리는 비로소 우리가 마땅히 있어야 할 곳에 있게 될 것이다. 그때 우리는 비로소 하나님에 대해 싫증내지 않을 것이다. 그때 우리는 비로소 하나님과 예수님을 사랑하고 따를 것이며, 영적인 분야의 전문가들이 될 것이다. 우리 안에서 성령님이 감동을 주신다면 우리에게는 외적인 자극이 필요 없을 것이며, 하나님은 우리의 필요를 놀랍게 채워주실 것이다.

그때 하나님은 우리의 일부가 아니라 우리의 전부가 되실 것이다. 그때 우리는 우리의 시대가 어떤 상황에 처해 있는지 깨닫고 주변 사람들의 필요를 채워주기 위해 노력할 것이다. 그리고 그때 오직 하늘에 계신 하나님이 우리의 반석이 되실 것이며, 우리에게 다른 것은 필요 없을 것이다.

하나님이시여! 이 비극적인 위험과 위기의 시대에 하나님의 진리에 순종할 수 있는 용기를 주소서.

열심과 열매는
성령 충만으로부터 나온다

열매 FRUITS

하나님이 나사렛 예수에게 성령과 능력을 기름 붓듯 하셨으매 저가 두루 다니시며 착한 일을
행하시고 마귀에게 눌린 모든 자를 고치셨으니 이는 하나님이 함께하셨음이라_ 사도행전 10:38

성경은 하나님이 자신의 영(성령)을 통하여 창조와 구속(救贖)의 사
역을 이루셨다고 가르친다. 태초에 하나님이 천지를 창조하실 때 그
분의 영이 수면에 운행하셨다. 천지 창조에서 성령님의 존재는 필수
적이었다.

생명을 주시는 성령님의 사역은 성경 도처에서 발견된다. 성육신의
신비가 일어날 수 있었던 것도 성령님이 생명의 주인이시며 또한 생
명을 주시는 분이시기 때문에 가능했다.

"성령이 네게 임하시고 지극히 높으신 이의 능력이 너를 덮으시리
니 이러므로 나실 바 거룩한 자는 하나님의 아들이라 일컬으리라"
(눅 1:35).

우리 주 예수님이 참하나님의 참하나님이신 것은 사실이다. 그러나
주 예수님도 성령의 기름부음을 받은 다음 일하셨다(행 10:38 참조).
이것은 매우 의미심장한 일이다. 성자(聖子) 하나님께서 '성령의 기
름부음을 받은 사람'이 되신 다음에 비로소 사랑의 사역을 시작하
셨다! 예수님의 능력은 능력의 성령님으로부터 나왔던 것이다.

안타깝게도 어떤 그리스도인들은 하나님을 위해 거의 열매를 맺지 못한
다. 성령으로 충만하라! 그러면 더 이상 나태하지 않으며 열심을 내어 열
매를 맺을 것이다.

A.W. TOZER

Part 2
PRESENCE
임재

성령님이 우리 안으로 들어오시면 우
리의 관심은 외형적인 것에서 내면적
인 것으로, 땅의 것에서 하늘의 것으
로 바뀐다. 우리는 외형적인 가치들을
신뢰하지 않게 되고, 눈에 보이는 것
들의 기만성(欺瞞性)을 간파하게 된다.
그리고 우리 경험의 폭이 넓어지면서
눈에 보이지 않는 영원한 세계를 더욱
확신하고 사랑하게 된다.

성령님이 우리 안에
거하신다

하나됨 ONENESS

또 새 영을 너희 속에 두고 새 마음을 너희에게 주되 너희 육신에서 굳은 마음을 제하고
부드러운 마음을 줄 것이며_ 에스겔서 36:26

하나의 인격체가 어떻게 다른 인격체 안으로 들어갈 수 있을까? 솔직히 말해서 우리는 잘 모른다. 하지만 몇 백 년 전의 경건서적 작가들이 즐겨 사용했던 비유를 생각해보면 이 질문에 어느 정도 답할 수 있을 것이다. 그 비유는 다음과 같다.

"쇳조각을 불에 넣고 석탄을 넣어 더 세게 불을 일으킨다. 처음에는 쇳조각과 불이라는 두 가지 물질이 존재한다. 그러나 시간이 흐를수록 이 두 가지 물질 사이에는 침투 작용이 일어난다. 쇳조각이 불 안에 있을 뿐만 아니라 불이 쇳조각 안에 있게 된다. 처음에는 별개의 물질이던 것들이 서로 섞이고 상호 침투하여 결국 하나가 되는 것이다."

이 비유는 성령님이 어떻게 우리의 영 안으로 침투하시는지를 이해할 수 있도록 도와준다. 성령님이 우리 안에 들어와 거하신다 할지라도 우리는 계속 우리 자신으로 남는다. 우리의 자아(自我)가 파괴되는 것이 아니라는 말이다. 성령님이 우리 안에 거하실지라도 성령님은 하나님이시고, 우리는 계속 인간이다. 그러나 한 가지 새로운 사실이 생겨난다. 그것은 성령님의 내주(內住)를 통하여 우리가 하나님과 하나가 되는 체험을 한다는 것이다.

그리스도인은 하나님과 교제하는 삶을 산다. 그는 새 생명 가운데서 행한다. 성화(聖化)의 과정 속에서 성령님과 더욱 깊이 교제하는 사람은 그분과 그분이 주시는 감동을 더욱 예민하게 느낀다.

하나님의 임재를 훈련하라

내가 여호와를 항상 내 앞에 모심이여
그가 내 우편에 계시므로 내가 요동치 아니하리로다_ 시편 16:8

사물의 본질을 정확히 꿰뚫어 볼 수 있는 방법은 성경의 관점으로 그것을 보는 것이다. 성경은 언제나 그리스도를 우리 앞에, 우리 시야의 중심에 두라고 가르친다. 우리가 이렇게 한다면 사탄이 틈을 탄다 할지라도 그는 우리 시야의 가장자리에서, 밝음과 어둠의 경계에서만 맴돌게 될 것이다. 우리는 그리스도와 사탄의 위치를 바꿔서는 안 된다. 왜냐하면 사탄이 우리의 중심에 있고 그리스도가 가장자리로 밀려나실 때 비극이 시작되기 때문이다.

사탄을 쫓아내는 방법은 그리스도를 모셔 들이는 것이다. 목자 곁에 머무는 양은 늑대를 두려워할 필요가 없다.

지혜로운 그리스도인은 하나님의 임재를 훈련할 것이다. 그는 사탄을 의식하며 살지 않을 것이다.

◉

로렌스 형제(Brother Lawrence, 1605~1691. 파리의 갈멜회에 평수사로 가입하여 식당 일을 한 그는 하나님과 동행하는 사람이라는 평을 들었다)는 하나님을 사랑하는 마음으로부터 비롯된 것이 아니라면 지푸라기 하나도 집어 들지 않았다. 죽음을 눈앞에 두었을 때 그는 "내가 죽는다고 해서 나의 하는 일, 즉 하나님과 동행하는 일이 바뀌는 것은 아닙니다. 나는 이제껏 이 땅에서 40년 동안 하나님을 예배했습니다. 천국에 당도해도 나는 지금 하고 있는 일을 계속할 것입니다"라고 말했다.

성령님은
세상을 책망하신다

그(성령)가 와서 죄에 대하여, 의에 대하여, 심판에 대하여 세상을 책망하시리라_ 요한복음 16:8

예수께서 '진리의 영'이라고 부르신 성령님은 빈둥거리며 지내기 위해 이 세상에 오신 것이 아니다. 주님의 사람들이 모인 곳에는 반드시 성령님도 계신다. 성령님은 그리스도의 말씀과 인격을 증거할 때 우리에게 도덕적 결단과 행동을 요구하신다.

그러므로 전도 집회에 참석한 사람들의 떨리는 양심, 벌거벗은 양심으로부터 변명의 마지막 꺼풀이 언제 영원히 벗겨질지 아무도 모를 일이다. 심지어 그들이 거룩하고 영적인 것들에 대하여 농담을 주고받고 장난칠지라도 하나님의 영은 매우 진지하시다.

하나님은 이 타락한 세상에서도 말씀하신다. 그분의 음성 중 하나가 바로 성령님의 임재이다. 왜냐하면 성령님은 이 땅에 오셔서 죄, 의, 심판과 같은 중요한 문제들에 대하여 세상을 책망하시기 때문이다. 성령님이 자신의 사역을 계속하시는 한 우리는 이 타락한 세상이 아직 버림받지 않았다는 것을 알 수 있다.

●

성령님은 사랑과 기쁨으로 충만한 천국을 떠나 이 불편한 세상에 오셔서 2천 년 동안 거하셨다. 따라서 성령의 자기 희생은 성육신(成肉身)과 십자가의 죽음에서 드러난 예수님의 자기 희생에 필적한다.

우리 영혼 안에는
하나님을 위한 공간이 있다

하나님이 세상을 이처럼 사랑하사 독생자를 주셨으니 이는 저를 믿는 자마다 멸망치 않고
영생을 얻게 하려 하심이니라_ 요한복음 3:16

복음을 듣고 믿는 사람들을 변화시킬 수 있는 힘을 가지신 성령님이
우리 가운데 계신다. 아직도 성령님은 사람들을 회심(回心)하게 하
고 거듭나게 하고 변화시키신다.

우리가 성령님을 피하기 위해 동굴이나 바위틈이나 숲 속에 숨는
것은 참으로 비극이다. 사람들이 스스로 마음을 강퍅하게 해서 성
령님의 음성을 듣지 못하고 성령님의 인도를 느끼지 못하는 것은
비극이다.

많은 사람들이 하나님의 음성을 듣지만, 그들은 쉬운 길로만 가겠다
고 고집을 부린다.

형제여! 당신은 지옥이 하나님의 말씀대로 그토록 두려운 곳이라고
믿는가? 당신은 죄가 하나님의 말씀대로 그토록 무서운 것이라고
믿는가? 당신은 예수 그리스도께서 죄인들을 구원하기 위해 돌아가
셨다고 믿는가? 당신이 진짜 그렇게 믿는다면, 당신이 죄를 멀리하
는 생활을 한다는 것을 사람들에게 인식시키는 것은 그리 큰 수고가
아닐 것이다.

하나님이 만드신 모든 피조물들 중에서 오직 사람만이 하나님을 받아들
일 수 있는 공간을 가지고 있다. 하나님의 영이 우리 영혼 안으로 들어오
실 때 이 공간이 채워진다.

성령님은 우리 마음의 죄를 깨닫게 하신다

마음 HEART

그러므로 형제들아 내가 하나님의 모든 자비하심으로 너희를 권하노니
너희 몸을 하나님이 기뻐하시는 거룩한 산 제사로 드리라 이는 너희의 드릴 영적 예배니라_ 로마서 12:1

성령님의 성화(聖化)의 능력으로 말미암아 우리의 영혼이 하나님과 교제할 수 있게 준비되었다. 이것은 성경이 선포하는 진리요, 수많은 사람들이 무수히 증거한 사실이다.

그러나 우리에게 닥칠 수 있는 가장 큰 위험은 우리가 하나의 죄를 버렸지만 그 대신 다른 죄가 우리에게 생겼는데도 우리가 죄에서 구원받았다고 착각하는 것이다. 이것은 누구에게나 닥칠 수 있는 위험이다. 그러나 그렇다고 해서 우리가 낙심하거나 뒤로 물러설 필요는 없다. 다만 우리는 경계하는 마음을 가지고 긴장하면 된다.

예를 들어서 우리는 우리의 회개가 단지 장소만 바뀌는 것이 되지 않도록 조심해야 한다. 과거에 우리가 먼 나라에서 돼지 떼들과 어울리며 죄를 지었다면 지금은 교인들과 어울리며 죄를 지을 수 있다. 다시 말해서, 지금 우리가 겉보기에 과거보다 훨씬 더 깨끗해지고 존경을 받을 만한 것처럼 보여도 과거에 비해 조금도 깨끗해지지 않은 상태일 수 있다.

당신의 영혼이 성령님을 받아들이고 주님의 계속적인 임재 안에 거하기를 원하는가? 그렇다면 당신의 영혼 깊은 곳에서 당신의 죄를 깨달아야 할 뿐만 아니라 당신의 죄성(罪性)도 깨달아야 한다.

성령 충만을 위해
잠잠히 기다리라

주 여호와 이스라엘의 거룩하신 자가 말씀하시되 너희가 돌이켜 안연히 처하여야 구원을 얻을 것이요
잠잠하고 신뢰하여야 힘을 얻을 것이어늘_ 이사야서 30:15

우리가 다른 사람들 앞에서 결코 배울 수 없는 것들이 있다. 나는 교회의 중요성을 믿으며, 성도와의 교제를 사랑한다. 물론, 주일에 성도들이 함께 모일 때 배울 수 있는 것이 많다. 그러나 어떤 것들은 다른 사람들의 면전에서는 결코 배울 수 없다.

오늘날 우리는 왜 신앙의 문제에 실패하는가? 여러 가지 이유가 있겠지만 그중 한 가지는 우리가 '아무 활동도 하지 않고 혼자 있는 단계'를 거치지 않고 조급히 종교적 활동에 나서기 때문이다. '아무 활동도 하지 않고 혼자 있는 단계'란 무엇인가? 그것은 오직 하나님 앞으로 나아가 하나님의 영으로 충만해질 때까지 잠잠히 기다리는 것이다. 이런 단계를 거친 다음 행동에 나서면 풍성한 결실을 거둘 수 있다. 왜냐하면 하나님께서 우리를 준비시키셨기 때문이다.

당신은 하나님을 찾기 위해 동분서주할 필요가 없다. 왜냐하면 그분은 당신의 마음의 문(門)보다 더 멀리 계시지 않기 때문이다. 거기서 그분은 당신이 마음의 문을 열고 그분을 안으로 받아들이기를 기다리신다. 그분이 멀리 계시지 않으니 당신이 그분에게 소리칠 필요도 없다. 당신의 마음문이 열리기를 기다리는 마음은 그분이 당신보다 훨씬 더 간절하시다. 당신이 그분을 원하는 것보다 천 배나 더 강하게 그분은 당신을 원하신다. 당신이 그분에게 문을 열기만 하면 그분은 즉시 들어오실 것이다.

하나님의 존전에서
숨죽여 무릎 꿇자

경배 ADORATION

가로되 이스라엘 하나님 여호와여 천지에 주와 같은 신이 없나이다 주께서는 온 마음으로
주의 앞에서 행하는 주의 종들에게 언약을 지키시고 은혜를 베푸시나이다_ 역대하 6:14

어떤 사람들은 예배의 순서와 형식을 미리 정하지 않고 즉흥적으로
예배를 드리는 것이 좋다고 말한다. 그들은 소위 '즉흥적인 예배'를
주장하는 것이다. 그들은 "예배의 형식과 순서를 정하지 않고 예배
를 드리면 성령님이 자유롭게 활동하실 것이다"라고 말한다. 예배
참석자들이 모두 경건하고 성령 충만하다면 그들의 주장이 옳을지
도 모르겠다. 그러나 그렇지 않은 경우라면 소위 '즉흥적 예배'에는
질서도 성령님의 인도도 없을 것이다.

몇 주 또는 몇 달 동안 '즉흥적 예배'가 계속되면, 판에 박은 듯이 동
일한 기도를 반복하게 될 것이다(물론, 경우에 따라서 작은 변화는
있을 것이다). 그리고 무의미한 반복 때문에 이미 오래 전에 감동이
사라져버린 찬송가 몇 곡만이 반복될 것이다. 대부분의 교회 예배에
서는 교인들의 경건한 마음가짐, 성도의 하나됨에 대한 인식, 하나
님의 임재를 감지하는 의식, 침묵의 순간, 엄숙함, 경이감, 거룩한 두
려움 같은 것들을 전혀 또는 거의 찾아볼 수 없다.

기독교는 회개, 겸손 그리고 눈물을 회복해야 한다. 이것은 너무나
시급한 문제이다. 나는 하나님께서 이런 것들을 속히 허락하시기를
기도한다.

우리는 하나님의 존전에서 무릎을 꿇고 숨을 죽이며 숭모(崇慕)의 감정에
빠져 들었던 우리 믿음의 조상들을 본받아야 할 것이다.

성령님의 놀라운
임재 가운데서의 침묵

이 말 할 즈음에 구름이 와서 저희를 덮는지라 … 구름 속에서 소리가 나서 가로되
이는 나의 아들 곧 택함을 받은 자니 너희는 저의 말을 들으라 하고_ 누가복음 9:34,35

침묵은 경우에 따라서 신령한 것이 될 수도 있고 그렇지 못할 수도
있다. 어떤 그리스도인들은 할 말이 없어서 침묵한다. 또 어떤 사람
들은 표현력의 한계 때문에 침묵한다. 이제부터 후자의 경우를 좀
더 자세히 이야기하려고 한다.

구속(救贖)받은 사람의 마음을 성령님이 온전히 지배하실 때 그에
게 일어나는 일들을 순서대로 정리하면 다음과 같다. 우선, 성령께
서 온전히 다스리시는 사람은 메시지 전달, 기도 또는 간증을 통해
하나님을 거침없이 찬양한다. 그의 마음은 점점 더 뜨거워진다. 머
리로 생각해낸 찬양의 말들은 찬송이 된다. 하나님의 영광이 더욱
충만히 임하여 찬송조차 할 수 없게 되면 비로소 침묵하게 되는데,
이 상태에서 거의 황홀경에 빠진 그는 자기가 형언할 수 없을 만큼
지극히 큰 복(福)을 받았음을 깨닫는다.

두렵고 떨리는 하나님의 임재 가운데 침묵하는 것이 몇 년간 책과
씨름하며 연구하는 것보다 더 큰 영적 진보를 이룰 수도 있다. 이런
말을 하면 사람들이 나를 광신자나 극단주의자로 몰아붙일지도 모
른다. 그러나 나는 이렇게 말하지 않을 수 없다. 비록 짧은 순간일지
라도 하나님의 존전에서 침묵하는 효과는 영원하다!

침묵하는 것이 얼마나 큰 유익을 줄 수 있는지 아는 사람은 거의 없다. 그
러나 우리 주님은 침묵의 가치를 누구보다 잘 아셨다. 자신에게 충분한
침묵을 허락하지 않는 한 우리는 우리 자신을 알지 못한다.

오순절은 언제나 '현재' 이다

영원한 현재 EVERLASTING NOW

오순절날이 이미 이르매 저희가 다 같이 한곳에 모였더니_ 사도행전 2:1

오순절은 왔다가 가버린 것이 아니다. 오순절은 우리에게 찾아와 이 제까지 우리 중에 계속 머물러 있다. 오순절 성령 강림은 역사책에 기록된 사건으로 끝나는 것이 아니라 언제나 우리와 함께해야 할 충만한 능력의 원천이다.

오순절은 언제나 '현재' 이다. 단순히 과거의 오순절도 아니고, 단순히 미래의 오순절도 아니다. 거룩하신 성령님은 현재 우리와 함께 계신 하나님이시다. 그분에게는 '영원한 현재' 만 있을 뿐이다. 그분은 신성(神性)의 모든 속성을 지니고 계신 하나님이시다. 그러므로 그분에게 '다른 곳' 은 없다. 그분은 '영원한 이곳' 에 거하신다. 그분의 중심은 어느 곳에나 있다. 그분에게 경계선이란 없다. 우리가 성령께서 그분의 임재를 거두어들이도록 만드는 것은 가능하나 우리가 그분이 계시지 않은 곳으로 도망하는 것은 불가능하다.

우리는 우리의 불신앙과 편견 때문에 큰 손해를 볼 수 있다. 그 손해 중 하나가 성령님의 임재에 무감각해지는 것이다. 우리는 신조(信條)로 성령님에 대한 신앙을 고백한다. 성령님을 종교적인 언어로 표현한다. 그러나 성령님을 체험적으로 아는 사람은 많지 않다.

성령님이 우리의 삶 속으로 들어오시면 성령님은 일하신다. 즉, 무언가를 이루신다는 말이다. 성령님은 단지 감정, 감상(感傷) 또는 기분과 같은 상태나 존재로 우리 안에 거하시는 것이 아니다. 성령님은 우리가 그리스도의 제자로서 감당해야 할 모든 사명을 이룰 수 있도록 도우신다.

성령님은 우리의 회개를
도우실 뿐이다

이와 같이 죄인 하나가 회개하면 하나님의 사자들 앞에 기쁨이 되느니라_ 누가복음 15:10

하나님이 하실 수 없는 것들 중 하나는 '우리를 대신하여 회개하는 것'이다. 그분의 은혜를 강조하려는 열망에 불타는 일부 사람들은 마치 그분이 우리를 위해 회개까지 대신해주시는 것처럼 말하지만 이것은 대단히 잘못 알고 있는 것이다. 그분은 모든 사람들에게 회개하라고 명하셨다. 회개는 오직 인간들만이 할 수 있는 것이다. 어떤 사람이 다른 사람 대신 회개해줄 수도 없다. 그리스도께서 우리를 위해 죽으신 것은 사실이지만, 그분이 우리의 회개까지 대신해주시는 것은 아니다.

하나님이 자비를 베푸셔서 우리에게 회개할 마음을 심어주시고 내주하시는 성령님을 통해 우리의 회개를 도우실 수는 있다. 그러나 우리가 자발적으로 하나님 앞에서 회개하고 예수 그리스도를 믿지 않는다면 우리는 구원을 얻을 수 없다.

회개에는 도덕적 혁신이 포함된다. 잘못을 범하는 존재는 인간이므로 오직 인간만이 그 잘못을 바로잡을 수 있다. 예를 들어 거짓말하는 것은 인간이므로 그것을 고칠 수 있는 존재 역시 인간뿐이다. 그가 회개한다는 것은 거짓말을 중단한다는 것이다. 하나님이 그를 대신하여 거짓말을 중단할 수는 없다.

우리가 죄를 짓는다는 것은 사탄이 우리에게 영향을 끼칠 수 있는 교두보를 내어주는 셈이다. 사탄에게 교두보를 내어주지 말라.

성령님이 임하시면
우리는 예배하는 사람이 된다

예배 WORSHIP

여호와의 이름에 합당한 영광을 그에게 돌릴지어다 예물을 가지고 그 앞에 들어갈지어다
아름답고 거룩한 것으로 여호와께 경배할지어다_ 역대상 16:29

우리가 하나님께 인도되고 믿음으로 구원을 얻는 것은 하나님을 예배하고 숭모하기 위함이다. 우리가 하나님께 나아오는 것은 로봇과 같은 그리스도인, 판에 박은 그리스도인, 거푸집에서 찍어낸 듯한 그리스도인이 되기 위함이 아니다.

하나님이 우리를 구원하신 것은 각 사람이 전심으로 하나님을 사랑하고 그분의 거룩함을 찬양하고 그분을 예배하면서 역동적으로 살도록 하기 위함이다.

물론 이 말이 우리가 모두 똑같은 방식으로 하나님을 예배해야 한다는 것은 아니다. 성령님은 우리의 선입관에 사로잡히거나 판에 박은 듯한 형식 안에서 일하시는 분이 아니다. 한 가지 분명한 사실은 이것이다. 즉, 하나님의 영이 우리 중에 임하시면 우리는 예배하는 사람이 된다는 것이다.

●

예배는 우리가 느끼는 것을 적절한 방법으로 표현하는 것이라고 말할 수 있다. 여기서 적절한 방법으로 표현한다는 것이 언제나 똑같은 방법으로 표현한다는 말은 아니다. 방법은 달라질 수 있다. 각 사람이 자기에게 적절한 방법을 찾으면 된다.

예배는 우리의 의무이다

의무 OBLIGATION

·

오라 우리가 굽혀 경배하며 우리를 지으신 여호와 앞에 무릎을 꿇자 대저 저는 우리 하나님이시요
우리는 그의 기르시는 백성이며 그 손의 양이라 너희가 오늘날 그 음성 듣기를 원하노라 _ 시편 95:6,7

성령님이 신약시대의 오순절 사건이나 교회의 역사 속에서 강력하게 임하셨듯이 지금도 우리의 교회에 강력하게 임하신다면 우리는 지금보다 더 거룩하고 능력 있는 그리스도인이 될 것이다.

사람들은 자기들 좋을 대로 예배의 형식과 방법을 만들어내고 그것을 고집한다. 그러나 하나님은 영이시기 때문에 하나님을 예배하는 자는 신령(성령)과 진정(진리)으로 예배해야 한다는 것이 하나님의 가르침이다. 하나님은 예배를 인간들의 손에 맡겨두지 않으시며 그것을 성령님의 손에 맡기셨다.

성령님의 임재가 없다면 우리는 하나님을 제대로 예배할 수 없다. 성령님은 우리가 하나님이신 예수 그리스도를 통해 하나님이 받으실 만한 예배를 드릴 수 있도록 도우신다. 그러므로 예배는 하나님으로부터 비롯되어 우리에게 찾아오셔서 마치 거울에 반사되듯이 다시 그분께 돌아가는 것이다. 그분은 이런 예배가 아니면 받지 않으신다.

우리에게는 하나님을 숭모해야 할 최고의 의무가 부여되어 있다. 왜냐하면 그분은 우리의 숭모를 받기에 합당하신 분이기 때문이다. 우리에게는 하나님을 사랑해야 할 최고의 의무가 부여되어 있다. 왜냐하면 하나님은 우리의 사랑을 받기에 합당하신 분이기 때문이다.

성령과 진리로 예배하라

하나님이 죄인을 듣지 아니하시고 경건하여
그의 뜻대로 행하는 자는 들으시는 줄을 우리가 아나이다_ 요한복음 9:31

우리는 하나님이 영이시며 하나님을 예배하는 자는 신령과 진정으로
예배해야 한다고 온 세상에 외치기 위해 혼신의 힘을 다해야 한다.
예배는 성령님과 진리 안에서 드려져야 한다. 진리 없이 예배를 드려
서는 안 된다. 왜냐하면 성령님은 진리를 통해 일하시기 때문이다.
우리는 성령님 없이 예배해서도 안 된다. 왜냐하면 성령님이 함께하
시지 않는 진리는 냉랭한 신학에 불과하기 때문이다.
다시 말하지만, 예배는 성령님과 더불어 진리 안에서 드려져야 한다.
하나님의 진리와 하나님의 영이 함께하실 때 비로소 진정한 예배가
성립된다. 우리가 하나님께 순종하고 그분의 진리를 믿고 그분의 영
으로 충만하다면 우리의 가장 작은 속삭임 역시 예배이다.

나의 삶 속에 하나님이 싫어하시는 것이 숨어 있다는 것을 내가 안다면 나
는 그분이 받으실 만한 예배를 드릴 수 없다. 주일에 기쁜 마음과 진심으
로 하나님을 예배한 사람이 월요일에 그분을 예배하지 않는다는 것은 있
을 수 없는 일이다. 다시 강조하지만, 하나님이 기뻐하시지 않는 것이 내
게서 모두 사라질 때 비로소 나는 하나님이 온전히 받으시는 예배를 드릴
수 있다.

성령님의 임재의 광채 속에
사는 사람이 되라

빛남 BRIGHTNESS

> 모세가 그 증거의 두 판을 자기 손에 들고 시내산에서 내려오니 그 산에서 내려올 때에 모세는
> 자기가 여호와와 말씀하였음을 인하여 얼굴 꺼풀에 광채가 나나 깨닫지 못하였더라_ 출애굽기 34:29

내가 만나본 성도들 중 몇몇은 얼굴에서 광채가 났다. 또 그들은 온
유하고 겸손한 사람들이었다. 단언하건대, 나는 책을 통해 배운 것
보다 그들과 교제하면서 배운 것이 훨씬 더 많았다.

여러 해 동안 나는 성경교사들에게 많은 것을 배웠다. 그러나 그들
의 가르침은 내 머릿속에 지식을 쌓아주는 것으로 끝났다고 말해도
과언이 아닐 것이다. 그러나 내가 만나본 사람들 중 얼굴에서 광채
가 나는 형제들, 즉 하나님의 임재의 신비로움 안에 거하는 사람들
은 내 마음을 변화시켰다.

그리스도 안에서 형제 된 사람을 가리켜 "이 사람은 진정한 하나님
의 사람이다"라고 말할 수 있다면 그것은 너무나 아름다운 일이다!
이런 사람은 우리에게 아무 말도 하지 않을지 모른다. 다만 그는 경
외심을 불러일으키는 하나님의 신비로운 임재를 느끼며 조용히 확
신 가운데 살아갈 뿐이다. 하지만 그의 삶은 유창하게 떠들어대는
이 세상의 어떠한 웅변보다 더 많은 것을 우리에게 가르쳐준다.

그리스도인으로서 승리의 삶을 살려면 단 한 가지가 필요하다. 그것은 하
나님께 능력을 받는 것이다. 하나님께 나아가 하나님과 연합하라. 그러면
무한한 능력을 받게 될 것이다. 왜냐하면 하나님의 능력은 무한하기 때문
이다.

성령으로 임하시는
그리스도가 능력이다

능력 POWER

의에 주리고 목마른 자는 복이 있나니 저희가 배부를 것임이요_ 마태복음 5:6

우리의 지성(知性)으로 설명되지 않는 하나님의 속성들이 있다. 이 것은 우리 속에 가장 깊이 자리 잡고 있는 것, 즉 우리의 마음으로만 이해될 수 있다. 따라서 나는 내가 감정을 믿는다고 말하지 않을 수 없다.

나는 옛 저술가들이 말한 '종교적 감정'이라는 것을 믿는다. 현재 우리가 이 '종교적 감정'을 거의 느끼지 못하는 것은 그것을 느끼기 위한 조건이 충족되지 못했기 때문이다. 그 조건은 회개, 순종, 세상 과의 분리 그리고 거룩한 삶이다.

이 조건을 충족시킬 때 우리는 하나님의 타세적(他世的) 임재를 느낄 것이며, 이 느낌은 너무나 강렬하여 우리를 완전히 압도할 것이다.

●

'더 깊은 삶'이란 예수님이 우리 마음의 깊은 갈망을 어떻게 완전히 충족 시키시는지 점점 더 깊이 깨닫는 과정이라고 말할 수 있다.

당신은 거룩해지기를 갈망하는가? 우리 안에 거하시는 그리스도께서 바로 우리의 거룩함이 되신다.

당신은 성부 하나님을 간절히 알기 원하는가? 그리스도는 성부 하나님을 보여주시는 분이다.

당신은 열매 맺는 사역을 가능하게 하는 능력을 원하는가? 성령으로 임하 시는 그리스도께서 바로 그 능력이시다.

용서받지 못할 죄 때문에
고민하는가?

하나님이 그 아들을 세상에 보내신 것은 세상을 심판하려 하심이 아니요 저로 말미암아
세상이 구원을 받게 하려 하심이라_ 요한복음 3:17

예수를 믿다가 타락한 후 다시 믿음으로 돌아온 사람들이 많다. 그
들 중 많은 사람들은 "내가 혹시 '용서받지 못할 죄'를 범한 것이 아
닌가?"라는 고민에 빠져 심히 괴로워한다. 나는 이 문제에 관한 아
주 유용한 판단 기준을 발견했다. 나는 이 판단 기준이 전 세계 교회
에 전부 적용된다고 믿는다. 이 판단 기준은 "혹여 자신이 '용서받
지 못할 죄'를 범한 것이 아닌지 고민하는 사람은 누구나 자기가 그
런 죄를 범하지 않았다고 확신할 수 있다"라는 기준이다.

두렵고 무서운 '용서받지 못할 죄'를 범한 사람은 죄책감을 느끼지
않는다. 또 그는 자기가 그런 죄를 범했을까봐 두렵다고 고백하지도
않는다. 예수께서도 바리새인들과 논쟁을 벌이다가 그들에게 거듭
경고하셨지만 그들은 전혀 고민하지 않았다. 예수님의 경고를 받으
면서도 그들은 자기들이 완전히 의롭다고 믿었다. 그들은 회개할 필
요성을 느끼지 못했고, 죄를 슬퍼하지도 않았고, 불신앙에 대해 죄
책감을 느끼지도 않았다. 그들은 "걱정하지 말라. 우리에게는 전혀
문제가 없다"라는 태도를 취했다. 죄책감을 느끼며 걱정하는 그리
스도인들이여! 자기 죄를 걱정하며 불안에 떤다는 사실 자체가 성령
님이 당신 안에서 일하신다는 증거임을 명심하라.

하나님은 작은 죄를 기꺼이 용서하듯이 큰 죄도 기꺼이 용서하신다. 뿐만
아니라 그분은 일단 죄를 용서하시고 나면 완전히 새롭게 시작하신다. 하
나님은 과거의 죄를 들추어내어 문제 삼지 않으신다.

성령님은 우리 영혼에 그리스도를 그리기 원하신다

촛대 사이에 인자 같은 이가 발에 끌리는 옷을 입고 가슴에 금띠를 띠고_ 요한계시록 1:13

이름만 들어도 알만 한 유럽의 유명 화가들의 작품은 세계적인 규모의 미술관에 걸려 있다. 대개 이런 화가들은 주님을 그리기도 했는데, 나는 그들이 우리 주님을 그릴 때 그들 나름대로 최선을 다했으리라고 믿는다. 그러나 그들은 우리 주님에 대해 그들이 갖는 개념상의 한계 때문에 제약을 받았다.

솔직히 말해서 나는 우리 주님에 대한 잘못된 개념에 속박당하기를 원하지 않는다. 그리스도인들은 성령님이 우리의 가장 깊은 곳에서 그리스도의 형상을 완벽하게 그려주시기를 간절히 사모해야 한다. 우리는 그리스도께서 우리 안에 살아 계시는 것을 순간순간 확신하면서 기쁨을 누려야 한다. 그런데 이런 확신은 하나님의 거룩한 말씀을 읽고 연구하는 과정에서 생겨야 한다.

우리는 성령께서 붓을 들고 우리 영혼의 캔버스에 피와 불로 가득한 그리스도의 초상화를 그리시기를 간절히 원해야 할 것이다.

하나님의 말씀을 전하는 그리스도, 모든 복의 통로가 되시는 그리스도를 믿지 않는 사람은 아직까지 구속(救贖)하시는 하나님을 만난 것이 아니다. 그리스도인이 되는 첫걸음은 그리스도께로 나아와 그분을 영접하고, 그분과 연합하고, 만복의 근원이며 통로이신 그분을 믿는 것이다. 그 어떤 인간도 피해가서는 안 될 질문이 그리스도에 관한 질문이다. 모든 사람은 그리스도에 대하여 결정을 내려야 한다.

성령님은 항상
우리에게 오신다

선포 PROCLAMATION

이 예수를 하나님이 살리신지라 우리가 다 이 일에 증인이로다_ 사도행전 2:32

이 세상에는 기독교의 종류가 수십 개가 있다. 이들 중 다수는 하나님의 영원한 아들 예수 그리스도의 영광을 선포하는 일에 기쁨을 느끼지도 못하고 이 일을 감당하느라 바쁘지도 않은 것 같다. 또 어떤 종류의 기독교는 "우리는 아무도 돌보지 않는 사람들과 아무도 관심을 갖지 않는 대의명분을 위해 어느 정도 선행을 하려고 노력합니다"라고 말한다. 또 다른 종류의 기독교는 "십자가에 관한 옛 이야기를 선포하는 것보다는 '현대인들과의 대화'에 뛰어드는 편이 더 유익합니다"라고 단언한다.

그러나 우리는 초대교회 사도들의 입장에 선다. 우리는 하나님께서 사망의 고통에서 풀어내어 다시 살리신 그리스도를 찬양하며 영화롭게 선포해야 한다. 베드로는 부활의 주님이 높아지셔서 지금은 하나님의 우편에 계신다는 것을 강조했다. 또한 그는 그리스도께서 하나님 우편에 계시기 때문에 성령님이 우리에게 오실 수 있다고 강조했다.

"이스라엘 사람들아 이 말을 들으라 너희도 아는 바에 하나님께서 나사렛 예수로 큰 권능과 기사와 표적을 너희 가운데서 베푸사 너희 앞에서 그를 증거하셨느니라 그가 하나님의 정하신 뜻과 미리 아신 대로 내어준 바 되었거늘 너희가 법 없는 자들의 손을 빌어 못 박아 죽였으나 하나님께서 사망의 고통을 풀어 살리셨으니 이는 그가 사망에게 매여 있을 수 없었음이라"(행 2:22-24).

삶의 문제는 영적으로 해결되어야 한다

우리의 돌아보는 것은 보이는 것이 아니요 보이지 않는 것이니 보이는 것은 잠깐이요
보이지 않는 것은 영원함이니라_ 고린도후서 4:18

우리는 그리스도인의 삶에서 영속적인 가치를 지니는 모든 것들이
눈에 보이지 않으며 영원하다고 단언한다. 눈에 보이는 것들은 하나
님의 임재의 빛에 비추어볼 때 거의 중요하지 않다. 하나님은 남자의
힘이나 여자의 아름다움에 주의를 기울이지 않으신다. 그분은 오직
우리의 마음 상태를 중요하게 보신다. 마음 이외에 인간의 다른 것들
은 내적인 영원한 존재의 거처를 상징한다는 점에서만 중요하다.

삶의 문제는 영적으로 해결되어야 한다. 왜냐하면 삶의 본질이 영적
이기 때문이다. 내적인 생명의 문제가 해결될 때 삶의 다른 문제들
도 해결된다는 것은 참으로 놀라운 일이다.

당신의 외적인 문제를 바로잡는 데 투자하는 시간의 절반을 투자하여
당신의 마음을 바로잡으라. 그러면 그 결과에 크게 만족할 것이다.

하나님이 미워하시는 것들이 우리 마음에 가득하다면 그리스도께서 우리
마음 안에 거하지 않으실 것이다. 하나님께서 미워하시는 것을 고의적으
로 행하는 것은 믿음과 소망과 사랑을 파괴한다.

성령의 사람은
세상과 분리된다

분리 SEPARATING

> 전당물을 도로 주며 억탈물을 돌려보내고 생명의 율례를 준행하여 다시는 죄악을 짓지 아니하면
> 그가 정녕 살고 죽지 않을지라_ 에스겔서 33:15

우리의 신앙이 우리의 사적인 삶을 지배해야 한다. 왜냐하면 우리는 성경이 '세상'이라고 부르는 '인간 사회' 속에서 살아가기 때문이다. 이스라엘 민족이 홍해를 건너 애굽에서 분리되었듯이, 거듭난 사람은 사회에서 내적으로 분리된다.

그리스도인들은 이 땅에 잠시 거하는 '천국의 사람'이다. 그의 몸은 타락한 인류 가운데 섞여 살아가지만, 그는 영적으로 그들에게서 분리되어 있다. 그리스도인들은 여러 가지 면에서 그들과 비슷하지만 또 다른 면에서는 그들과 근본적으로 다르기 때문에 그들에게 미움을 산다.

그러나 우리는 그리스도인의 삶이 끊임없는 갈등의 연속이라고, 즉 세상과 육신과 마귀에 맞서 싸워야 하는 초조한 삶을 살아가야 한다고 단정해서는 안 된다. 그리스도인들의 삶이 초조와 갈등의 연속인 것만은 아니다. 그리스도와 함께 죽는 사람은 그분과 함께 부활한다. 온 세상이 힘을 합쳐서 그를 박해한다 할지라도 성령님의 거처가 된 그의 영혼에서 솟아나는 거룩한 기쁨을 앗아갈 수는 없다.

한숨 속에 하루가 가고 눈물 속에 밤이 길어진다 해도 예수님을 의지하는 영혼은 어딘가에서 노래를 발견한다.

더러운 영혼을
어린양의 보혈로 씻어라

보혈 BLOOD

여호와를 경외하는 것이 지혜의 근본이요 거룩하신 자를 아는 것이 명철이니라_ 잠언 9:10

우리가 더러운 모습으로 하나님께 나아가지만 하나님의 임재하심을 깨달아 두렵고 떨리는 마음을 갖게 된다면 그나마 다행이다. 우리가 하나님의 발 앞에 무릎을 꿇고 이사야처럼 "화로다 나여 망하게 되었도다 나는 입술이 부정한 사람이요 입술이 부정한 백성 중에 거하면서 만군의 여호와이신 왕을 뵈었음이로다"(사 6:5)라고 소리친다면, 우리에게는 희망이 있다.

그러나 우리는 실제로 그렇지 않다. 우리는 더러운 모습 그대로 하나님의 임재 속으로 들어간다. 우리의 더러움을 씻어내지 않은 채 우리는 「구원에 이르는 일곱 단계」와 같은 책에 나오는 일곱 개의 성경구절만 가지고 우리의 문제를 해결하려고 든다. 그렇기 때문에 매년 그리스도인들의 수가 늘고, 교인들의 수가 늘고, 교회 건물들이 더 많이 건축되고, 더 많은 헌금이 들어오더라도 우리의 영성과 거룩함이 자라지 않는 것이다. 우리는 "거룩함을 좇으라 이것이 없이는 아무도 주를 보지 못하리라"(히 12:14)라는 말씀을 잊고 있다. 우리는 하나님께서 우리가 가까이 다가갈 수 없는 완전히 거룩한 분이심을 잊지 말아야 한다. 그분은 절대적으로 거룩한 분이시다.

모든 죄에 더러워진 예복을 주 앞에 지금 다 벗어서
샘물 같이 솟아나는 보혈로 눈보다 더 희게 씻으라.
예수의 보혈로 그대는 씻기어 있는가?
마음속의 여러 가지 죄악이 깨끗이 씻기어 있는가?

그리스도인 안에
그리스도께서 거하신다

만일 땅에 있는 우리의 장막 집이 무너지면 하나님께서 지으신 집 곧 손으로 지은 것이 아니요
하늘에 있는 영원한 집이 우리에게 있는 줄 아나니_ 고린도후서 5:1

기독교의 최고 목적은 사람들이 하나님을 닮아 하나님처럼 행하도
록 만드는 것이다. 그리스도 안에서 우리는 하나님을 닮고 하나님처
럼 행동해야 한다.

참종교는 도덕적 행위를 낳는다. 진정한 그리스도인은 믿음을 실천
하는 그리스도인이다.

그리스도가 하나님의 성육신(成肉身)이듯이, 진정한 그리스도인은
그리스도의 성육신이라고 말할 수 있다. 물론 이 둘 사이에는 어느
정도 차이가 있는 것이 사실이다. 왜냐하면 '사람이신 그리스도 예
수' 안에서 이루어진 하나님과 인간의 영원한 연합에 필적하는 것
이 이 우주에 없기 때문이다. 하지만 신성(神性)의 충만함이 그리스
도 안에 거하듯이, 그리스도께서는 성경의 방법대로 주님을 믿는 신
자들 안에 거하신다.

자기가 옳은 길에 서 있는 것 같다는 막연한 느낌을 즐기려는 그리스도인
들은 아주 많다. 그러나 실제로 옳은 길을 갈 때 당해야 할 고난을 받아들
이려는 그리스도인들은 매우 적다.

나무는 열매를
맺기 위해 존재한다

열매 FRUIT

나무도 좋고 실과도 좋다 하든지 나무도 좋지 않고 실과도 좋지 않다 하든지 하라
그 실과로 나무를 아느니라_ 마태복음 12:33

믿음이 도덕적 행위를 대신할 수 없다. 믿음은 도덕적 행위에 이르는 수단이다. 나무가 열매의 대용품이 될 수 없다. 나무는 열매를 맺기 위해 존재한다. 하나님께서 궁극적으로 원하시는 것은 나무가 아니라 열매이다. 기독교 신앙의 최종 목적은 그리스도처럼 행하는 것이다.

신앙과 행위를 서로 적대관계 속에 놓고 보는 것은 열매를 나무의 적으로 보는 것만큼 어리석은 것이다. 그런데 우리는 이제까지 이런 어리석음을 범했으며, 그 결과 신앙적 재앙을 초래했다.

건물의 기초를 놓을 때 수직 계산을 잘못하여 건물을 지으면 건물 전체가 기울어지게 된다. "행함이 없는 믿음은 죽은 것이다"라고 가르치지 않고 "믿음만 있으면 행함은 없어도 된다"라고 가르치는 것은 신앙의 기초를 잘못 놓는 것이다. 이렇게 잘못된 기초 때문에 현재 우리의 신앙의 건물은 균형을 잃고 추한 모습을 드러내고 있다. 이것은 우리가 마땅히 부끄러워해야 할 일이다. 또한 우리는 그리스도께서 우리 마음의 은밀한 것들을 심판하실 때 이 부끄러운 일에 대하여 책임을 져야 할 것이다.

당신 안에 참믿음이 있는가? 만일 그렇다면 당신에게는 하나님께 순종하는 행함도 있어야 한다. 믿음과 행함은 함께 가고 함께 멈춘다. 믿음이 없어지면 불순종이 시작된다.

성령님은 승리의 영이시다

하늘로서 소리가 나기를 너는 내 사랑하는 아들이라 내가 너를 기뻐하노라 하시니라_ 마가복음 1:11

사탄을 분노하게 만드는 분은 바로 우리 안에 계신 그리스도의 영이
시다. 세상 사람들은 우리의 신조에 그다지 신경쓰지 않는다. 그들
은 우리의 종교 형식을 소 닭 보듯이 쳐다본다. 그러나 그들이 용납
하지 못하는 것이 하나 있다. 그것은 우리 안에 계신 성령님의 임재
이다.

그들은 자신들이 왜 우리 안의 성령님의 임재에 대하여 적대감을 느
끼는지 깨닫지 못할 수도 있다. 그러나 그들은 이런 적대감이 분명
히 자신들 속에 있다는 것을 느낀다. 사탄은 인자(人子)이신 그리스
도에게 끊임없이 공격을 가했다. 따라서 그리스도의 영이 거하시는
영혼도 그의 끈질긴 공격의 대상이 될 수밖에 없다.

우리가 성령님의 증거를 받는 순간부터 원수 마귀는 우리의 영혼에 공격
을 가한다. 마귀에게 공격을 당할 때 우리는 하나님의 아들이 요단강에서
성령 세례를 받자마자 성령께 이끌리어 광야로 가서 40일 동안 마귀에게
시험을 받으셨다는 것을 기억해야 할 것이다. 주님은 하나님의 말씀으로
마귀의 시험을 물리치셨다. 우리도 주님처럼 하나님의 말씀으로 마귀의
시험을 물리칠 수 있다.

영적 침체에서 빠져나오라

하나님이여 침묵치 마소서 하나님이여 잠잠치 말고 고요치 마소서 _ 시편 83:1

신학은 하나님에 관한 사실을 지적인 용어로 표현한다. 인간의 지성으로 하나님에 관한 여러 사실을 이해할 수 있을 때에 비로소 인간은 자기가 이해한 것을 언어로 표현하게 된다. 무한하시고 경외로우시며 이해할 수 없는 하나님이 우리 앞에 나타나시면, 우리는 침묵에 빠지고 우리 마음은 "오, 주 하나님!"이라고 부르짖게 된다. 신학적 지식과 영적 체험 사이에는 차이가 있다. 전자는 소문으로 하나님에 대해 아는 것이며, 후자는 직접 교제하여 하나님을 아는 것이다.

그리스도인들은 하나님에 대한 경탄을 잃어버리지 않도록 조심해야 한다. 오늘날 우리는 평정(平靜)과 평온을 전하는 전도자들에게 속아서 '경탄'을 잃어버릴 위험에 처해 있다. 우리는 기독교를 단지 복음주의적 인본주의(人本主義)로 만들어버리려는 시도에 저항해야 한다. 왜냐하면 이런 복음주의적인 인본주의는 하나님과 관계된 어떤 것을 보아도 마음에 동요나 열정을 일으키지 않으며 단지 마음 수련을 통한 정신적인 황홀을 추구하기 때문이다.

기도할 때 당신은 기도의 말이 떠오르지 않을 정도로 애간장을 태우는 기도를 하는가? 아니면 당신이 원하는 것들을 줄줄이 나열하며 점잖게 감사하는가? 만일 후자의 경우라면, 당신이 의식하든지 못하든지 간에 당신의 영적 생활은 침체에 빠질 것이다.

중요한 것은 자신의 음성을 듣는 것이 아니라 하나님의 음성을 듣는 것이다.

제 자아의
휘장을 찢어주소서

자기 부정 SELF-DENIAL

또한 그가 만물보다 먼저 계시고 만물이 그 안에 함께 섰느니라 …
이는 친히 만물의 으뜸이 되려 하심이요 _골로새서 1:17,18

아버지시여! 저는 아버지를 알기 원하지만, 소심한 저의 마음은 제
노리개들을 버리기 두려워합니다. 이것들을 버리려면 정신적인 고
통을 감수해야 한다는 것을 잘 압니다. 이것들을 버리기 두려워하는
제 마음을 아버지 앞에서 감추지 않겠습니다. 아버지 앞에 나오는
것이 두렵지만 하나님 앞으로 나아옵니다. 그간 너무 오랫동안 소중
히 여겨서 저의 일부가 되어버린 것들을 제 마음속에서 뿌리째 뽑으
시고 제 마음에 들어와 거하소서. 그리하시면 오직 아버지께서 제
마음의 주인이 되실 것입니다. 그렇게 될 때 아버지께서 거하신 곳
은 영광스러운 곳이 되며, 제 마음을 환하게 비출 해도 필요 없게 됩
니다. 왜냐하면 아버지께서 제 마음의 빛이 되시어, 제 마음에 밤이
없을 것이기 때문입니다.

주여! 주님의 길은 너무나 아름답지만 인간의 길은 어둡고 구불구불
합니다. 우리에게 제대로 죽는 법을 가르쳐주소서. 그리하시면 우리
가 새 생명으로 부활할 것입니다. 주님이 성소의 휘장을 위에서 아
래로 찢으셨듯이 우리 자아의 휘장을 위에서 아래로 찢으소서. 그리
하시면 우리가 온전한 확신 가운데 주께 나아가 이 땅에서도 날마다
주님과 동거할 것이며, 훗날 우리가 천국에 가서 주님의 영광을 뵐
때 그 영광이 결코 낯설지 않을 것입니다.

◈

오, 주여! 저의 야망을 누르소서. 주께 합당한 영광의 자리에 오르소서. 주
님이 높아지시도록 저를 낮아지게 하옵소서.

85

당신의 계획표 때문에
성령님을 몰아내지 말라

자유 FREEDOM

쉬지 말고 기도하라 범사에 감사하라
이는 그리스도 예수 안에서 너희를 향하신 하나님의 뜻이니라_ 데살로니가전서 5:17,18

미리 정한 계획표에 따라 신앙생활을 할 때 어떤 결과가 벌어지는지 살펴보자. 여기에 한 그리스도인이 있다. 이 사람은 성경 전체를 여러 부분으로 나눈 다음 성경을 읽기 시작한다. 그는 자기가 세운 계획에 따라 성경을 읽어야 한다고 믿기 때문에 날마다 성경읽기 할당량을 채운다. 성령님이 그에게 들려주기 원하시는 말씀에는 아랑곳도 하지 않고 그는 자기 계획표에 따라 성경읽기를 강행한다.

그 결과, 그의 계획표는 성령님을 몰아내고, 그는 하나님의 인도가 아닌 시계의 인도를 따르게 된다. 더 이상 기도는 구속(救贖)받은 영혼의 자유로운 호흡이 아니며 단지 수행해야 할 의무가 된다. 이 사람이 그의 기도를 통해 무엇인가 어느 정도 이룬다 할지라도 그는 불쌍한 신앙생활을 하는 것이다. 그리스도께서 십자가의 죽음을 통해 그에게 자유를 주셨건만 그는 자기가 만든 법칙 때문에 스스로에게 멍에를 씌운 것이다.

한순간도 하나님의 임재 밖으로 나오지 않을 만큼 온전히 하나님 안에서 살아갈 수 있는 특권이 그리스도인들에게 허락되었다. 그들이 이 특권을 온전히 사용할 때 그들의 삶의 모든 부분은 기도가 된다. 그들의 생각은 머리로 하는 기도가 되며, 그들의 행위는 행동하는 기도가 된다. 심지어 그들의 잠조차 무의식적인 기도가 될 수도 있을 것이다.

'복된 중심'을 상실하지 말라

여호와의 눈은 어디서든지 악인과 선인을 감찰하시느니라_ 잠언 15:3

하나님은 완전한 분이시기 때문에 무소부재(無所不在)하시다.

우리는 아담처럼 하나님의 임재를 피하여 동산 나무 사이에 숨거나, 베드로처럼 하나님의 임재를 피하여 뒷걸음치면서 "주여 나를 떠나소서 나는 죄인이로소이다"(눅 5:8)라고 말한다.

이 땅 위에서 인간의 삶은 하나님의 임재에서 도망치는 삶이라고 말할 수 있다. 이 삶은 우리의 마땅한 거처인 저 '복된 중심(中心)'에서 유리(遊離)된 삶이다. 우리의 제1의 거처가 되어야 할 이 '복된 중심'을 상실할 때 우리는 끝없는 불안 속에서 허우적거리게 된다.

성령님은 하나님이시다. 가장 중요한 사실은 성령님이 지금 임재해 계신다는 것이다. 성령님의 임재는 눈에 보이지 않는 하나님의 임재이다. 나는 성령님을 당신에게 보여줄 수 없다. 다만 성령님이 여기에 계신다고 말해줄 수 있을 뿐이다.

성령께 순종하면 하나님이 우리에게 나타나실 것이다

현현 MANIFESTATION

여호와 하나님이 아담을 부르시며 그에게 이르시되 네가 어디 있느냐_ 창세기 3:9

하나님이 우주의 어디에나 계신다면, 우리가 어디에 가든지 그분이 계신다면, 그분이 계시지 않은 곳을 우리가 상상조차 할 수 없다면, 어째서 온 세상이 그분의 임재를 찬양하지 않는가?

'하나님의 임재'와 '하나님의 임재의 나타남'은 동일한 것이 아니다. 그분의 임재가 드러나지 않는다 할지라도 그분은 임재해 계신다. 우리가 그분의 임재를 전혀 의식하지 않는다 할지라도 그분은 여기 계신다. 하지만 우리가 그분의 임재를 의식할 때에만 그분은 나타나신다.

우리는 하나님의 영에 순종해야 한다. 왜냐하면 아버지와 아들을 보여주시는 것이 성령님의 일이기 때문이다. 우리가 사랑 가운데 성령께 순종한다면 하나님이 우리에게 나타나실 것이다. 성령님의 나타남이 있느냐 없느냐에 따라 '이름뿐인 그리스도인'의 삶과 '하나님의 얼굴의 빛을 뿜어내는 그리스도인'의 삶이 갈라질 것이다.

성령님이 오셔서 우리 마음의 성소를 밝게 비추게 하소서. 그리하시면 그 곳이 천상(天上)의 방처럼 빛날 것입니다. 우리가 성령님을 보게 하소서. 성령님의 직접적이고 영원한 임재를 허락하소서. 아멘.

무엇을 하든지
하나님의 영광을 위하여 하라

영광 GLORY

우리를 양육하시되 경건치 않은 것과 이 세상 정욕을 다 버리고
근신함과 의로움과 경건함으로 이 세상에 살고_ 디도서 2:12

우리에게 고난이 닥치는 것은 우리가 그리스도를 따르는 두 세계,
즉 영적 세계와 자연적 세계에 동시에 속해 있기 때문이다. 아담의
후손으로서 우리는 육체적 한계와 연약함과 질병을 물려받은 채 이
땅에서 살아가야 한다. 이 땅에서 사람들 틈에서 살아가기 위해 우
리는 오랜 세월 이 세상의 이런저런 일들에 신경을 쓰며 힘들게 수
고해야 한다.

이런 삶과 극명한 대조를 이루는 것이 성령 안에서의 삶이다. 이 삶
은 세상의 삶보다 더욱 차원이 높다. 하나님의 자녀인 우리는 천국
시민으로서 그리스도와 깊은 교제를 누릴 수 있다.

이 세상의 시민이며 동시에 천국의 시민인 우리는 우리의 삶을 두
부분으로 구분하는 경향이 있다. 사실 우리는 무의식적으로 우리의
행동을 두 종류로, 즉 세속적인 행동과 거룩한 행동으로 구분하게
된다. 하지만 신약성경은 이런 구분을 지지하지 않는다. "무엇을 하
든지 다 하나님의 영광을 위하여 하라"(고전 10:31)라는 사도 바울
의 권면은 단지 경건의 이상(理想)만을 말한 것이 아니다. 이 권면은
우리에게 우리의 일거수일투족이 하나님의 영광을 드러낼 수 있다
는 가능성을 열어준다.

그리스도는 우리로 하여금 이 땅에 그리스도의 나라를 세우신다. 그러나
그리스도께서 우리를 사용하시려면 먼저 그분이 우리 마음의 보좌에 좌
정하셔야 하며, 우리의 애정과 동기와 의지의 주인이 되셔야 한다.

하나님의 능력 없이 근본적인 변화는 일어나지 않는다

변화 SHIFT

우리 가운데서 역사하시는 능력대로 우리의 온갖 구하는 것이나 생각하는 것에 더 넘치도록 능히 하실 이에게 … 영광이 대대로 영원 무궁하기를 원하노라 아멘_ 에베소서 3:20,21

우리가 하나님의 능력에 힘입어 진리를 받아들일 때 우리의 삶의 기반은 아담으로부터 그리스도에게로 옮겨지고, 우리 안에 새로운 삶의 동기(動機)가 생긴다. 우리가 복음에 순종할 때 인간의 영이 아닌 다른 영, 즉 성령님이 우리 안으로 들어오셔서 우리의 모든 부분을 새롭게 하신다.

성령님이 우리 안으로 들어오시면 우리의 관심은 외형적인 것에서 내면적인 것으로, 땅의 것에서 하늘의 것으로 바뀐다. 우리는 외형적인 가치들을 신뢰하지 않게 되고, 눈에 보이는 것들의 기만성(欺瞞性)을 간파하게 된다. 그리고 우리 경험의 폭이 넓어지면서 눈에 보이지 않는 영원한 세계를 더욱 확신하고 사랑하게 된다.

지금 내가 한 말에 대하여 대부분의 그리스도인들이 동의할 것이다. 그러나 문제는 그들에게 실천이 보이지 않는다는 것이다. 그들이 머리로 아는 것과 몸으로 행하는 것 사이에는 경악스러울 만큼 큰 차이가 있다. 이렇게 된 것은 하나님의 능력 없이 복음을 전하고 받아들이기 때문이다. 하나님의 능력이 나타나지 않기 때문에 진리에 따른 근본적인 변화가 일어나지 않는 것이다.

말과 혀로만 전달되는 복음은 역사하는 힘이 없다. 성령님의 역사와 더불어 전달되는 복음만이 사람을 변화시킨다.

우리는 먼저 예배하고
그 다음에 일해야 한다

감사함으로 그 문에 들어가며 찬송함으로 그 궁정에 들어가서 그에게 감사하며
그 이름을 송축할지어다_ 시편 100:4

우리 주님은 "추수하는 주인에게 청하여 추수할 일꾼들을 보내어
주소서 하라"(마 9:38)라고 명령하신다. 그런데 여기서 우리가 명심
해야 할 것은 먼저 '예배하는 자'가 되지 않으면 결코 일꾼이 될 수
없다는 것이다. 예배하지 않고 일하는 사람은 열매를 맺을 수 없다.
우리가 예배하지 않고 일한다면 하나님이 우리의 일을 받지 않으신
다고 말할 수 있다. 성령님은 오직 예배하는 사람을 통해서 일하신
다. 우리가 종교적 활동에 몰입함으로써 스스로 하나님의 일을 하고
있다는 착각에 빠질 수 있는데, 이럴 경우 미래의 언젠가 그 환상이
깨어질 때 큰 절망감을 느낄 것이다.

오늘날의 기독교교육은 예배를 강조해야 한다. 예배드리는 사람이
복음의 윤리적 교훈을 실천에 옮기는 일을 게을리 할 가능성은 매우
낮다. 왜냐하면 하나님께 가까이 나아가는 자는 순종과 선행의 열매
를 맺기 때문이다. 먼저 예배하고 그 다음에 일하는 것이 하나님이
정하신 순서이다. 누구도 이 순서를 바꾸어서는 안 된다.

기독교의 모든 사역은 예배에 종속되어야 한다. 우리는 우리의 더 깊은
생명의 통제와 감동에 따라 그리고 주 예수 그리스도와의 교제의 통제와
감동에 따라 봉사해야 한다.

최고의 비극은 성령님이 우리에게서 떠나는 것이다

여호와여 아침에 주께서 나의 소리를 들으시리니 아침에 내가 주께 기도하고 바라리이다_ 시편 5:3

신약에서 우리를 가장 자유롭게 해주는 선언들 중 하나는 "아버지께 참으로 예배하는 자들은 신령과 진정으로 예배할 때가 오나니 곧 이때라 아버지께서는 이렇게 자기에게 예배하는 자들을 찾으시느니라 하나님은 영이시니 예배하는 자가 신령과 진정으로 예배할지니라"(요 4:23,24)라는 말씀이다. 이 말씀은 예배의 본질이 영적인 것임을 분명히 밝힌다.

인간의 입장에서 볼 때, 아담의 타락으로 인하여 우리에게 발생한 최대 비극은 하나님의 영이 우리 영혼의 성소를 떠나셨다는 것이다. 인간 존재의 가장 깊은 중심에는 삼위일체 하나님이 거하시기에 적당한 은밀한 장소가 있었다. 하나님은 이곳에 거하시며 하나님의 도덕적이며 영적인 영광의 빛을 발하려고 하셨지만, 인간이 범죄함으로 말미암아 하나님의 처소가 되는 특권을 박탈당하고 이곳에서 혼자 거하게 되었다. 이곳은 너무나 내밀한 곳이기 때문에 어떠한 피조물도 감히 침범할 수 없다. 오직 그리스도만이 이곳에 들어오실 수 있다. 물론 그분은 우리가 믿음으로 그분을 초대할 때에만 들어오신다.

●

날마다 세상의 모든 것을 멀리하고 오직 하나님과 하나님의 말씀 앞에 서라. 라디오와 TV를 끄고 하나님의 은혜를 기뻐하며 하나님과의 교제를 즐겨라.

성령님의 임재와 능력은
그리스도인의 필수품이다

필수품 NECESSITY

여호와여 주는 의인에게 복을 주시고 방패로 함 같이 은혜로 저를 호위하시리이다_ 시편 5:12

하나님께서 예배드리려는 많은 사람들의 인본적(人本的) 노력을 기뻐하지 않으신다는 것은 비극적 사실이다. 성령님의 임재 없이는 진정한 예배가 있을 수 없다. 이것은 매우 심각한 문제이다. 현재, 교양 있는 수백만의 종교인들이 단지 교회의 전통과 종교적인 관습을 반복하고 있을 뿐 하나님의 마음을 움직이지 못하고 있다. 이 사실을 생각할 때 나는 밤에 편히 쉴 수가 없다.

우리는 신령과 진정으로 겸손히 하나님을 예배해야 한다. 우리 각 사람은 진리 앞에 서서 판단을 받아야 한다. 성령님의 임재와 능력은 그리스도인의 삶 가운데 있으면 좋고 없어도 그만인 사치품 같은 것이 아니라 반드시 있어야 되는 필수품이라는 사실이 이제 자명해지지 않았는가?

하나님과 교제하는 것이 얼마나 기쁜 일인지를 말로 표현하는 것은 불가능하다. 하나님은 구속(救贖)받은 자신의 자녀와 교제하기를 즐기신다. 이 교제는 어느 누구도 방해할 수 없는 평안의 교제이기 때문에 우리의 영혼에 치유와 평화를 가져다준다. 하나님은 화를 잘 내거나 이기적이거나 변덕스러운 분이 아니시다. 하나님은 오늘이나 내일이나 모레나 내년이나 동일하시다. 하나님은 우리를 위하여 우리를 사랑하신다. 그분은 새로 창조된 세계의 은하계보다 우리의 사랑을 더 소중히 여기신다.

성령님을 경홀히 여기지 말라

하나님은 온 땅에 왕이심이라 지혜의 시로 찬양할지어다 하나님이 열방을 치리하시며
하나님이 그 거룩한 보좌에 앉으셨도다_ 시편 47:7,8

사도행전에는 너무나 놀랍고 아름다운 영적인 일들이 기록되어 있다. 성령님이 신앙의 사람들을 지도하고 도우실 때 이런 놀라운 영적인 일들은 얼마든지 일어날 수 있다. 그러나 성령님이 임재하지 않으시면 이런 놀라운 영적인 일들은 결코 일어나지 않는다.

공학자(工學者)들은 그들의 분야에서 세상을 깜짝 놀라게 할 만한 업적을 이룰 수 있다. 그러나 인간의 능력이 아무리 위대하다 할지라도 단지 인간의 능력만으로는 하나님의 신비를 사람들에게 나타낼 수 없다.

경이와 신비의 체험이 없다면, 예배를 위한 우리의 노력은 헛된 수고로 끝날 것이다. 그러므로 성령님이 임재하지 않으시면 진정한 예배가 불가능하다.

예배는 성령님 안에서, 성령님에 의해 드려져야 한다. 누구라도 예배할 수 있다는 생각은 완전히 잘못된 것이다. 우리가 성령님 없이 예배드릴 수 있다는 생각은 완전히 잘못된 것이다. 성령님을 구석으로 몰아넣고, 성령의 감동을 묵살한 채 성령께 저항하면서 하나님이 기뻐하시는 예배를 드릴 수 있다는 주장은 반드시 바로잡아야 할 이단이다.

인간의 연약함을
도우시는 성령님

> 자기의 육체를 위하여 심는 자는 육체로부터 썩어진 것을 거두고 성령을 위하여
> 심는 자는 성령으로부터 영생을 거두리라_ 갈라디아서 6:8

인간에게 자기 문제를 해결할 능력이 없다고 가르치는 기독교는 다름 아닌 하나님의 능력을 전한다. 다른 세계에서 이 세계로 들어오는 하나님의 능력이 무력한 인간에게 임할 수 있다. 부드럽게 임하지만 우리가 결코 저항할 수 없는 이 능력은 우리에게 무한한 도덕적 능력을 준다. 그러므로 우리 내부에서 이끌어낼 수 있는 그 어떤 능력도 이 능력에 비한다면 아무것도 아니다. 인간의 연약함 때문에 우리가 아무것도 할 수 없을 때, 하나님의 영이 임하면 능력과 은혜로 충만케 하실 수 있다. 성령님은 우리가 선(善)을 행하는 데 필요한 충분한 능력을 부어주신다.

하나님의 무한한 도덕적 능력을 간과한 채 오직 인간의 도덕적 능력에 의지하여 예수님의 산상설교 교훈을 실천하려고 애쓰는 사람들이 있다. 대개 이런 사람들은 주님의 도덕적 이상(理想)을 유아적(幼兒的)으로 모방하려는 가련한 노력에서 벗어나지 못한다. 이런 노력은 그리스도와 신약이 가르치는 신앙이 아니라 단지 종교적 소꿉놀이에 불과하다.

당신의 자기 부정이 진짜인지 가짜인지 알 수 있는 방법은 당신에게 오직 하나님의 영광을 구하는 마음이 있는지 확인하는 것이다. 자신의 유익보다 하나님의 영광을 구하는 동기를 가지고 자신을 부정하는 것이 복음의 정신이다.

행복보다는
거룩함을 추구하라

거룩한 삶 HOLY LIFE

하나님을 가까이하라 그리하면 너희를 가까이하시리라 죄인들아 손을 깨끗이 하라
두 마음을 품은 자들아 마음을 성결케 하라 슬퍼하며 애통하며 울지어다_ 야고보서 4:8,9

성령의 내주와 충만을 원하는 사람은 자기에게 숨겨진 죄가 있는지 알기 위해 먼저 자신을 살펴야 한다. 그는 성경에 계시된, 하나님의 성품에 어긋나는 것을 담대히 그의 마음 밖으로 몰아내야 한다.

참된 그리스도인들의 체험은 건전하고 건강한 도덕성에 기초해야 한다. 그들의 삶이나 행동에 죄가 있다면 그들에게는 기쁨이 허락될 수 없다. 다른 사람들보다 탁월한 종교적 체험을 한다고 해서 의(義)에 위배되는 삶을 살아서도 안 된다.

죄 가운데 살면서 황홀한 감정적 체험을 추구하는 것은 자기 기만이요, 하나님의 심판을 자초하는 것이다. 우리는 "너희는 거룩하라"라는 말씀의 액자를 벽에 걸어두고 좌우명으로 삼는 것으로 끝내서는 안 된다. 이것은 온 땅의 주인이신 분의 엄중한 명령이다.

그리스도인의 진정한 이상(理想)은 행복이 아니라 거룩함이다. 성령님이 거하실 수 있는 곳은 오직 거룩한 마음뿐이다.

그리스도인에게 가장
중요한 것은 하나님의 뜻이다

뜻 WILL

사람이 하나님의 뜻을 행하려 하면 이 교훈이 하나님께로서 왔는지
내가 스스로 말함인지 알리라_ 요한복음 7:17

높은 영적 수준에 오른 사람이라도 부분적이지만 자신도 모르게 자기 자신이 주인으로 살고 있다는 것을 자각하면 충격과 울분에 휩싸일 수 있다. 왜냐하면 그는 이제까지 자기가 모든 것을 하나님께 내어드렸다고 믿어왔기 때문이다. 그런 그를 깨닫고 고치도록 만드시는 분이 성령님이시다. 그분은 인간의 의지를 꺾어버리지 않고 다만 그 의지 안으로 침투해 들어오셔서 그가 자발적으로 하나님의 뜻에 따르도록 만드신다.

하나님의 뜻을 따른다는 것은 하나님의 뜻에 수동적으로 동의하는 것뿐만 아니라 하나님의 뜻을 적극적으로 선택하는 것이다. 하나님이 어떤 사람을 변화시키시면, 그는 무엇이든 선택할 수 있는 자유가 자신에게 있지만 기꺼운 마음으로 하나님의 뜻을 선택한다. 이런 사람은 하나님의 뜻이 지고선(至高善)이라는 것을 깨닫고 그것을 그의 인생의 최고 목표로 삼은 사람이다. 다른 사람들은 사소한 일 때문에 낙심하지만 이런 사람은 결코 그렇지 않다. 그는 자기에게 무슨 일이 일어나든지 그것을 하나님의 뜻으로 받아들인다. 그에게 가장 중요한 것은 하나님의 뜻이다.

당신은 하나님의 영광을 가리고 이웃의 유익을 방해하는 모든 것을 버릴 수 있는가? 당신은 "나라이 임하옵시며, 뜻이 하늘에서 이룬 것같이 땅에서도 이루어지이다"라는 기도를 정말 자신 있게 드릴 수 있는가?

열심을 성령님으로
착각해서는 안 된다

또 그리스도께서 너희 안에 계시면 몸은 죄로 인하여 죽은 것이나
영은 의를 인하여 산 것이니라_ 로마서 8:10

성령님은 '어떤 분' 이신가? 나는 지금 성령님이 '누구' 신지 묻지 않고, '어떤 분' 이신지 묻고 있다. 그분은 다른 존재방식으로 거하시는 분이다. 그분에게는 무게, 분량, 크기, 색(色) 또는 공간의 확장은 없으시지만, 그분은 우리가 존재하는 것만큼 분명히 존재하신다.

열심이 성령님은 아니다. 열의에 찬 신자들이 법석을 떨며 바쁘게 일하는 것을 보았지만, 거기에 언제나 성령님이 계셨던 것은 아니다. 반면 우리가 '열심' 이라고 부르는 것이 없는 곳에 성령님이 계시는 것을 나는 보았다.

우리는 '천재성' 을 성령님으로 착각해서도 안 된다. 성령님은 영어로 '홀리 스피리트' (the Holy Spirit) 또는 '스피리트' (the Spirit)이다. 우리는 흔히 "이것이 베토벤의 '정신' (spirit)이다", "그 연주가는 '아주 힘차게' (with great spirit) 연주했다", "그가 '선생의 의도' (the spirit of the master)를 정확히 해석했다"라는 말들을 한다. 그러나 여기에 사용된 '스피리트' (spirit)는 성령님이 아니다. 그렇다면 성령님은 '어떤 분' 이신가?

성령님은 인격체이시다. 이 사실은 아무리 강조해도 지나치지 않다. 성령님은 인격체가 갖는 모든 속성과 능력을 소유하신 분이다.

성령님은 하나님이시다. 하나님의 본질을 가진 분으로서 그분은 우리의
의식에 임재하실 수 있다.

성령님에게는 지성, 감정, 의지, 지식, 동정심이 있다

그러나 진리의 성령이 오시면 그가 너희를 모든 진리 가운데로 인도하시리니
그가 자의로 말하지 않고 오직 듣는 것을 말하시며 장래 일을 너희에게 알리시리라_ 요한복음 16:13

어떤 사람들은 성령님이 교회에 불어오는 유익한 바람이라고 생각한다. 성령님을 문자(文字) 그대로 이해하여 '바람'이나 '호흡'이라고 믿는 사람들은 그분을 비인격적(非人格的) 존재로 믿는 것이다. 그들에게는 그분이 독립된 인격체(人格體)로 보이지 않을 것이다. 그러나 인간과 마찬가지로 그분에게는 지성, 감정, 의지, 지식, 동정심 등이 있다. 보고 듣고 사랑하고 생각하고 말하고 희구(希求)할 수 있는 능력이 그분에게 있다.

우리 중 많은 사람들은 성령님을 인격적인 하나님으로 인정하는 교리에 기초하여 신앙생활을 해왔다. 하지만 왜 그런지 이 교리에서 아무런 유익을 얻지 못했다. 이 교리를 믿는데도 그들은 여전히 공허하고 여전히 기쁨이 없고 여전히 불안에 떨고 여전히 연약하다.

사실, 내가 지금 하는 이야기는 새로운 것이 아니다. 그러나 내가 다시 이런 이야기를 하는 것은 당신이 이 교리에 따라 살며 실제적인 영적 유익을 얻도록 돕기 위해서다. 인격체이신 성령님을 당신의 마음에 모시고 살아라. 그리하면 성령님과 가슴 설레는 살아 있는 교제를 나눌 수 있을 것이며, 이제까지와는 전혀 다른 삶을 살게 될 것이다.

성령님이 주시는 온전한 위로가 어떤 것인지 알려면 반드시 그분께 순종해야 한다.

자기를 부인하는 것은
모든 거룩함의 뿌리이다

뿌리 ROOT

이는 죽은 자가 죄에서 벗어나 의롭다 하심을 얻었음이니라 만일 우리가 그리스도와 함께 죽었으면
또한 그와 함께 살 줄을 믿노니_ 로마서 6:7,8

당신은 기록된 말씀, 살아 있는 하나님의 말씀에 순종할 것을 요구
하시는 분이 당신의 인격의 주인이 되시기를 진정으로 원하는가?
당신은 자아 중심적인 죄를 결코 용납하지 않으시는 분이 당신의 인
격의 주인이 되시기를 진정으로 원하는가?

예를 들어서 자애(自愛)에 대해 생각해보자. 동일한 시간에 동일한
장소에서 당신이 깨끗하면서 동시에 더럽다는 것은 불가능하다. 이
와 마찬가지로 성령님을 모시면서 동시에 자기 자신을 사랑한다는
것은 불가능하다.

자애, 자기 신뢰, 자기의(自己義), 자아도취, 자기 과장 그리고 자기
연민은 전능하신 하나님이 금하시는 것들이다. 그분은 이것에 사로
잡힌 마음에 그분의 능하신 영을 보내지 않으신다.

당신은 세상의 편한 길들을 철저히 반대하시는 그분께 당신의 인격
을 맡기기 원하는가? 하나님의 영이 당신의 주인이 되시면 당신은
세상과 충돌할 수밖에 없다. 형제여! 그대는 이 진리를 확신하는가?

자기를 높이려는 것이 모든 죄의 뿌리이며 자기를 부인하는 것이 모든 거
룩함의 뿌리이다.

고독의 자리로 나아간 자에게
성령께서 다가오신다

성령과 신부가 말씀하시기를 오라 하시는도다 듣는 자도 오라 할 것이요 목마른 자도 올 것이요
또 원하는 자는 값없이 생명수를 받으라 하시더라_ 요한계시록 22:17

당신은 더 이상 현재 상태로 지속할 수 없다고 느끼는가? 당신은 하
나님께서 당신에게 요구하시는 영적 수준에 오르지 못했다고 느끼
는가? 당신에게 무언가 부족하다고 느끼는가? 앞으로 영적 만족을
얻지 못할 것이라고 느끼는가? 깊고 신비로운 체험, 깊은 영적 교제,
그리고 순수함과 능력을 맛본 적이 없다고 느끼는가? 당신이 마땅
히 열매를 맺어야 하는데 그렇지 못하다고 느끼는가? 마땅히 승리
하는 생활을 해야 하는데 그렇지 못하다고 느끼는가? 당신이 이런
질문에 "네"(yes)라고 답해야 할 것 같다고 느낀다면, 하나님께 나아
오라. 그분이 당신의 문제를 해결해주실 수 있다.

영적 고독이라는 것이 있다. 이것은 내면의 고독이다. 하나님은 하
나님께 더욱 가까이 가려고 몸부림치는 사람을 이런 내면적인 고독
의 장소로 이끄신다. 이 장소로 들어온 사람은 자기가 이 세상에 남
은 유일한 그리스도인이라고 착각할 정도이다. 이곳은 정신적 어두
움, 마음의 공허 그리고 영혼의 고독으로 가득하다. 그러나 명심하
라. 조금 있으면 이곳으로 눈부신 햇살이 쏟아져 들어온다는 것을!
오, 하나님이시여! 그 햇살을 기다릴 줄 아는 지혜를 주소서.

❋

하나님의 영이 임하여 당신의 삶을 새롭게 하실 때 당신의 삶은 하나님과
이웃을 향한 사랑으로 충만하게 될 것이다.

마음의 문을
주님께 활짝 열어드려라

중심에 진실함을 주께서 원하시오니 내 속에 지혜를 알게 하시리이다 우슬초로 나를 정결케 하소서
내가 정하리이다 나를 씻기소서 내가 눈보다 희리이다_ 시편 51:6,7

"사려 깊은 영혼은 고독 속으로 피신한다."

지금처럼 세상이 소란스럽지 않던 시대에 살았던 한 시인이 이렇게
노래했다. 그러나 오늘 우리의 피신처가 될 만한 고독은 어디에 있
는가?

오늘날 고도로 발달한 통신수단들은 근시안적인 사람들의 찬양의
대상이 되고 있다. 그러나 이런 통신수단들을 독점적으로 통제할 수
있는 소수의 사람들이, 그들이 차용하는 뻔하거나 또는 생경(生硬)
한 사상들을 수백만의 사람들에게 주입하는 것이 지금의 현실이다.
보통 사람들은 아무런 노력도 하지 않고 이런 사상들을 받아들인 다
음 자기들이 해야 할 사고(思考)를 다했다고 착각한다.

날마다 일어나는 이 교묘한 세뇌가 몇 년간 진행되면 대중은 돌이킬
수 없는 피해를 입는다. 그리 오래지 않은 과거에도 사람들의 집은
그들의 성(城)이었다. 다시 말해서 그들은 자기 집에서 고독을 즐기
며 경건한 시간을 가질 수 있었다. 그러나 지금 우리의 형편은 어떠
한가? 나는 오늘 우리 사회의 가장 불길한 징조가 가정의 해체라고
믿는다. 현대인들은 이제 더 이상 집에서 살지 않는다. 이제 그들은
영화관이나 레저 센터에서 산다. 이것은 웃을 일이 아니다. 오히려
우리는 이 불길한 징조를 보고 울어야 한다.

우리 마음의 집의 문을 주님께 활짝 열어드리고 세상과 죄에게는 그 문을
꽁꽁 닫아둘 때 우리 마음의 집은 더욱 커질 것이다. 한번 시도해보라.

영적 집중력을
기르는 훈련을 하라

집중력 CONCENTRATION

내 백성이 화평한 집과 안전한 거처와 종용히 쉬는 곳에 있으려니와_ 이사야서 32:18

세상에서 피하여 날마다 '개인적인 장소'를 찾으라. 주변의 시끄러운 소리들이 당신의 마음에서 다 사라지고 하나님의 임재의 느낌이 당신을 감쌀 때까지 그 은밀한 장소에 머물라. 거기서 세상의 불쾌한 잡음들을 마음 밖으로 몰아내라. 그리고 그것들을 다시는 안 듣겠다고 결심하고 거기서 나오라. 내면에서 들려주시는 하나님의 음성을 듣기 위해 애써라. 다른 사람들과 경쟁하지 말라. 하나님께 온전히 헌신하라. 다른 사람들의 평판에 개의치 말고 당신의 정체성(正體性)을 확실히 붙들라. 쓸데없이 잡다한 것들에 관심을 갖지 말고 당신의 관심을 몇 가지 일로 국한시켜라.

매순간 속으로 기도하는 습관을 길러라. 그러면 심지어 일을 하면서도 속으로 기도할 수 있을 것이다. 어린아이처럼 정직하고 겸손한 성품을 기르도록 훈련하라. 목표에서 눈을 떼지 않게 해달라고 기도하라. 중요하지 않은 것들을 읽는 시간을 줄이고 대신 중요한 것을 읽는 데 더 많은 시간을 투자하라. 당신의 영혼의 눈을 그리스도에게서 떼지 말라. 그리고 영적 집중력을 기르도록 훈련하라.

✽

하나님은 시끄러운 세상에서 물러나 고요한 자기만의 시간을 갖는 사람을 위해 은혜를 베푸신다. 하나님은 세상의 일로 바쁜 사람보다는 고독한 사람을 먼저 찾으실 것이다.

Part 3
POWER
능력

성령님의 부흥의 바람이 불어오면 예

배가 갑자기 활력을 얻는다. 이런 예

배의 활력은 미리 계산된 교묘한 조종

이나 대중조작의 결과로 생기는 것이

아니다. 이것은 하나님을 향한 굶주림

과 목마름으로 가득한 사람들에게 하

나님이 허락하시는 것이다. 성령님이

우리를 새롭게 하실 때 우리는 하나님

을 사랑하며 예배하고 싶은 마음으로

가득하게 된다.

성령님은 주님의
시력을 주신다

시력 VISION

> 육신의 생각은 하나님과 원수가 되나니 이는 하나님의 법에 굴복치 아니할 뿐 아니라
> 할 수도 없음이라_ 로마서 8:7

정상적인 사람이라면 누구나 자기가 무엇에 대하여 생각할 것인지를 결정할 수 있다. 그러나 깊은 고민에 빠져 있거나 무엇에 홀린 사람은 자기 생각을 통제하는 데 무척 애를 먹을 것이다. 이런 사람은 어느 한 곳에 정신을 집중하려고 해도 계속해서 이런 저런 생각이 여름밤에 번개 치듯이 그의 머리를 강타하고 사라질 것이다. 이런 잡념들은 해를 끼친다기보다는 정신을 혼란스럽게 한다고 보아야 한다. 아무튼 이런 잡념으로 우리가 얻을 수 있는 것은 아무것도 없다.

우리의 생각을 통제하는 가장 좋은 방법은 온전히 순종하는 마음으로 우리 마음을 하나님께 드리는 것이다. 그러면 성령님이 우리의 마음을 받으시고 즉시 그것을 통제하기 시작하실 것이다. 이렇게 될 때 영적인 것들에 정신을 집중하기가 쉬워진다. 특히 오랜 세월 동안 날마다 기도해온 사람의 경우에는 더욱 쉬워질 것이다. 일을 하거나 쉴 때에도 속으로 하나님과 대화를 나누는 훈련을 하면, 거룩한 생각의 습관을 형성하는 일이 더욱 쉬워질 것이다.

성령님은 우리에게 '주님의 시력(視力)'을 주신다. 이것이 무슨 말인가? 쉽게 말해서 영적인 일들을 하나님의 관점에서 분별할 수 있는 힘을 주신다는 말이다. 또한 성령님은 우리에게 거룩한 욕구, 거룩한 깨달음 그리고 거룩한 능력을 주심으로써 우리 안에서 사고(思考)하신다.

보이지 않는 것을 보는 거룩한 능력

오직 하나님이 성령으로 이것을 우리에게 보이셨으니 성령은 모든 것
곧 하나님의 깊은 것이라도 통달하시느니라_ 고린도전서 2:10

우리는 성령님 안에서 계속 전진해야 한다. 우리가 우리 눈에 보이는
것 이상을 볼 수 없다면, 손으로 만질 수 있는 것만 만진다면, 귀에 들
리는 것만 듣는다면, 인간적인 사고(思考)를 뛰어넘는 그 이상을 알
지 못한다면, 그리스도인인 우리의 체험에 문제가 있는 것이다.

바울은 "하나님이 자기를 사랑하는 자들을 위하여 예비하신 모든
것은 눈으로 보지 못하고 귀로도 듣지 못하고 사람의 마음으로도 생
각지 못하였다"(고전 2:9)라고 증거한다. 이렇게 말한 다음 바울은
계속해서 "하나님께서 자기를 사랑하는 자들을 위하여 예비하신 모
든 것을 오직 성령님을 통해 드러내셨다"라고 증거한다. 성령님을
우리의 종으로 삼으려는 짓을 중단하고 물고기가 바다에서 살듯이
성령님 안에서 살기 시작한다면, 우리는 이제껏 알지 못했던 무궁한
영광을 보게 될 것이다.

내가 여기서 강조하고 싶은 것은 육신의 눈으로는 볼 수 없는 것을 볼 수
있는 거룩한 능력이다. 이 능력은 인간의 영적인 눈을 가리고 있는 베일
(veil)을 걷어버리고 거룩하고 영원한 것들을 볼 수 있게 하는 능력이다. 이
능력을 소유한 자는 아름답고 신비한 것들을 보며 경이감을 느낄 것이다.
듣고자 하는 의지가 있는 사람에게는 천국에서 흘러나오는 소리가 들릴
것이다.

빛이 있지만 보지
못하는 사람들도 있다

참빛 TRUE LIGHT

그중에 이 세상 신이 믿지 아니하는 자들의 마음을 혼미케 하여 그리스도의 영광의 복음의 광채가
비취지 못하게 함이니 그리스도는 하나님의 형상이니라_ 고린도후서 4:4

진리의 빛이 아무리 쏟아지더라도 우리가 깨닫지 못하면 소용이 없다. 진리를 듣는 사람의 마음이 도덕적으로 반응하지 않더라도 머리로 이해할 수는 있다. 이 사실을 보여주는 고전적인 예가 바로 벤자민 프랭클린(Benjamin Franklin, 1706~1790. 미국의 정치가 및 과학자)과 조지 휫필드(George Whitefield, 1714~1770. 영국의 유명한 설교가로서 18세기 신앙 부흥에 큰 영향을 끼쳤다)의 이야기이다.

휫필드는 프랭클린에게 직접 "당신에게는 그리스도가 필요합니다. 내가 당신을 위해 기도하겠습니다"라고 말했다. 그로부터 몇 년 후 프랭클린은 "당신의 기도가 별 도움이 되지 않은 것 같습니다. 나는 아직도 회심(回心)하지 못했습니다"라는 다소 슬픈 편지를 보내왔다.

프랭클린은 머리가 매우 좋은 사람이었다. 휫필드도 틀림없이 그에게 진리를 전부 말해주었을 것이다. 그런데도 프랭클린에게 변화가 일어나지 않았다. 그 이유는 무엇인가? 그것은 그에게 빛이 비취었지만 그가 보지 못했기 때문이다. 그는 '세상의 빛'이신 예수 그리스도를 보지 못했다. 복음은 빛이지만, 그 빛을 볼 수 있는 영적 시력(視力)을 주시는 분은 오직 성령님이시다.

진정한 신앙은 단지 하나님의 말씀을 믿는 데서 끝나지 않는다. 주 예수
그리스도를 믿고 의지하는 데까지 나아가야 참신앙이다.

복음의 배는
유령선이 아니다

말씀 WORD

하나님의 말씀은 살았고 운동력이 있어 좌우에 날선 어떤 검보다도 예리하여 혼과 영과 및
관절과 골수를 찔러 쪼개기까지 하며 또 마음의 생각과 뜻을 감찰하나니_ 히브리서 4:12

하나님이 넓은 우주를 향해 큰 소리로 외치신다면 그분의 음성은 결
코 공허한 메아리로 되돌아오지 않는다. 그분은 "내 입에서 나온 말
은 아무 일도 이루지 못한 채 결코 헛되이 내게 돌아오는 법이 없다"
라고 우리에게 말씀하셨다. 그분의 말씀은 언제나 강력하다. 그러므
로 그분의 말씀을 변호하기 위해 우리가 동분서주하거나 정교한 논
리를 만들어낼 필요는 없다.

하나님의 방주, 즉 '복음의 배'는 할 일 없이 대양을 떠도는 유령선
이 아니다. 이 배에는 충성스러운 승무원들이 가득하다. 성령님의
바람이 이 배의 돛을 강력하게 밀고 계시고 이 배에 승선한 승객들
은 해방자로서 거룩한 땅, 자유의 항구를 향해 여행한다.

이 세상 도처에서 하나님의 성도들이 발견된다. 하나님은 그들을 아
신다. 그들은 그리스도의 보혈로 씻김을 받은 자들이며 성령으로 거
듭난 자들이다. 그들은 진리의 말씀으로 태어난 자들이요, 구속(救
贖)의 기적을 통해 구원받은 자들이다. 하나님은 때가 되면 그들을
모두 고향으로 부르실 것이다.

여기 이 땅에서 우리가 하늘 성전을 위한 돌들로 만들어져가고 있다는 것
은 그 생각만으로도 우리에게 큰 위로를 준다. 우리가 이 땅에 존재하는
목적이 그리스도를 닮기 위한 과정이라는 것 또한 큰 기쁨을 준다.

성령으로 태어났는가?

 출생 BIRTH

예수께서 대답하시되 진실로 진실로 네게 이르노니 사람이 물과 성령으로 나지 아니하면
하나님나라에 들어갈 수 없느니라_ 요한복음 3:5

예수님이 언급하신 '눈에 보이지 않는 출생'은 하나님의 행하심으로
써 가능하다. 요한은 우리가 아는 육체적 출생을 초월하는 어떤 것에
대하여 언급한다. 이 출생은 하늘로부터 주어지는 것이요, '성령으
로 나는 것'이다. 이것은 다른 종류의 출생이요, 신비한 출생이다.

만일 우리 주 예수님이 단지 사람들의 육체적 출생에 대하여 말씀하
셨다면, 아무도 그분의 말씀에 주목하지 않았을 것이고, 그분의 교
훈이 기록되어 전해지는 일도 일어나지 않았을 것이다. 육체적 출생
은 너무 흔한 현상이다. 무릇 이 땅의 모든 사람들이 육체적 출생을
통해 이 땅에 왔지 않은가? 그러나 그리스도인들은 육체의 출생이
아닌 영혼의 출생을 통과한 사람들이다. 그들에게 주어진 것은 이
세상에서 살다가 끝나는 생명이 아니라 영원히 살 수 있는 생명이
다. 그들은 땅으로부터 난 자들이 아니라 하늘로부터 난 자들이다.
그들의 출생은 내면적이고 영적이고 신비한 것이다!

하나님은 존재로서, 활동으로서 그리고 능력으로서 만유(萬有) 안에 거하
신다. 그분이 낳으시는 것은 오직 영혼뿐이다. 모든 피조물들이 그분의
흔적을 드러내고 있지만, 특히 영혼은 그분의 형상을 드러낸다.

성령 강림을 기다리라

의뢰 DEPENDENCE

너는 여호와를 바랄지어다 강하고 담대하며 여호와를 바랄지어다_ 시편 27:14

아무런 활동도 하지 않는 것이 때로는 최고의 활동이 되기도 한다. 육체적 활동을 중지하고 기다려야 할 때도 있다. 그 좋은 예는 "너희는 위로부터 능력을 입을 때까지 이 성에 유하라"(눅 24:49)라고 주께서 제자들에게 말씀하신 경우이다. 이 말씀에 따라 그들은 기다렸고, 결국 성령님이 능력 가운데 임하셨다.

구약에서 하나님을 기다린다는 것은 그분의 도우심을 바라며 그분의 존전으로 나아와 정신과 육체의 활동을 중단한 채 고요히 그분을 기다린다는 것을 의미했다.

어떤 옛 시인은 "고민하는 그리스도인이여, 생각하기를 멈추어라"라고 말했다. 그렇다! 우리가 살 길은 문제의 해결책을 찾기 위해 고심하는 것을 중단하고 문제 자체를 완전히 하나님께 맡기는 것이다. 그렇게 할 때 그분이 영광 중에 임하여 우리가 다시 활동할 수 있도록 도우실 것이다.

"하나님 앞으로 나아가 아무것도 하지 않고 하나님을 기다리는 것이 최고의 활동이다"라는 나의 말을 이제 이해하겠는가? 우리의 육체적 능력이나 자연적 능력을 사용하여 문제를 해결하려는 노력을 중단하고 하나님 앞으로 나아가 하나님이 개입하실 때까지 기다려라.

우리는 문제 해결 방법을 찾기 위해 이곳저곳으로 다니며 귀를 기울이고 눈을 굴리며 뚫어지게 쳐다본다. 그러나 이것이 해결 방법은 아니다. 우리의 노력을 중단하고 하나님께만 집중하여 하나님의 말씀을 듣는 것이 살 길이다.

성령으로 드리는 기도인가?

이와 같이 성령도 우리 연약함을 도우시나니 우리가 마땅히 빌 바를 알지 못하나
오직 성령이 말할 수 없는 탄식으로 우리를 위하여 친히 간구하시느니라_ 로마서 8:26

기도를 평가할 때 우리는 "누가 기도하고 있느냐?"라고 물어야 한다. 다시 말해서, "우리가 굳게 결심하고 기도하는 것이냐, 아니면 성령님이 기도하시느냐?"라고 물어야 한다. 성령님에게서 비롯된 기도를 드리는 경우라면 우리의 몸부림은 아름답고 복된 것이다. 그러나 우리의 지나친 욕구에서 비롯된 기도라면, 우리의 기도는 우리의 여타 활동들과 마찬가지로 육신적인 것이 될 수 있다.

구약성경에 나오는 좋은 기도와 나쁜 기도의 예로 야곱의 기도와 바알 선지자들의 기도가 있다. 기도하던 야곱의 몸부림은 혼신의 힘을 다 쏟아 붓는 것이었다. 더욱이 그 기도는 야곱에게서 시작된 것이 아니라 하나님께로부터 시작된 것이었다. 그리하여 주지하듯이, 그 기도의 결실은 정말 놀라웠다. 그러나 바알 선지자들의 기도는 그 성격이 전혀 달랐다. 그들은 야곱보다 더욱 격렬히 기도했다. 그러나 그들의 몸부림은 전적으로 육신적인 몸부림이었다. 큰소리로 부르고 몸을 상하게 하여 괴로워했지만 그것은 무지와 미신에서 비롯된 것이기 때문에 아무 유익이 없었다. 그들은 근본적으로 잘못된 기도를 드렸다. 오직 성령님만이 효과적인 기도를 드리실 수 있다.

기도는 진실하고 겸손한 마음으로, 믿음으로, 순종하면서 드려야 한다.
이런 기도가 아니라면 성경은 찬성하지 않는다. 이런 기도가 아니라면 하나님은 받지 않으신다.

성령님은
창조적인 분이시다

하나님이 가라사대 우리의 형상을 따라 우리의 모양대로 우리가 사람을 만들고 그로 바다의 고기와
공중의 새와 육축과 온 땅과 땅에 기는 모든 것을 다스리게 하자 하시고_ 창세기 1:26

하나님은 창조하시는 분이시다. 천지를 창조하신 그분의 특별한 사역이 오래 전에 끝난 것은 사실이지만 그분은 '창조주로서의 지위'를 결코 포기하지 않으셨다.

성삼위(聖三位) 가운데 한 분이신 성령님도 역시 창조하는 분이시다. 그분은 언제나 새로운 것들을 만들어내시고, 그분의 은사들을 나누어주시고, 새로운 일들을 시작하시고, 만물을 새롭게 하신다. 그분이 일하실 때마다 그분의 일은 '보존적'인 성격보다는 '창조적'인 성격을 띤다(물론, 그분은 그분이 창조하신 것들을 모두 보존하시기도 한다). 보존하지 않고 창조하는 것은 창조 행위를 헛되이 하는 것이라고 해석될 수도 있다. 그러나 기본적으로 성령님은 창조된 것들의 보존보다는 새로운 것들의 창조 쪽으로 움직이신다.

성령님의 창조 행위는 언제나 '참하나님의 참하나님'이신 그분의 성품에 부합된다. 그분은 그분이 창조하시는 것이면 무엇에든지 '영원'이라는 도장을 찍어놓으신다. 따라서 그것에서는 모두 '영원'의 표시를 발견할 수 있다. 하나님의 위엄과 거룩함이 그것을 돋보이게 만든다.

언제 어디서나 그리스도는 사망에서 생명으로 들어가는 문(門)이시다.
그분은 생명의 왕이시기 때문에, 그분이 만지시는 것들은 모두 생명을
얻는다.

성령님은 우리의 예배를 받으시는 하나님이다

하나님 GOD

베드로가 가로되 너희가 회개하여 각각 예수 그리스도의 이름으로 세례를 받고 죄사함을 얻으라 그리하면 성령을 선물로 받으리니_ 사도행전 2:38

복음주의적인 그리스도인들이 성령님을 소홀히 대하는 경향이 지속되고 있는 것은 아무도 부인하지 못할 것이다. 이런 경향은 무슨 이유에서든지 정당화될 수 없다.

복음주의적 기독교는 삼위일체 하나님을 믿는다. 매주 거의 모든 교회에서 신자들은 "성부, 성자, 성령께 영광이 있을지어다"라고 찬송한다. 이렇게 찬송한다는 것은 신자가 의식하든지 못하든지 성령님을 하나님으로 인정하는 것이다. 다시 말해서, 성령님이 성부와 성자와 동등하게 경배를 받으실 만한 분이라는 것을 인정한다는 말이다. 그러나 우리는 예배의 시작에(또는 예배 시작 직후에) 이렇게 찬송한 다음, 성령님에 대해서 거의 또는 전혀 언급이 없다가 축도 때에 다시 언급하고 있다.

성경이 성령님에게 부여하는 지위와 오늘날 우리가 그분에게 부여하는 지위 사이에는 큰 차이가 있다. 성경은 성령님이 성삼위(聖三位) 가운데 한 분이라고 분명히 밝힌다.

●

데이비드 브레이너드(David Brainerd, 1718~1747, 아메리카 인디언들에게 복음을 전한 전도자)는 "성령님의 능력 없이 영적인 일을 하려는 사람은 손가락 없이 손으로 하는 노동을 하겠다는 사람과 같다"라고 말했다. 이 비유는 결코 과장되지 않은 탁월한 비유이다. 성령님은 사치품과 같은 분이 아니시다. 그분은 우리의 구원을 위해서 필수품과 같은 분이시다. 영원한 구원을 주시는 분은 오직 영원한 성령님이시다.

인간의 지혜인가, 성령의 감동인가?

감동 AFFLATUS

각각 공력이 나타날 터인데 그날이 공력을 밝히리니 이는 불로 나타내고 그 불이 각 사람의 공력이 어떠한 것을 시험할 것임이니라_ 고린도전서 3:13

하나님이 교회에서 인정하시는 유일한 능력은 그분의 영의 능력이지만, 오늘날 대부분의 교인들이 인정하는 유일한 능력은 인간의 능력이다. 하나님은 자신의 영의 활동을 통해 일하시지만, 현재 기독교 지도자들은 교육과 지성을 통해 일하려고 한다. 인간의 지혜가 성령님의 감동을 대신하고 있는 것이 오늘날의 현실이다.

그러나 사람들이 그들의 지혜와 능력으로 행하는 모든 것들은 단지 이 세상에서만 가치 있을 뿐이다. 그것에는 영원한 가치가 없다. 오직 영원한 성령님이 이루신 것들만이 영원히 살아 있다. 그 밖의 모든 것들은 나무나 풀이나 짚처럼 타서 사라질 것이다.

자신이 교회 지도자로서 매우 중요한 역할을 감당하고 있다고 믿는 사람들이 많다. 그러나 이런 사람들 중에는 자신들이 짚이나 긁어모으려고 그토록 발버둥쳤음을 깨닫고 아연실색할 사람들도 있을 것이다.

예수님은 자신이 소유하셨던 능력을 우리에게도 허락하셨다. 그분은 그분 안에서 살면서 일하셨던 성령님을 교회에 허락하셨다. 그러므로 이 놀라운 선물을 받아들이자. 성령님 한 분이면 충분하다는 것을 믿자. 그분을 위한 자리를 만들어드리고 그분을 영접하자.

십자가를 통과한 생명을 받았는가?

내가 그리스도와 함께 십자가에 못 박혔나니 그런즉 이제는 내가 산 것이 아니요
오직 내 안에 그리스도께서 사신 것이라_ 갈라디아서 2:20

하나님은 생명을 주신다. 그러나 하나님이 주시는 생명은 '개선된 옛 생명'이 아니다. 그것은 '죽음을 이기고 부활한 생명'이다. 이 생명은 죽음의 십자가를 통과한 생명이다.

이 진리가 그리스도 안에서 생명을 얻기 원하는 죄인에게 어떤 의미를 지니는가? 그는 이 진리를 어떻게 생명으로 바꿀 수 있는가?

그 답은 매우 간단하다. 그가 회개하고 믿으면 된다. 그가 그의 죄를 버리고 더 나아가 그 자신을 버리면 된다. 아무것도 숨기지 않고 아무것도 변명하지 않으면 된다. 하나님과 협상을 벌이려고 해서는 안 된다. 다만 하나님의 의로운 판단 앞에서 고개를 숙이고 자신이 죽어야 마땅한 죄인임을 인정하면 된다.

이렇게 한 다음 그는 오로지 믿고 의지하는 마음으로 부활의 주님을 바라보아야 한다. 그러면 그분에게서 생명과 정화와 능력이 주어질 것이다.

예수님의 육체적 생명을 끝장낸 십자가가 이제는 우리의 죄를 끝장낼 것이다. 그분을 죽은 자들로부터 다시 살리신 능력이 이제는 그분과 더불어 우리를 새 생명으로 다시 살릴 것이다.

●

천국의 모든 것에는 십자가 표시가 붙어 있을 것이다.

성령의 부어주심은 계속되어야 한다

부어주심 OUTPOURING

저가 빛 가운데 계신 것같이 우리도 빛 가운데 행하면 우리가 서로 사귐이 있고
그 아들 예수의 피가 우리를 모든 죄에서 깨끗하게 하실 것이요_ 요한일서 1:7

하나님은 자신의 백성에게 성령을 부어주심으로써 자신의 사역이
진척되기를 원하신다. 특별히 성령의 능력을 필요로 하고 성령을 받
아들일 준비가 되어 있는 사람들에게 성령을 부어주심으로써 일하
기 원하신다.

성경은 우리에게 '축복의 단비', '마른 땅을 덮는 홍수'를 고대하라
고 격려한다. 신약의 오순절에 임한 성령님의 능력이 그 당시에 존
재하지도 않던 개인이나 회중에게 자동적으로 영향을 끼칠 수는 없
었다.

오순절 사건 이후의 시대를 사는 사람들도 성령의 능력을 받아야 한
다는 것은 당연한 일이다. 그러나 오순절 사건을 통해 임하신 성령
님의 은혜가 자동적으로 그 이후의 신자들에게 임한다는 황당한 이
론은 성경의 지지를 받지 못한다.

요컨대, 오순절의 성령 강림은 새 시대의 시작을 알리는 신호탄이었
다고 말할 수 있다. 여기서 새 시대란 '성령의 부어주심'이 계속 이
어질 새 시대를 말한다. 이것이 신약이 가르치는 교리이다.

성령님이 우리에게 임하실 때 그분의 한 손에는 진리의 빛이, 그리고 다른
손에는 그리스도의 보혈이 있다. 그리스도의 보혈은 진리의 빛이 드러낸
것을 깨끗케 하신다.

반감정주의를 경계하라

믿음은 바라는 것들의 실상이요 보지 못하는 것들의 증거니_ 히브리서 11:1

하나님이 자신의 영을 우리에게 부어주기 원하신다면, 어찌하여 지금 초대교회처럼 성령의 능력을 체험하는 신자와 교회가 별로 없는가? 물론, 성령의 부어주심을 체험하는 신자와 교회가 전혀 없는 것은 아니지만, 문제는 그 수(數)가 너무 적다는 것이다. 그러면 그 이유는 무엇인가? 성령의 능력을 부어주시겠다는 주님의 약속이 너무나 확실하다. 하나님은 성령의 능력을 부어주시기를 간절히 원하신다. 그런데 어찌하여 우리는 그 능력을 받지 못하는가?

성령의 능력을 받지 못하게 방해하는 것들 중 하나는 우리의 감정이 신앙생활에 영향을 끼칠까봐 두려워하는 마음이다.

감정을 무조건 배격하는 반감정주의는 성경이 가르치는 교리가 아니다. 반감정주의는 심리학적 원리와 상식에도 어긋난다. 감정과 신앙을 서로 모순된 것으로 보는 견해는 성경 어디에서도 발견되지 않는다.

신앙은 감정을 낳게 마련이다. 사실 신앙 없이 감정을 느낄 수도 있다. 하지만 감정 없는 신앙은 존재할 수 없다. 감정이 배제된 차가운 신앙은 성경에서 발견되지 않는다. 히브리서에 기록된 신앙의 영웅들을 보라! 그들의 신앙은 그들의 마음속에 강렬한 감정을 불러일으켰으며, 더 나아가 그들을 적극적으로 행동하도록 이끌었다.

우리가 하나님을 사랑한다면, 그분은 우리를 최고로 행복하게 만들어주실 수 있다.

성령님은 광신을
치료하신다

광신 FANATICISM

성령이 형체로 비둘기같이 그의 위에 강림하시더니 하늘로서 소리가 나기를
너는 내 사랑하는 아들이라 내가 너를 기뻐하노라 하시니라_ 누가복음 3:22

성령의 능력을 받는 것을 방해하는 또 다른 요인은 '광신(狂信)에
대한 두려움'이다. 스스로 높은 영적 경지에 이르렀다고 말하는 일
부 사람들은 유감스럽게도 육신적인 욕망에 사로잡혀 교양 없는 행
동을 일삼는 경향이 있다. 하나님의 자녀들 중 많은 사람들이 그들
을 보고 본능적인 혐오감을 느껴 그들이 강조하는 소위 '능력의 삶'
에 대해 마음의 문을 닫아버린다.

하지만 광신을 경계하는 것까지는 좋으나 성령님의 능력을 거부하
는 단계까지 나아가서는 안 된다. 광신적 행태를 보고 혐오감을 갖
는 사람들은 성령님의 활동을 너무 한쪽에서만 바라보기 때문에 결
국 성령님의 능력 자체를 부정하는 잘못을 범하는 경향이 있다. 이
것은 매우 유감스러운 현상이다.

그들은 성령님이 예수님의 영으로서 예수님만큼 온유하고 겸손하
신 분이라는 것을 배워야 한다. 우리는 "하나님이 우리에게 주신 것
은 두려워하는 마음이 아니요 오직 능력과 사랑과 근신하는 마음이
니"(딤후 1:7)라는 바울의 말을 명심해야 한다.

성령님은 광신을 조장하는 분이 아니라 광신을 치료하는 분이시다.

성령님이 거하시는 영혼은 언제나 온유, 겸손, 부드러움, 온화함 그리고
인내라는 특징을 나타낸다.

성령의 능력을 받으려면
고통스러운 과정을 통과하라

고투 STRUGGLE

너희가 나를 사랑하면 나의 계명을 지키리라_ 요한복음 14:15

신자가 성령님의 능력을 받는 것을 방해하는 또 다른 요인은 무엇인가? 그것은 "믿음으로 성령 충만을 받으라"라는 말을 잘못 해석하는 것이다.

신약성경은 도처에서 그리스도의 대속(代贖)의 은혜를 믿음으로 받을 수 있다고 가르친다. 이것은 복음의 핵심이다. 그렇기 때문에 여기에서 이탈하면 진정한 영적 체험이 불가능해진다. 믿음으로 성령을 받는다고 강조한 바울은 그와 견해를 달리하는 사람들을 비판했다. 따라서 성령 충만을 갈망하는 사람들에게 "믿음으로 받으라"라고 가르치는 것은 잘못이 아니다. 그렇다면 문제는 어디에 있는가?

내가 보기에, 문제의 원인은 '믿음'에 대한 우리의 잘못된 개념에 있다. 바울이 말하는 믿음은 살아서 이글이글 불타는 신앙, 즉 그리스도의 명령에 순종하는 신앙이다. 많은 사람들은 자기에게 성령님의 능력이 필요하다는 것을 알지만 옛 생명을 죽이는 고통스러운 과정을 통과하기를 원하지 않기 때문에 능력을 받지 못한다. 그들은 "믿음으로 성령 충만을 받으라"라는 말을 들을 때 매우 안심하면서 이 말을 도피처로 삼는다.

성령 충만한 삶을 사는 것은 하나님과 함께 사는 것이다. 즉, 그분의 말씀을 듣고 그분을 알고 사랑하고 그분의 뜻을 행하기를 기뻐하는 것이 그분과 함께 사는 것이다.

성령님을 받은 사람은
반드시 그것을 안다

증거 EVIDENCE

우리가 이 보배를 질그릇에 가졌으니 이는 능력의 심히 큰 것이 하나님께 있고
우리에게 있지 아니함을 알게 하려 함이라_ 고린도후서 4:7

사도 바울 시대에 성령 충만한 사람들과 오늘날 스스로 성령 충만하다고 주장하는 사람들 사이에는 큰 차이점이 발견된다. 바울이 회심시킨 사람들은 믿음으로 성령을 받았다고 주장했을 뿐만 아니라 실제로 성령을 받았다. 그러나 오늘날 많은 사람들은 믿음으로 성령을 받는 시늉을 하면서 자기들이 성령을 받았다고 믿는다. 그러나 지속적인 그들의 연약한 상태는 그들이 성령님의 능력을 알지 못한다는 것을 드러낸다.

그들이 자기의 문제점을 깨닫고 자기를 죽여 성령님의 능력을 받지 못한다면 그들은 평생 은밀한 실망감에 빠져 살아갈 것이다.

성령님의 능력을 받은 사람이 그 사실을 모른다는 것은 있을 수 없다. 다시 말해서 그분의 능력을 받은 사람은 그것을 분명히 인식하게 된다. 왜냐하면 그분은 우리의 의식 깊은 곳에서 자신의 임재를 알리시기 때문이다. 하나님은 우리의 진실한 믿음에 응답하여 자신의 영을 부어주실 것이다. 하지만 진실한 믿음에는 가난한 심령과 강렬한 열망이 뒤따르지 않을 수 없다.

성령 세례의 본질적인 조건은 하나님 앞에서 모든 것을 포기하는 것이다. 심지어 그 자체로 아무 해가 되지 않는 것들까지 포기해야 한다. 왜 그런가? 우리의 의지를 완전히 꺾고 오직 하나님의 뜻만 이루어지기 원한다는 것을 보여드리기 위해서다.

적극적으로 공격하라

너희는 세상의 소금이니 소금이 만일 그 맛을 잃으면 무엇으로 짜게 하리요 후에는
아무 쓸데없어 다만 밖에 버리워 사람에게 밟힐 뿐이니라_ 마태복음 5:13

많은 그리스도인들은 변명을 늘어놓느라 많은 시간과 에너지를 낭
비한다. 그들이 이렇게 하는 이유는 성령님의 무한한 능력에 의지하
여 하나님을 위한 영적 전쟁에 뛰어든 적이 없기 때문이다.

세상은 우리에게 필요한 것을 우리에게 줄 수 없다. 왜냐하면 우리
에게 필요한 것은 완전한 진리이기 때문이다. 그리스도인으로서 우
리가 믿는 사실들 그리고 그 진실성을 입증하는 증거들은 너무나 분
명하고 사리에 맞는다.

진리를 가지고 적극적으로 싸워 승리를 얻고 기뻐할 권리가 그리스
도인들에게 있다. 지금은 그리스도인들이 소극적으로 현상 유지하
는 데 만족할 때가 아니다.

그리스도인들은 윤리적 입장에 대해 변명하는 수동적 단계에 머물러서는
안 된다. 우리는 적극적으로 나서서 우리의 목소리를 내야 한다. 죄가 인
류의 적이라는 것을 폭로해야 한다. 의(義)와 거룩함이 도덕적 존재들이
추구해야 할 유일한 목적이라는 것을 분명히 외쳐야 한다.

확신하건대, 미래의 역사가들은 우리를 평가할 때에 "그들은 위대한 문명
을 창조할 수 있는 지성을 소유했지만 그것을 보존할 수 있는 도덕적 지혜
를 갖지 못했다"라고 말할 것이다.

거듭남은 심리학적으로 설명될 수 없다

설명불가 UNEXPLAINABLE

그런즉 누구든지 그리스도 안에 있으면 새로운 피조물이라 이전 것은 지나갔으니
보라 새것이 되었도다_ 고린도후서 5:17

중생(重生)은 하나님의 사랑과 은혜와 지혜 가운데 우리에게 주어
진다. 그러므로 거듭남을 체험한 사람들과 그 밖에 다른 방법으로
기독교와 친숙해진 사람들은 서로 다르다.

그리스도를 믿는다고 고백하는 신자들 중 일부는 하나님이 자신의
영을 통하여 기적적으로 이루겠다고 말씀하신 것을 자연적이고 이
성적인 방법으로 설명하려고 애쓴다.

당신은 당신의 거듭남을 심리학적으로 설명해준 심리학자를 만났
다고 생각하는가? 만일 그렇게 생각한다면 당신은 아직도 큰 착각
에 빠져 있는 것이다. 거듭남의 문제가 제기될 때 한발 뒤로 물러서
서 겸손한 태도로 "이것은 하나님이 이루신 일이다!"라고 말하는 심
리학자가 있다면 그는 정직한 사람이다.

그가 거듭남을 설명하지 못하는 것이 정상이다.

아무리 연약한 그리스도인이라고 하더라도 거룩하고 순수한 삶을 살아야
할 의무를 면제받는 것은 아니다. 거룩하고 순수한 삶을 사는 것은 사실
상 기적에 가까운 일이기 때문에 그리스도의 도움 없이 인간의 힘으로는
불가능하다. 하나님의 진정한 자녀는 인간의 이성으로는 전혀 설명될 수
없는 존재이다.

성령의 능력을 열망하라

겸손과 여호와를 경외함의 보응은 재물과 영광과 생명이니라_ 잠언 22:4

당신의 삶을 도덕적으로 올바르게 만들어라. 그러면 하나님께서 당신의 삶을 거룩하게 만드실 것이다. 당신의 영적인 삶을 올바르게 만들어라. 그러면 하나님이 성령으로 당신에게 임하실 것이다. 그분이 기이하고 신비롭고 신적인 능력으로 당신에게 임하실 것이다.

몸과 마음을 단련한다고 해서 당신에게 이런 능력이 향상되는 것은 아니다. 전에 당신은 이런 능력이 존재한다는 것조차 몰랐을 것이다. 그러나 이런 능력은 분명히 존재한다. 그것은 바로 성령님의 능력이다. 오늘날 우리의 교회에 부족한 것이 바로 이 능력이다. 우리는 순간순간 하나님을 알고 그분의 임재 안에서 살아가기를 열망해야 한다. 그렇게 할 때 인간적인 수양이나 노력이 아닌 하나님의 능력이 우리에게 임하여 복음증거에 큰 활력이 생길 것이다. 이 능력은 기분 좋은 향기처럼 교회를 채울 것이며, 사람들은 그 향기에 취할 것이다.

오, 하나님!
하나님의 영광을 사람들에게 다시 한번 드러내소서. 저를 통해서 드러내시든지 다른 사람을 통해서 드러내시든지 그것은 중요하지 않습니다. 교회가 그리스도의 신부(新婦)로서 합당한 아름다운 도덕적 지위를 다시 회복할 수 있도록 도우소서. 저를 통하든지 다른 사람을 통하든지 그것은 중요하지 않습니다. 오직 저의 이 기도에 응답하소서. 하나님이 원하시는 자를 높이소서. 제가 사용되든지 무시당하든 잊혀지든지 그것은 중요하지 않습니다.

성령님은
지금 어디에 계신가?

절규 CRY

그러나 내게는 우리 주 예수 그리스도의 십자가 외에 결코 자랑할 것이 없으니 그리스도로 말미암아
세상이 나를 대하여 십자가에 못 박히고 내가 또한 세상을 대하여 그러하니라_ 갈라디아서 6:14

지금은 더 이상 불리지 않는 옛 찬송가의 가사에서 나는 깊은 감동
의 메시지를 듣는다. 이 찬송가가 사람들 사이에서 사라졌듯이, 이
찬송가에 담긴 영적인 열망도 사라진 것 같아 마음이 아프다.

> 옛 성도들의 마음속에서 타올랐던 생명의 불길이 지금도 타오른다
> 면 얼마나 좋을까!
> 이 불길 때문에 그들은 고난 중에도 평안히, 위험 중에도 담대히 천
> 국을 향해 나아갔다.
> 주여! 아브라함의 가슴에 거하여 그를 주님의 것으로 인 친 성령님
> 은 지금 어디 계십니까?
> 바울의 마음을 슬픔으로 녹이고 하늘의 능력으로 불타게 만드신 성
> 령님은 지금 어디 계십니까?
> 이사야에게 생생한 환상을 보여주시고 다윗의 시편에 영감을 불어
> 넣으신 분은 지금 어디 계십니까?

"주여! 성령님이 지금 어디 계십니까?" 왜 우리는 지금 이렇게 슬프
게 외쳐야 하는가? 내가 볼 때 그것은 십자가를 바라보는 우리의 마
음이 십자가를 바라본 옛 성도들의 마음과 다르기 때문이다.

갈보리 언덕의 십자가가 우리 마음속의 십자가가 되어야 한다.

성령의 은사가 필요하다

이 말씀을 하시고 저희를 향하사 숨을 내쉬며 가라사대 성령을 받으라_ 요한복음 20:22

오늘날 교회는 인간의 재능과 교육의 능력에 너무 많은 부분을 의지하고 있다. 우리는 성령님의 조명이 영성적 차원에서 뿐만 아니라 교회 행정적 차원에서도 반드시 필요하다는 것을 쉽게 망각한다.

우리에게는 하나님의 영이 주시는 각양 은사가 필요하다. 우리에게는 하나님의 지혜와 조언과 능력과 지식이 꼭 필요하다. 우리는 전능하신 하나님을 경배하고 두려워해야 한다. 만일 우리가 예수님이 약속하신 성령의 기름 부으심과 온전한 은사가 어떤 것인지 안다면 우리는 그 밖에 다른 것들을 훨씬 덜 의지하게 될 것이다.

정신과 의사나 심리학자, 인류학자, 사회학자 같은 학자들이 이 사회에서 나름대로 감당하는 부분이 있는 것은 사실이다. 나는 이 점을 의심하지 않는다. 그러나 오늘날의 교회에서는 이런 전문가들의 조언이 성령님의 사역보다 더 큰 비중을 차지하고 있는 것이 아니냐는 의구심이 일어나고 있다. 지금 다시 말하지만 우리 가운데 성령님의 도우심은 더욱더 늘어나야 하고 인간의 도움은 더욱더 줄어들어야 한다.

성령님은 모든 영적 능력의 원천이시다. 우리가 하나님과 인류에게 유용한 존재가 될 수 있도록 만들어주실 수 있는 분은 오직 그분뿐이시다. 그분의 도우심을 통해서만 우리는 우리의 존재 목적을 달성할 수 있다.

성령님은 분별력을 주신다

하나님을 따라 의와 진리의 거룩함으로 지으심을 받은 새 사람을 입으라_ 에베소서 4:24

우리가 믿음으로 하나님의 자녀가 될 때, 하나님은 마음속으로 "나는 너희가 어떻게 하는지 지켜본 다음 너희를 받아들이든지 말든지 결정하겠다" 라고 생각하시지 않는다. 우리의 죄를 용서하실 때에도 하나님은 마치 우리가 죄를 전혀 범하지 않은 것처럼 우리를 대하신다. 그러므로 사탄이 내게 찾아와 나의 과거의 죄를 비난할 때, 나는 그에게 "나에 대한 비난은 오직 지금 너에게서 시작되었을 뿐이다. 내가 받은 용서와 평안과 자유는 오직 주 예수 그리스도께서 거저 주셨다" 라고 말한다.

당신이 이 땅에 발을 딛고 살아가는 한 하나님은 당신 안에서 자신의 일을 다 끝내신 것이 아니다. 만일 그분이 당신을 징계하시는 경우라면, 성령께서 하나님의 징계의 손길을 느낄 수 있도록 우리에게 분별력을 주실 것이다. 그러나 하나님이 징계하시는 것이 아니라 사탄이 그리스도인으로서 당신의 삶과 증거를 방해하기 위해 당신의 과거 죄를 물고 늘어지는 경우라면, 살아 계신 그리스도의 능력에 의지하여 사탄을 물리쳐라.

우리는 "우리가 어떤 존재가 되어야 하는가?" 라는 기준에 따라 판단을 받아야 할 뿐만 아니라 "우리가 어떤 존재가 될 수 있는가?" 라는 기준에 따라서도 판단을 받게 될 것이다. 우리는 우리가 되어야만 하는 존재가 될 수 있다. 우리는 하나님께서 우리에게 되라고 명령하신 존재가 될 수 있다.

성령의 능력으로 인내하라

인내 PATIENCE

보라 내가 속히 오리니 내가 줄 상이 내게 있어
각 사람에게 그의 일한 대로 갚아주리라_ 요한계시록 22:12

2천 년 전 예수께서 이 땅에 계실 때, 예수님은 자신의 말씀을 듣는
자들에게 '주의 날'이 다가오고 있다고 말씀하셨다. 하늘에 계신 성
부 하나님 외에 그 누구도 '주의 날'이 도래하는 일시를 알지 못한
다고 말씀하셨다.

우리는 세상의 악(惡)의 잔에서 악이 넘쳐흐를 때까지 하나님의 인
내와 은혜의 시간이 계속되리라고 믿는다. 성경은 인내(오래 참음)
가 성령의 열매 가운데 하나임을 가르쳐준다(갈 5:22).

기다리기 싫어하는 것은 인간의 본능이다. 피조물인 우리는 오래 참
지 못하기 때문에 "오, 하나님! 얼마나 오래 기다려야 합니까? 얼마
나 오래 기다려야 합니까?"라고 부르짖는 경향이 있다. 그러나 영원
을 통하여 자신의 목적을 이루시는 전능하신 하나님께는 기다리시
는 능력이 있다.

우리가 "오, 하나님! 얼마나 오래 기다려야 합니까?"라고 하나님께
부르짖을 때 그분은 "너희는 어찌하여 그토록 서두르느냐? 우리 앞
에는 영원이라는 긴 시간이 있지 않느냐?"라고 대답하실 것이다.

그리스도께서 다시 오신다는 것을 알고 그것을 막연히 바라는 것만으로
는 부족하다. 그분의 재림을 믿고 단순히 그것을 기대하는 것으로 끝이
난다면 우리의 영혼은 위험에 빠질 수 있다. 막연한 기대가 아닌 강력한
하늘의 능력이 우리의 영혼을 끌어당겨야 한다. 그렇게 될 때 우리의 영
혼은 내세의 능력으로 사는 법을 배우게 될 것이다.

인기를 좇는 교회는
박해받지 않는다

의와 인자를 따라 구하는 자는 생명과 의와 영광을 얻느니라_ 잠언 21:21

사람들은 교회가 우리 사회에서 호의를 얻고 있다고 말한다. 그렇다. 교회는 우리 사회에서 박해받지도 않고 거부당하지도 않는다. 그런데 왜 우리가 박해받지 않는가? 그것은 우리가 편하고 인기 있는 길을 가기 때문이다.

의(義)를 향한 사랑이 우리를 압도할 정도로 우리가 의를 사랑한다면, 사람들은 우리에게 더 이상 호의적이지 않을 것이며, 기독교가 더 이상 인기 있는 종교도 아닐 것이다. 만일 우리가 모든 악을 거부한다면, 세상은 우리에게 즉시 적대적인 태도를 취할 것이다.

우리는 너무 교양 있고, 너무 점잖고, 너무 참을성이 많다. 우리는 인기를 잃지 않으려고 노심초사한다. 우리는 여러 가지 형태로 드러나는 악에 대해 변명을 늘어놓는다. 내가 내 주변의 그리스도인들이 귀찮게 여길 정도로 그들에게 하나님을 사랑하고 죄를 미워하도록 자극을 줄 수만 있다면 나는 더없이 기쁠 것이다. 밴스 하브너(Vance Havner)는 "의를 위해 싸우지 않고 자기 목표를 위해 싸우는 사람들이 너무 많다"라고 말했다. 하나님의 백성은 하나님을 위해 싸워야 한다!

그리스도인들은 '우리의' 도덕적 입장을 변명하는 일을 즉각 중지하고, 죄가 인류의 적이라는 사실을 만천하에 폭로해야 한다. 또한 우리는 도덕적 존재가 추구해야 할 가치가 있는 유일한 대상이 바로 의와 거룩함이라고 천명해야 한다.

거품 그리스도인을 경계하라

거품 BUBBLE

내가 너희를 젖으로 먹이고 밥으로 아니하였노니
이는 너희가 감당치 못하였음이거니와 지금도 못하리라_ 고린도전서 3:2

종교는 본질적으로 의지(意志)의 문제이며, 의(義) 역시 의지의 문제이다. 하나님은 인간이라는 존재가 감정의 노리개가 되는 것을 원하지 않으셨다. 하나님이 인정하시는 유일한 선(善)은 인간이 의지적으로 선택한 선이다. 유일하게 유효한 거룩함은 인간이 의지적으로 선택한 거룩함이다. 그렇기 때문에 나는 예수님에 대해서 그다지 이야기하지 않으면서 자신에 대해서는 굉장히 많은 말을 하는 '거품 그리스도인'에게 의심의 눈초리를 보내지 않을 수 없다.

"깊이 있는 영적 체험을 한다는 것은 물론 좋은 일이죠"라고 말하면서도 막상 자신의 신앙적 체험에 대해서는 이렇다 할 구체적인 이야기를 하지 못하는 그리스도인들도 나를 약간 걱정스럽게 만든다. 이런 그리스도인들보다 더욱 나를 걱정스럽게 만드는 사람들이 있다. 그들은 말로는 자신에게 믿음과 체험이 있다고 고백하지만, 그들의 체험이 날마다 일어나는 생각과 말과 행동으로 그리스도를 닮고자 하는 내적 열망으로 발전하지 않는 사람들이다.

우리가 살아가는 동안 성경에 기록된 모든 것들을 우리의 체험 가운데 보여주는 것이 하나님의 뜻이다. 또한 우리가 우리의 삶 속에서 살과 피의 새롭고 살아 있는 의장(衣裝)을 성경에 덧입히는 것이 하나님의 뜻이다.

성령님이 기뻐하시는
일을 하라

기쁨 PLEASURE

여호와는 나의 힘이요 노래시며 나의 구원이시로다 그는 나의 하나님이시니
내가 그를 찬송할 것이요 내 아비의 하나님이시니 내가 그를 높이리로다_ 출애굽기 15:2

당신이 이 세상에서 외롭다면 그때가 바로 당신을 버리지도 떠나지
도 않겠다고 약속하신 하나님과 더욱 친밀한 교제를 나눌 수 있는
절호의 기회이다. 왜냐하면 하나님은 완전히 선하고 성실하시기 때
문이다. 그분은 자신의 언약을 깨지 않으신다. 그분의 입에서 나온
것은 절대 바뀌는 법이 없다. 그분은 당신을 장중보옥(掌中寶玉)처
럼 지키겠다고 약속하셨다.

하나님은 정말로 당신에게 관심이 많으시다. 그분이 당신에게 제시
하시는 기준은 분명하다.

"네가 네 안에 거하는 나의 영을 기쁘게 하는 증거는 네가 그리스도
에게 몰두하는 것이다. 너의 생각을 그리스도가 거할 만한 깨끗한
성소로 만드는 것, 그것이 나의 영을 기쁘게 하는 길이다."

이것이 바로 그분의 기준이다.

당신의 영혼 안에 '눈에 보이지 않는 제단'을 만들어라. 하나님의
영이 '정결케 하는 살아 있는 불길'을 일으키시도록 순종하라. 그러
면 그 불길로 인해 그리스도를 향한 당신의 헌신이 그분께 영광을
돌리게 될 것이다.

하나님 이외에 다른 어떤 것이 우리에게 필요한 것은 아니다. 물론 그분
은 우리에게 그분 자신을 주시고 그 밖에 다른 것들도 주실 수 있다. 그러
나 우리가 오직 하나님만 원하는 경지에 도달하기 전에는 우리 속에서 고
독이 사라지지 않을 것이다.

성령 충만한 사람은
지칠 줄 모른다

활력 ENERGY

예수를 죽은 자 가운데서 살리신 이의 영이 너희 안에 거하시면 그리스도 예수를 죽은 자 가운데서
살리신 이가 너희 안에 거하시는 그의 영으로 말미암아 너희 죽을 몸도 살리시리라_ 로마서 8:11

예수님은 성령께 온전히 사로잡히셨기 때문에 피로를 최소화하며 일하실 수 있었다. 인간으로서 피로를 느꼈기 때문에 휴식을 취하고 잠을 자서 기력을 회복하신 것은 사실이다. 그러나 성령님이 예수께 끊임없이 새 힘을 주셨기 때문에 그분은 긴장과 피로에서 벗어나 일하실 수 있었다.

베드로는 "하나님이 나사렛 예수에게 성령과 능력을 기름붓듯 하셨으매(하신 후에) 저가 두루 다니시며 착한 일을 행하시고 마귀에게 눌린 모든 자를 고치셨다"(행 10:38)라고 설명했다.

어떤 그리스도인들은 인간의 정상적인 체력적 능력을 훨씬 뛰어넘는 많은 일을 하면서도 거의 또는 전혀 피로를 느끼지 않는다. 왜냐하면 그들은 육체적인 힘에 의지하지 않고 내주하시는 성령님이 주시는 힘으로 일하기 때문이다. 그들은 참으로 비범한 사람들이다. 하지만 안타까운 것은 이런 사람들이 소수에 불과하다는 것이다!

우리가 성령 충만한 삶을 살 때 성령님의 생명은 우리 육체에도 나타난다. 우리가 성령 충만할 때 성령님은 우리의 마음과 몸의 온갖 기능이 탁월하게 작용될 수 있도록 끊임없는 자극과 힘을 주신다.

신약성경이 가르치는 거룩함을 요구하라

정결한 마음 PURE HEART

깨끗한 양심에 믿음의 비밀을 가진 자라야 할지니_ 디모데전서 3:9

분명히 말하지만 오늘날은 성인(聖人)이 없는 시대이다. 우리가 사람들을 회심시킨다 해도 그들은 신약의 기독교와 거의 닮은 점이 없는 나약한 기독교의 구성원이 될 뿐이다. 오늘날 성경을 믿는다고 고백하는 보통의 그리스도인들은 진정한 성인들을 흉내 내는 불쌍한 사람들이다. 그런데 우리는 이런 변질된 형태의 종교를 지속시키고 그것을 비판하는 사람들을 공격하기 위해 엄청난 액수의 돈을 쏟아 붓는다.

따라서 이제 우리는 한층 더 수준 높은 그리스도인들을 양육해야 한다. 우리는 회심자들에게 신약성경이 가르치는 수준의 거룩함을 요구해야 한다. 우리는 그들에게 마음을 정결하게 하고, 불같이 사랑하고, 세상과 구별되고, 그리스도께 온전히 헌신하라고 가르쳐야 한다. 이렇게 할 때 비로소 현재의 낮은 수준의 영성이 성경과 영원한 가치의 관점에서 인정될 수 있을 만한 수준의 영성으로 올라갈 수 있다.

우리는 '새로운 마음' 과 '정결한 마음' 이 별개임을 기억해야 한다. 이 두 단어는 동의어가 아니다. 하나님을 사랑하는 '새로운 마음' 을 가진 사람도 '정결한 마음' 을 갖지 못한 경우가 생길 수 있다. 자아로 가득한 마음, 칭찬 듣기를 좋아하는 마음, 사람들을 두려워하는 마음을 버릴 때 비로소 '정결한 마음' 을 얻을 수 있다.

절제의 열매를 맺어라

지식에 절제를, 절제에 인내를, 인내에 경건을_ 베드로후서 1:6

신약의 신학은 '절제'라는 아름다운 단어를 의도적으로 사용한다. 선박의 각종 기계가 조화롭게 작동될 때 배는 물살을 가르며 힘차게 앞으로 나아간다. 이때 이 배가 나아가는 방향을 손쉽게 통제하는 사람이 조타수이다. 절제는 사람이 나아가는 방향을 통제하는 조타수와 같다고 말할 수 있다.

절제는 그리스도인의 모든 정신 작용을 조화롭게 통제하며, 그의 전 인격이 그를 향한 하나님의 계획과 조화를 이루도록 만든다. 이렇게 절제로 통제되는 생활에는 지나침이 있을 수 없다.

절제는 자동적으로 주어지지 않는다. 절제가 성령의 열매 중 하나인 것은 사실이다. 하지만 절제가 그리스도인의 인격의 일부분으로 뿌리내리기 위해서는 기도, 성경읽기, 십자가를 지는 것, 혹독한 훈련, 순종 그리고 자기 부정이 필요하다.

인류는 두 종류의 사람들로 양분된다. 육체 가운데 있는 자들은 자기를 위해 살지만, 성령 안에 있는 자들은 그리스도를 위해 산다. 이들 사이에는 아주 근본적인 차이가 존재한다.

세상의 능력과
성령의 능력

가짜 COUNTERFEIT

·

우리는 우리의 영성 수준이 전반적으로 낮다는 사실을 직시해야 할
것이다. 이제까지 우리는 우리 자신을 기준으로 우리를 판단해왔다.
그 결과, 현재 우리 가운데 영성의 수준을 끌어올리겠다는 동기 유
발은 거의 이루어지지 않고 있다.

많은 그리스도인들이 완전히 비성경적인 행태를 일삼고 있다. 역사
적 기독교의 진리에 비추어볼 때 완전히 잘못된 이런 행태는 그리스
도인들의 내적 생명에 파괴적인 영향을 미친다.

그들은 세상을 흉내 내고 인기와 재물을 좇는다. 그들은 주님을 즐
거워하는 대신 세상의 즐거움을 찾는다. 또한 그들은 성령님의 능력
을 구하지 않고 대신 성령님의 능력과 세상적 능력을 혼합한 싸구려
능력을 추구한다. 오늘날의 교회에서는 불타는 떨기나무는 보이지
않고 대신 아마추어 카메라맨이 터뜨리는 카메라 플래시가 난무한
다. 교인들은 오순절에 임하신 성령님의 불을 의지하지 않고 재치
넘치는 사람들을 찾아가 지혜를 구한다.

예수님이 '진리의 영'이라고 부르신 성령님은 아무 목적 없이 이 세상에
오신 것이 아니다. 주님의 사람들이 모이는 곳이면 어디에나 성령님이 계
신다. 성령님은 예수 그리스도와 그분의 말씀을 증거하시며 우리에게 도
덕적 행동을 요구하신다.

현대판 쾌락주의를
배격해야 한다

쾌락주의 HEDONISM

그런즉 어찌하리요 우리가 법 아래 있지 아니하고 은혜 아래 있으니
죄를 지으리요 그럴 수 없느니라_ 로마서 6:15

행복을 추구하는 이기적인 욕망은 다른 어떤 이기적인 욕구 못지않
은 죄악이다. 왜냐하면 그것은 하나님이 용납하지 않으시는 우리의
육체로부터 나온 것이기 때문이다. 슬프지만 "나는 단지 좀 더 행복
해지려는 것뿐입니다"라는 변명을 앞세워 온갖 종류의 악행을 정당
화하는 사람들이 늘고 있다.

이러한 현대의 쾌락주의는 심지어 하나님의 사람들 사이에서도 발
견된다. 복음을 단지 행복과 마음의 평안과 안정을 얻는 수단으로
제시하는 일들이 비일비재하다. 심지어 어떤 신자들은 성경을 심신
의 긴장을 풀어주는 마약처럼 사용하기도 한다.

지금 내가 비판하는 것들이 얼마나 잘못되었는지 알고 싶은가? 그
렇다면 신약성경을 깊이 묵상하며 한 번이라도 제대로 읽어보라. 그
러면 어렵지 않게 깨달을 것이다. 신약은 행복을 가르치지 않고 거
룩함을 가르친다. 하나님은 사람들의 감정 상태보다 그들의 마음 상
태에 더 많은 관심을 가지신다. 물론 하나님은 하나님께 순종하는
자들에게 결국 행복을 허락하신다. 그러나 가장 중요한 것은 행복이
아니라 거룩함이다.

하나님은 우리의 개인적 거룩함을 매우 중요하게 여기신다. 그러므로 우
리는 "너희는 거룩하라"라는 하나님의 명령을 무시해서는 안 된다.

십자가가 당신을
완전히 죽여야 한다

죽음 DEATH

> 우리가 알거니와 우리 옛 사람이 예수와 함께 십자가에 못 박힌 것은 죄의 몸이 멸하여
> 다시는 우리가 죄에게 종노릇 하지 아니하려 함이니_ 로마서 6:6

과거의 영적 거인들은 신앙의 길을 결코 안락한 길로 여기지 않았다. 또한 그들은 희생을 감수하면서 하나님을 섬겼다. 그들은 안락이 아닌 거룩함을 추구했다. 역사책 갈피마다 그들이 흘린 피와 땀이 얼룩져 있다.

현재 우리는 그 시대보다 훨씬 편한 시대를 살고 있다. 그러나 힘들이지 않고 편하게 사는 방법에 정통한 우리에게 화(禍)가 있을 것이다. 책임을 회피하느라 둘러대는 데 탁월한 재주가 있는 자들은 지금 내 말에 콧방귀도 뀌지 않을 것이다. 그러나 내 말을 들으려고 하는 사람들에게 나는 간곡히 말하지 않을 수 없다. 예술가들과 시인들이 그리스도의 십자가를 미화(美化)하는 것이 사실이다. 그러나 지금도 하나님을 애타게 찾는 사람들에게 십자가는 여전히 고통과 죽음의 형구(刑具)이다. 지금도 영적 능력을 얻어 신령한 열매를 맺으려는 사람들에게 십자가의 길은 고통의 가시밭길이다.

십자가의 길을 피하지 말라. 신앙의 길이 편한 길이라고 착각하지 말라. 당신에게 영적 능력이나 신령한 열매가 없어도 당신의 등을 두드려주며 편안히 잠들 수 있게 해주는 교회를 좇아다니지 말라.

십자가가 당신을 완전히 죽여야 한다. 하나님을 찾으라. 거룩함을 좇으라. 십자가의 길에서 당하게 될 일들을 두려워하지 말라.

하나님의 방법은
인간의 방법과 다르다

방법 WAYS

그가 여호와의 능력과 그 하나님 여호와의 이름의 위엄을 의지하고 서서
그 떼에게 먹여서 그들로 안연히 거하게 할 것이라_ 미가서 5:4

자기 십자가를 지고 하나님께 온전히 헌신하기 시작한 그리스도인
은 즉시 갈등과 당혹감에 빠지게 된다. 그렇다고 놀라서는 안 된다.
왜냐하면 하나님의 성품, 인간의 본질 그리고 기독교의 본질을 고려
할 때 이런 갈등과 당혹감은 너무나 당연한 것이기 때문이다.

헌신의 삶을 살기 시작한 사람은 하나님의 방법과 인간의 방법이 다
르다는 것을 알게 된다. 그는 아담의 세계에서 배운 방법이 영적 세
계에서는 거의 도움이 되지 못한다는 것을 알게 된다. 세상에서 시
행착오를 거쳐 그 효과가 입증된 방법이라도 성령님의 일에는 무력
하기 짝이 없다는 것을 알게 된다. '새 아담' 이신 그리스도는 '옛 아
담' 과 타협하지 않으신다. 그분은 그분의 새 피조물들이 세상의 방
법에 따라 사는 것을 허락하지 않으신다. 하나님은 자신의 영광을
다른 존재에게 나누어주지 않으신다. 하나님의 뜻대로 살기 원하는
사람은 그것이 "힘으로 되지 아니하며 능으로 되지 아니하고 오직
나의 신(성령)으로"(슥 4:6) 된다는 준엄한 진리를 깨달아야 한다.

오, 주님! 우리가 얼마나 애썼습니까! 우리가 얼마나 노력했습니까! 그러
나 주님의 영이 위로부터 능력을 주지 않으시면, 우리의 수고는 헛되며 우
리에게 무력한 한숨만 나올 뿐입니다.

성령으로 우리의
본성을 뒤집어라

새 본성 NEW NATURE

너희 마음에 그리스도를 주로 삼아 거룩하게 하고 너희 속에 있는 소망에 관한 이유를 묻는 자에게는
대답할 것을 항상 예비하되 온유와 두려움으로 하고 _ 베드로전서 3:15

우리 안에는 사람들을 기쁘게 해주려는 욕구가 뿌리 깊이 자리 잡고
있다. 그렇다면 어떻게 해야 이런 욕구를 근절할 수 있을까? 어떻게
하면 사람들을 기쁘게 해주겠다는 동기가 아닌 하나님을 기쁘시게
해드리겠다는 동기를 가지고 살아갈 수 있을까?

우리 혼자 힘으로는 이렇게 살 수 없다. 교육, 훈련, 다른 사람들의
도움 또는 그 밖에 어떤 방법을 동원하더라도 우리는 이런 삶을 살
수 없다. 결론적으로 말해서, 우리의 본성을 거꾸로 뒤집어야 이런
삶을 살 수 있다(우리의 본성이 타락했다고 해서 본성의 힘이 약화
된 것은 결코 아니다). 이런 '본성 뒤집기'는 오직 초자연적인 능력
에 의해서만 가능하다.

우리가 살아 있는 신앙으로 복음을 받아들일 때 성령님은 복음의 능
력으로 '본성 뒤집기'를 성취하신다. 성령님은 옛 본성을 새 본성으
로 바꾸어주신다. 정오의 햇빛이 들판을 가득 채우듯 그분의 생명이
우리의 영혼을 가득 채운다. 빛이 어둠을 몰아내듯이 그분은 우리의
옛 사람의 욕구를 몰아내신다.

우리는 우리의 일과 하나님의 일을 혼동해서는 안 된다. 우리는 그분이
일하시도록 준비해야 한다. 우리가 마땅히 행할 것을 행할 때 하늘에서
불이 내려오는 것이다. 하나님이 우리를 거룩하게 하시도록 우리는 우리
자신을 거룩하게 해야 한다. 그분은 바로 이런 방법으로 일하신다.

복음은 세상의 평판에서 우리를 자유롭게 한다

복음 GOSPEL

또 여러 형제가 어린 양의 피와 자기의 증거하는 말을 인하여 저를 이기었으니
그들은 죽기까지 자기 생명을 아끼지 아니하였도다_ 요한계시록 12:11

신앙이 우리의 삶을 어떻게 변화시키는지 생각해볼 때 대략 다음과
같은 과정을 밟는다고 볼 수 있다. 하나님을 알게 되면 우리는 하나
님이 모든 것이 되신다는 것을 갑자기 깨닫게 된다. 이 깨달음은 우
리의 내면적인 삶을 지배할 뿐만 아니라 우리의 모든 판단과 가치관
에 영향을 미친다.

이렇게 되면 우리는 사람들의 평판에서 자유롭게 되며, 우리가 하늘
에 계신 하나님 아버지를 기쁘시게 해드린다는 확신을 가장 소중히
여기게 된다.

하나님을 기쁘시게 해드리는 것을 가장 소중히 여길 때 우리는 세상
의 어떤 어려움도 이겨낼 수 있는 힘을 얻는다. 그렇기 때문에 성인
(聖人)들과 순교자들은 세상 친구들에게 버림을 받으면서도 굳세게
신앙을 지켰다. 세상은 그들의 순교를 비웃고 불쾌하게 여겼지만,
그들은 그리스도를 위해 기꺼이 죽었다. 복음은 폭군과 같은 세상의
평판에서 우리를 자유롭게 해주는 힘이 있다. 이렇게 자유를 얻은
우리는 하나님의 뜻을 행하게 된다.

그리스도에게 드리지 못할 만큼 소중한 것은 없다. 그분의 영광을 드러내
기 위한 일이라면 아무리 큰 희생도 아깝지 않다. 하나님의 영광을 높이
고 하나님의 나라를 확장하는 일을 기뻐하는 사람들이 바로 선한 사람들
이다.

성령님은 부흥의
새 바람을 주신다

부흥 REVIVAL

나는 전능한 하나님이라 너는 내 앞에서 행하여 완전하라
아브람이 엎드린대 하나님이 또 그에게 일러 가라사대_ 창세기 17:1,3

성령님의 생명력이 부흥의 새 바람을 일으키실 때 교회에서는 어떤
일이 일어나는가?

내가 연구하고 관찰한 바에 따르면, 성령님의 부흥의 바람이 불어오
면 대개의 경우 예배가 갑자기 활력을 얻는다. 이런 예배의 활력은
미리 계산된 교묘한 조종이나 대중조작의 결과로 생기는 것이 아니
다. 이것은 하나님을 향한 굶주림과 목마름으로 가득한 사람들에게
하나님이 허락하시는 것이다. 다시 말하지만, 성령님이 우리를 새롭
게 하실 때 우리는 하나님을 사랑하며 예배하고 싶은 마음으로 가득
하게 된다.

우리가 기쁨으로 하나님을 예배할 수 있는 것은 그분이 얼마나 높은
분인지 깨달았기 때문이다. 어떤 기독교 교파나 단체들은 하나님의
모습을 왜곡하고 축소하고 변형했기 때문에 그들에게 그분은 더 이
상 이사야가 본 "높이 들리신" 하나님이 아니시다. 지금 많은 사람
들이 그분에 대하여 잘못 알고 있기 때문에 사람들은 과거와 달리
그분을 전폭적으로 신뢰하지 않는다.

이 땅의 온갖 다른 형태의 생명체들로부터 인간을 구별해주는 특징은 무
엇인가? 그것은 그가 '예배하는 자'라는 점이다. 예배하려는 성향과 예배
할 수 있는 능력을 가진 존재는 인간뿐이다.

성령의 능력은 우리가
하나님을 닮도록 만든다

초자연적 능력 SUPERNATURAL POWER

나는 포도나무요 너희는 가지니 저가 내 안에, 내가 저 안에 있으면 이 사람은 과실을 많이 맺나니
나를 떠나서는 너희가 아무것도 할 수 없음이라_ 요한복음 15:5

주님은 제자들에게 "너희가 능력을 받을 것이다"라고 예언하셨다.
이 능력은 유일무이한 성령님의 감동을 의미한다. 성령님은 신자 안
에 영원히 머물면서 그의 삶의 모든 부분에 영향을 끼치는 초자연적
인 능력을 주신다. 이 능력은 우리의 정신과 육체에 선한 영향을 끼
치지만 이것이 정신적인 능력이나 육체적인 능력은 아니다.

또한 이것은 자연에서 볼 수 있는 능력과는 또 다른 능력이다. 예를
들면 밀물과 썰물을 만들어내는 달의 인력(引力)과도 다르고, 참나
무를 두 쪽 내는 성난 벼락과도 다르다. 하나님이 주시는 이 초자연
적인 능력은 자연의 능력과는 전혀 다른 차원에서 작용하며, 그분의
광대한 피조 세계의 독특한 영역에 영향을 미친다.

이것은 영적 능력이시며, 하나님 자신이 이 능력이시다. 이 능력은
도덕적 영적 목적을 이루는 능력이다. 이 능력의 궁극적 목적은 과
거에는 본질적으로 또한 행위로 악했던 사람들이 하나님의 성품을
닮도록 만드는 것이다.

우리의 성품과 행위를 새롭게 고치는 길은 오직 예수 그리스도 안에서만
발견된다. 깨끗해진 우리의 성전(聖殿) 안에 거하실 수 있는 분은 성전의
주인이신 그리스도뿐이시다.

성령님은 인간의 마음에
직접 작용하신다

작용 OPERATION

저희에게 명하여 가로되 너희는 여호와를 경외하고 충의와 성심으로 이 일을 행하라 …
너희는 힘써 행하라 여호와께서 선한 자와 함께하실지로다 하니라_ 역대하 19:9,11

하나님의 능력은 어떻게 작용하는가? 하나님의 능력은 하나님의 영
이 인간의 영에 직접적으로 영향을 미칠 때 나타난다.

레슬링 선수는 상대 선수에게 물리적인 힘을 가함으로써 선수로서
자신의 목적을 이룬다. 교사는 학생의 머리에 학문적인 개념을 집어
넣어줌으로써 교사로서 자신의 목적을 이룬다. 도덕 선생은 제자의
양심에 도덕적 의무감을 불어넣음으로써 그의 목적을 이룬다. 성령
님은 인간의 영(靈)에 직접 접촉하심으로써 자신의 거룩한 일을 이
루신다.

물론 성령께서 찬송과 설교, 성경본문, 선행, 자연의 신비와 위엄을
이용하실 때도 있다. 그러나 내주하시는 성령님이 인간의 마음에 직
접 작용하실 때 그분의 일은 최종적으로 마무리된다.

성령님의 첫 번째 사역은 우리를 깨끗하게 하시고, 구별하시고, 거룩하게
하시고, 하나님께 우리를 온전히 드리는 것이다. 그런 다음 성령님은 우
리를 하나님의 소유로 취하시고, 오직 그분을 섬기시고, 그분의 영광을 드
러내기 위하여 우리를 사용하신다.

성령님은
영적 감각을 주신다

바람이 임의로 불매 네가 그 소리를 들어도 어디서 오며 어디로 가는지 알지 못하나니
성령으로 난 사람은 다 이러하니라_ 요한복음 3:8

'능력' 이라는 말의 한 가지 의미는 '어떤 일을 이룰 수 있는 힘' 이
다. 영적 능력은 교회와 그리스도인 안에서 일하시는 성령님의 놀라
운 힘이다. 그분의 능력은 우리의 영혼에 영적인 변화를 일으킬 수
있는 확실한 힘이다.

성령님의 능력은 우리의 영혼 속으로 들어와 직접적으로 영향을 미
친다. 휘발성이 강한 향수의 향기가 방안을 가득 채우듯이 그분의 능
력은 우리 지성의 한계를 초월하여 우리의 영혼 안에 가득 퍼진다.

성령님의 능력은 하늘의 것들과 땅의 것들 모두에 영향을 미친다.
그분의 능력은 존재하지 않는 것을 창조하지 않는다. 다만 그분의
능력은 이미 존재하지만 우리의 영혼에 감추어진 것을 드러낸다.

우리가 성령님의 능력을 가장 잘 느낄 수 있는 것은 그리스도의 임
재를 강하게 느낄 때이다. 이럴 때 우리는 그리스도께서 진짜 살아
계신 인격체로서 우리에게 너무나 가까이 계신다는 것을 느끼며 큰
기쁨을 맛볼 수 있을 뿐만 아니라 다른 영적인 일들까지 분명히 깨
닫게 된다.

성령님은 우리 안에 새 생명과 영적 감각을 불어넣어주신다. 그분이 이렇
게 하실 때 우리는 하나님의 생명과 영적 세계를 분별하고 이해하고 그 안
으로 들어간다.

성령님이 활동하시면
우리는 변하게 된다

활동 ACTIVITY

오직 우리 주 곧 구주 예수 그리스도의 은혜와 저를 아는 지식에서 자라 가라
영광이 이제와 영원한 날까지 저에게 있을지어다_ 베드로후서 3:18

성령님이 우리의 마음속에서 활동을 시작하시면 은혜, 죄사함, 정결
케 함 같은 것들이 현실로 다가온다.

성령님이 일하기 시작하시면, 과거에 비현실적으로 느껴졌던 기도
가 실제 존재하는 분과의 대화로 느껴지게 된다. 성령님이 우리의
영혼 가운데 활동하시면, 하나님과 하나님의 자녀들을 향한 사랑이
우리의 마음을 가득 채우게 된다. 우리 자신이 천국에 더 가깝다고
느끼며, 이 땅과 세상은 오히려 비현실적인 것으로 여겨진다.

우리의 모든 삶은 새로운 현실에 적응하기 위해 변하게 되고, 이런
변화는 영구적인 것이 된다. 우리의 영적 상태를 나타내는 그래프에
기복이 생기겠지만, 기본적으로 우리의 영적 곡선은 위를 향하게 되
며, 우리가 딛고 있는 영적 지반(地盤)도 더욱 견고해진다.

이것만이 아니다. 성령님이 활동하실 때 우리는 신약이 말하는 '능
력'이란 것이 무엇인지 제대로 깨닫게 되며, 이 능력과 달리 우리의
능력이 얼마나 미약한지도 뼈저리게 느끼게 된다.

참된 신자는 참된 신앙의 모든 장점을 가지고 출발선상에 서서 전진하게
된다. 그는 노력하고 추구하고 몸부림치고 분투한다. 그는 늘 그리스도의
상급을 목표로 삼는다. 그의 순종이 완벽하지는 않더라도 그는 습관적으
로 순종한다.

성령님은 영적 불이시다

내가 원하는 바 선은 하지 아니하고 도리어 원치 아니하는 바 악은 행하는도다_ 로마서 7:19

성령님은 영적 불이시다. 오직 그분만이 우리의 예배를 진정한 영적 차원으로 이끌어 올리실 수 있다. 윤리와 도덕이 아무리 고상한 것이라고 해도 기독교가 단지 윤리와 도덕의 차원에서 끝나는 종교는 아니다.

예수 그리스도를 믿는 신앙은 우리의 영혼을 하나님과 교제할 수 있는 차원까지 끌어올린다. 하늘이 땅보다 높은 것처럼 기독교 신앙은 이성(理性)을 초월한다. 이성을 초월하는 체험이 우리에게 가능한 것은 바로 기독교 신앙 때문이다.

초대교회의 그리스도인들은 사실을 논리적으로 따져본 후에 기뻐한 것이 아니었다. 다시 말해서 그들은 "그리스도께서 죽은 자들 가운데서 부활하셨다. 그러므로 우리는 기뻐해야 한다"라는 논리적 추론 때문에 기뻐한 것이 아니다. 그들의 기쁨은 부활처럼 하나의 기적이었다. 사실, 그리스도인들의 기쁨은 그리스도의 부활과 불가분리(不可分離)의 관계가 있다. 창조주의 기쁨이 구속(救贖)받은 자들의 가슴 속에 들어와 자리 잡았기 때문에 그들은 기뻐하지 않을 수 없다.

구속받은 자의 영혼이 아무런 방해도 받지 않고 지속적으로 하나님과 사랑과 생각을 주고받을 수 있다는 것이 신앙의 본질이다. 이 얼마나 가슴 설레는 일인가!

성령님은 지적 불이시다

간절한 마음으로 말씀을 받고 이것이 그러한가 하여 날마다 성경을 상고하므로_ 사도행전 17:11

성령님의 불은 또한 지적(知的) 불이기도 하시다. 신학자들에 따르면, 지성은 하나님의 속성 중 하나이다. 성령님에 대한 깊은 체험과 인간 지성의 지고(至高)의 성취를 서로 상충(相衝)하는 것으로 볼 필요는 없다.

그리스도인의 지성이 그 본래 한계에 묶여 있어야 한다는 생각은 버려라. 그리스도인의 지성이 하나님께 복종하기만 한다면 얼마든지 지성의 잠재력을 발전시켜도 괜찮다.

성령님의 영향력 밖에 있는 지성은 치명적 결과를 초래할 수 있다. 탁월한 지성의 소유자가 하나님을 두려워하는 지혜를 갖지 못한다면 세상을 피로 물들일 수 있다. 이런 사람이 사악한 사상을 이 땅 위에 퍼뜨린다면 그가 죽은 후에도 여러 세기 동안 인류에게 큰 재앙을 안겨줄 것이다.

그러나 성령 충만한 지성은 하나님을 기쁘시게 해드리고 선한 사람들에게 유익을 준다.

하나님이 일하시는 방법은 이렇다. 우선 그분은 우리에게 구원의 사실을 깨닫게 하신다. 그 다음 우리에게 '불 세례'를 보내신다.

성령님은 의지의 불이시다

주는 영이시니 주의 영이 계신 곳에는 자유함이 있느니라_ 고린도후서 3:17

성령님은 또한 '의지(意志)의 불'이시다. 지금 나는 성령님을 '불'로 표현했는데, 다른 모든 경우와 마찬가지로 지금 이 경우에도 이것은 상징적 표현이다. 무릇 상징이라는 것이 모든 진리를 다 표현할 수 있는 것은 아니기 때문에, 우리가 조심하지 않으면 상징 때문에 잘못된 개념에 빠질 수도 있다. 우리가 잘 알듯이, 불은 살아 있는 인격체(人格體)가 아닌 물질이기 때문에 불에 의지가 있을 수 없다.

그러나 성령님은 인격체이시기 때문에 인격체의 속성 중 하나인 의지를 가지고 계신다. 성령님이 인간의 영혼 안으로 들어오실 때 그분의 어떤 속성도 무효화되지 않는다. 인간의 영혼 안으로 들어오신 그분은 자신의 어떤 속성도 인간의 영혼에게 양도하지 않으신다. 왜냐하면 그분이 주님이시기 때문이다.

절대 주권을 가진 주님이 자신의 신성(神性)에 속하는 속성을 포기하신다는 것은 있을 수 없는 일이다. 어디에 계시든지 그분은 그분의 본질에 따라 행동하신다. 그분이 본질적으로 주님이시기 때문에 인간의 마음에 들어오셔도 그분은 이전과 마찬가지로 주님이시다.

살아 있는 신앙을 가진 사람은 자신의 모든 것을 온전히 그리스도의 처분에 맡긴다.

잠잠히 기다리라

이 약속은 너희와 너희 자녀와 모든 먼 데 사람 곧 주 우리 하나님이 얼마든지
부르시는 자들에게 하신 것이라_ 사도행전 2:39

대략적으로 말해서, 성령님의 약속 기간은 세례 요한의 때부터 우리
주님의 부활 때까지이다.

이 기간의 특징은 무엇인가? 이 기간에는 제자들이 있었고, 그들은
주님께 사명을 위임받고 그분의 지시를 들었으며, 주님께서 주신 직
권과 권세를 사용했다. 그들은 주님을 알고 사랑했다. 그들은 그분
이 살아 계신 것과 주님의 죽음과 주님의 부활을 목격했다. 주님은
그들과 함께 계시는 기간 동안 줄곧 그들에게 기대감을 심어주셨다.
주님은 그들에게 "아버지 하나님께서 너희에게 많은 복을 주셨기
때문에 너희가 현재 많은 것을 누리고 있다. 그런데 앞으로 너희에
게 새롭고 더 큰 능력이 주어질 것이다. 이것은 너희가 이제까지 맛
보았던 어떤 능력보다도 강력한 것이다"라는 취지로 말씀하셨다.

성령님의 능력을 받기 위한 준비 기간은 주님의 부활로부터 시작된
다. 제자들은 주님의 특별한 명령에 따라 그들의 외부 활동을 중지
했다. 왜냐하면 주께서 "너희는 위로부터 능력을 입을 때까지 이 성
에 유하라"(눅 24:49)라고 명하셨기 때문이다. 그렇다! 때로는 기다
려야 한다. 아무 데도 가지 않는 것이 더 멀리 가는 것일 때가 있고,
전혀 움직이지 않는 것이 더 빨리 움직이는 것일 수 있다.

오, 나의 영혼아! 주님 앞에서 잠잠히 기다리라.

A.W. TOZER

Part 4
GUIDANCE
인도

우리는 성령님을 공경하는가? 오늘날

우리는 성령님이 우리 가운데 이루려

고 하시는 것을 이루시도록 순종하는

가? 많은 사람들이 성령님의 지혜롭고

효과적인 인도에 따르지 않으면서 교

회에서 지도자 행세만 하려고 애쓰는

것 같다. 성령님은 지혜와 지식의 영

이시다. 오직 그분만이 살아 계신 하

나님의 은혜로운 임재를 우리의 삶과

사역 속에 허락하실 수 있다.

성령님과
인격적으로 만나라

이를 인하여 내가 또 이 고난을 받되 부끄러워하지 아니함은 나의 의뢰한 자를 내가 알고
또한 나의 의탁한 것을 그 날까지 저가 능히 지키실 줄을 확신함이라_ 디모데후서 1:12

'어떤 것을 아는 것'(knowing)과 '어떤 것에 대하여 아는 것'(knowing about)은 구별되어야 한다. 특히 다른 어떤 체험의 영역에서보다 신앙의 영역에서 더욱 그렇다. 비유를 들어 말하자면, 신앙의 영역에서 전자는 음식을 실제 먹는 것이고 후자는 음식에 대한 지식을 쌓는 것이다. 기독교에 관한 역사적인 사실들을 전부 아는 사람이라고 해도 영적으로는 죽은 사람일 수 있다.

"영생은 곧 유일하신 참하나님과 그의 보내신 자 예수 그리스도 '를' 아는 것이니이다"(요 17:3).

얼마나 귀한 말씀인가! 그러나 여기에서 한 단어를 바꾸면 의미는 완전히 달라진다.

"영생은 곧 유일하신 참하나님과 그의 보내신 자 예수 그리스도 '에 대하여' 아는 것이니이다."

이것은 더 이상 귀한 말씀이 아니다. 적어도 이 문장에서는 '를'과 '에 대하여'의 차이가 생명과 죽음을 가른다.

우리가 성령님에 대해 배웠다고 해서 성령님을 안다고 착각해서는 안 된다. 인격적인 관계 속에서 그분을 만날 때 우리는 비로소 그분을 알 수 있다.

성령님이 없는 사람에게는 구원이 없다. 오직 영원한 성령님만이 영원한
구원을 주실 수 있다.

우리 안으로
침투하시는 성령님

침투성 PENETRABILITY

보혜사 곧 아버지께서 내 이름으로 보내실 성령 그가 너희에게 모든 것을 가르치시고
내가 너희에게 말한 모든 것을 생각나게 하시리라_ 요한복음 14:26

우리는 성령님이 어떤 분이라고 알고 있는가? 성경과 기독교 신학
에 따르면, 그분은 인격적인 존재이기 때문에 지성(知性)과 감정(感
情)과 의지(意志)를 모두 갖고 계신다. 그분은 사리를 분별하고, 어
떤 것을 원하고, 어떤 대상을 사랑하고, 애정이나 거부감이나 동정
심을 느끼신다. 다른 인격체들과 마찬가지로 그분도 생각하고 보고
듣고 말하고 행동하신다.

성령님의 속성 중 하나는 침투성(浸透性)이다. 이것은 특히 성령님
을 찾는 사람들에게 중요하며, 그들의 관심을 끌 만한 속성이다. 그
분은 우리의 마음속으로 침투해 들어오실 수 있다. 그분은 인간의
영 안으로 침투해 들어오실 수 있다. 그분은 인간의 영 안으로 들어
와 교제를 나누실 수 있다. 인간의 영 안으로 들어오신 그분은 인간
의 본질적 속성들을 제거하지 않고도 인간의 마음 안에 그분의 거처
를 정하신다. 성령님이 인간의 영 안에 거하신다 해도 인간 인격의
온전함은 전혀 손상되지 않는다. 성령님이 우리 안에 들어오실 때
쫓겨나는 것은 오직 인간의 악(惡)뿐이다.

우리가 본성에 따를 때 우리는 죄와 짝하게 된다. 그러나 우리가 그리스
도와 연합하여 그분의 죽음과 부활에 동참할 때 그리고 성령님이 오셔서
우리 안에 거하실 때 우리는 죄에서 벗어나며 죄의 존재와 능력에 대하여
죽는다.

성령님이 우리의 생각을 지배하시도록 하라

모든 이론을 파하며 하나님 아는 것을 대적하여 높아진 것을 다 파하고
모든 생각을 사로잡아 그리스도에게 복종케 하니_ 고린도후서 10:5

우리의 영적 상태를 점검하는 방법은 무엇인가? 그것은 지난 몇 시간 또는 며칠 동안 어떤 생각들이 우리의 머릿속을 꽉 채우고 있었는지 확인하는 것이다. 즉, 우리가 자발적으로 원해서 하는 생각들이 어떤 것이었는지를 알아보는 것이다. 우리 마음이 어느 쪽으로든지 향할 수 있는 자유가 주어질 때 그 마음이 어디로 향하는가?

우리가 생각의 새를 날려 보냈을 때, 그것이 큰 까마귀처럼 날아 물 위로 떠오른 짐승의 시체 위에 앉는가? 아니면 비둘기처럼 선회하다가 하나님의 방주로 되돌아오는가? 이런 시험을 해보는 것은 결코 어려운 일이 아니다. 스스로 정직히 이런 시험에 임한다면 우리는 우리가 어떤 사람인지 깨달을 뿐만 아니라 앞으로 우리가 어떤 사람이 될 것인지도 알게 될 것이다.

조만간 우리는 우리의 머릿속을 지배하고 있는 생각들이 만들어낸 존재로 변해 있을 것이다.

●

성령께서 우리의 모든 삶을 지배하시도록 순종하라. 그러면 그분의 생각들이 우리의 생각들을 움직이고 그분의 빛이 우리에게 깨달음의 빛을 비추어주시기 때문에 우리의 사고(思考)와 인식이 평안과 진실 가운데 거할 것이다. 이렇게 될 때 우리는 하나님과 늘 동행하면서 하나님을 기쁘게 해드릴 것이다.

성령님의 음성을 들으라

내가 하나님 여호와의 하실 말씀을 들으리니 대저 그 백성, 그 성도에게 화평을 말씀하실 것이라 저희는 다시 망령된 데로 돌아가지 말지로다_ 시편 85:8

언젠가 뉴욕 시의 한 교회의 정오 예배에 참석했다. 그 예배에서 들은 설교 말씀 중에 영원히 잊지 못할 부분이 있었다.

그날 설교를 맡은 목사님은 이렇게 말씀했다.

"복음의 메시지를 들은 사람은 누구나 성령님의 조명(照明)을 받았다고 믿는 경향이 있습니다. 그러나 이런 생각은 잘못된 것입니다. 설교자가 외치는 성경의 진리를 들었다고 해서 반드시 성령님의 조명을 받은 것은 아닙니다."

성령님의 조명을 받으려면 내면으로부터 하나님의 음성을 들어야 한다. 즉, 우리의 영혼 안에서 하나님의 영(靈)이 소리 없이 말씀하셔야 한다.

우리의 내면에서 들리는 성령님의 음성을 묵살하는 것은 치명적인 결과를 가져올 수 있다. 우리는 이 사실을 깊이 명심해야 한다. 내면에서 들리는 양심의 소리에 귀를 막는 것은 위험하다. 다시 말하지만 우리의 영혼에게 말씀하시는 성령님의 음성을 계속 무시하는 것은 끔찍한 결과를 낳을 수 있다.

성령님의 음성이 들리지 않는다면, 그것은 그분이 말씀하시지 않기 때문이라기보다 우리가 듣지 않기 때문이다.

성령님의
내적 조명이 필요하다

조명 ILLUMINATION

성령이 친히 우리 영으로 더불어 우리가 하나님의 자녀인 것을 증거하시나니_ 로마서 8:16

찰스 웨슬리는 "주님의 영이 그리스도의 보혈을 증거하네. 주님의 영이 내가 하나님께로부터 났음을 내게 말씀해주시네"라는 찬송가 가사를 썼다. 예수님은 "나의 뜻을 행하려는 의지가 있는 사람들의 마음에 깨달음이 있으리라. 하나님의 자녀임을 증거하는 내적 조명(照明)이 있을 것이다"라는 취지의 말씀을 하셨다.

어떤 죄인이 교회로 가서 목회자를 만난다. 중요한 성경구절마다 밑줄을 잔뜩 그어놓은 성경을 지닌 목회자가 그를 설득하여 마침내 예수님을 믿겠다는 다짐을 받아낸다. 하지만 그가 교회를 떠나 두 블록만 걸어가면 마귀가 다시 그를 설득해서 불신앙으로 떨어뜨릴 것이다. 그러나 그리스도의 보혈을 증거하시는 성령님이 죄인에게 내적 조명을 주신다면 누구도 그의 생각을 바꾸어놓을 수 없다. 사탄과 온 세상이 달려들어서 그를 설득하려고 애를 써도 그는 "그러나 나는 진리가 무엇인지 안다"라고 답할 것이다.

성령님의 내적 조명을 받은 사람은 완고한 것이 아니고 무지(無知)한 것도 아니다. 그는 확신에 차 있을 뿐이다. 확신에 찬 사람이 정상적인 그리스도인이다. 하나님의 뜻을 행하겠다고 결심한 사람은 진리를 깨달을 것이다. 이것이 바로 기독교이다.

●

당신이 하나님의 친구가 된다면 하나님은 당신의 영원한 친구가 되실 것이다. 그 무엇도 당신을 하나님의 사랑에서 떼어놓을 수 없을 것이다.

성령님은
진리를 깨닫게 하신다

깨달음 ENLIGHTENMENT

하나님께 감사하리로다 너희가 본래 죄의 종이더니
너희에게 전하여 준바 교훈의 본을 마음으로 순종하여_ 로마서 6:17

정직한 마음으로 성경을 읽고 정직하게 판단하라. 그러면 당신에게
는 순종을 선택하여 진리를 깨달을 것인지 아니면 불순종을 선택하
여 영적 맹목(盲目)에 머물 것인지 양자택일밖에 남지 않는다는 것
을 알게 될 것이다. 당신이 아무리 교묘한 논리를 만들어낸다 할지
라도 이 사실을 부인할 수는 없다. 당신이 로마서를 완전히 암송했
더라도 영적으로 무지할 수 있다. 당신이 시편을 척척 인용하면서
말한다고 해도 여전히 영적으로 무분별할 수 있다. 당신이 이신칭의
(以信稱義) 교리를 알고 있다고 해도 영적으로 눈먼 상태에 있을 수
있다. 영적 깨달음을 주는 것은 진리 자체가 아니라 '진리의 영' 이
신 성령님이시다.

만일 당신이 주 예수께 순종하겠다는 마음을 먹는다면 그분은 당신
의 영혼에 깨달음의 빛을 비추어주실 것이다. 그분은 당신에게 내적
조명을 허락하실 것이다. 당신은 이제까지 당신이 지식으로 알고 있
던 진리를 영적으로 깨닫게 될 것이다. 능력이 샘솟듯 솟아나며 너
무나 놀랍게 변화할 것이다.

하나님은 완전하고 거룩한 목적을 위해 일하신다. 이 거룩한 목적은 바로
그분 자신이다. 그분은 우리의 영혼과 우리 영혼의 모든 능력을 이 거룩
한 목적, 즉 그분 자신을 위해 사용하신다.

믿음과 순종을 통해 산 진리가 된다

진리 TRUTH

그러므로 예수께서 자기를 믿은 유대인들에게 이르시되 너희가 내 말에 거하면 참 내 제자가 되고
진리를 알지니 진리가 너희를 자유케 하리라_ 요한복음 8:31,32

우리는 성령님이 주시는 내적(內的) 조명을 통해 진리를 깨달아야
한다. 성령님의 조명하심으로 우리는 비로소 진리를 알 수 있다. 그
전까지는 알 수 없다.

나는 예수님의 산상보훈을 모두 암송하는 소년이 외국에 있다는 이
야기를 선교사들로부터 들었다. 이 소년이 장시간에 걸쳐서 힘들이
지 않고 산상보훈을 모두 암송하는 것을 보고 누군가 그를 불러서
"어떻게 산상보훈을 다 외울 수 있었느냐?"고 물었다. 그 소년이 대
답했다.

"산상보훈의 한 구절을 암송한 후에 '하나님! 제가 이 말씀을 실천
할 수 있도록 도와주소서' 라고 기도하며 하나님을 신뢰했습니다.
그런 다음 그 다음 구절을 암송하고 역시 똑같은 기도를 드렸습니
다. 이런 과정을 반복하여 산상보훈을 전부 암송할 수 있었습니다."

이 소년은 진리를 자기 것으로 만들었던 것이다. 그는 진리를 단지
머릿속에 차곡차곡 쌓아놓는 객관적인 지식이라고 여기지 않았다.
그는 진리를 우리의 행동 기준으로 삼아 순종해야 한다고 믿었다.
우리가 진리를 믿고 그것에 순종할 때 진리는 우리 안에서 살아 있
게 된다.

당신은 그리스도께 진정으로 순종하기 원하는가? 그렇다면 그분을 온전
히 영접하라. 그리고 그분의 관심이 당신의 관심이 되고 그분의 뜻이 당
신의 골수(骨髓)에 박힐 정도로 그분과 연합하라.

성령 없는 말씀과
말씀 없는 성령

극단 EXTREMES

> 그가 그 조물 중에 우리로 한 첫 열매가 되게 하시려고 자기의 뜻을 좇아
> 진리의 말씀으로 우리를 낳으셨느니라_ 야고보서 1:18

어떤 사람들은 "우리가 예수님 시대에 살았다면 얼마나 좋았을까!
예수님의 음성과 교훈을 직접 들을 수 있었을 것이다"라고 말하곤
한다. 그러나 그들은 예수님 당시 수많은 사람들이 예수님의 말씀을
듣고도 전혀 이해하지 못했다는 점을 망각하고 있다. 그들은 예수님
의 제자들조차 오순절 성령 강림 사건 이후에야 비로소 예수님의 말
씀을 이해할 수 있었음을 잊고 있다.

당신도 "예수님의 말씀을 직접 들었다면 얼마나 좋았을까!"라고 말
할지도 모른다. 그러나 당신이 예수님 당시에 살지 않고 지금 이 시
대에 살고 있는 것이 더 복된 일인지도 모른다. 왜냐하면 모든 사람
들에게 비취는 빛(성령의 조명)이 당신에게도 허락되었기 때문이
다. 또한 당신에게 내면으로부터 들려오는 양심의 음성까지 주셨다.

어떤 사람들은 D. L. 무디나 A. B. 심슨의 설교를 직접 듣지 못한 것
을 매우 아쉬워한다. 그러나 당신이 녹음테이프에 담긴 사도 바울의
설교를 듣는다고 해도 그의 설교에서 아무 유익도 얻지 못할 수 있
다. 왜냐하면 성령님이 함께하지 않으시면 인간의 양심이나 당신의
손안에 있는 성경도 무용지물이 될 것이기 때문이다.

우리는 마음속에 있는 빛의 음성을 들었다. 그리스도인은 내면의 음
성에 귀를 기울이고 순종해야 한다.

●

우리는 두 가지 극단을 피해야 한다. 하나는 성령 없는 말씀이고, 다른 하
나는 말씀 없는 성령이다. 전자는 메마르고 죽었으며, 후자는 불완전하다.

하나님의 음성에
귀를 기울여라

양심 CONSCIENCE

나의 깨닫지 못하는 것을 내게 가르치소서 내가 악을 행하였으면
다시는 아니하겠나이다 한 자가 있느냐_ 욥기 34:32

내면에서 들리는 음성, 즉 인간의 양심의 소리를 묵살하는 것은 치명적인 결과를 초래할 수 있다. 예를 들어 어떤 사람들은 거짓말하는 습관에 거세게 항의하는 양심의 소리를 묵살한다. 양심은 부정직, 질투 또는 그밖에 다른 죄들에 대해 우리를 꾸짖을 수 있다.

양심에 저항하고 내면의 목소리를 무시하는 것은 위험을 자초하는 일이다. 그러므로 당신의 가장 깊은 내면에서 말씀하시는 주님의 음성에 귀를 기울여라. 당신 안에서 들리는 양심의 소리에 대하여 당신은 그 누구도 탓할 수 없다. 그것은 바로 당신의 양심의 소리이다. 양심은 당신에게 "책임질 사람은 바로 너다"라고 외친다. 양심의 소리에 직면할 때 당신은 쥐구멍을 찾게 될 것이다.

나는 우리에게 양심을 주신 하나님께 감사한다. 이 세상에 양심과 하나님의 음성이 없다면 우리는 모두 빠르게 짐승처럼 변할 것이다. 이 음성은 군중을 상대로 하지 않고 오직 당신을 상대로 설교한다. 이 음성이 당신에게 말씀할 때, 회피하지 말고 반응하라.

중요한 것은 당신 자신의 음성을 듣는 것이 아니라 하나님의 음성에 조용히 귀를 기울이는 것이다.

성령님의 조언은 겸손하게 만든다

여호와여 영광을 우리에게 돌리지 마옵소서 우리에게 돌리지 마옵소서
오직 주의 인자하심과 진실하심을 인하여 주의 이름에 돌리소서_ 시편 115:1

어떤 사람이 옵티노의 마카리우스 (Macarius of Optino, 1834~1860. 러시아 정교회의 영성주의자로서 그의 신앙서신이 유명하다)에게 그의 조언이 큰 도움이 되었다는 감사의 편지를 썼다. 그러나 마카리우스는 이런 답장을 보냈다.

"내가 도움이 된 것이 아닙니다. 잘못된 것이 있다면 모두 내 탓입니다. 모든 좋은 조언은 하나님의 영이 주신 것입니다. 나는 성령님의 조언을 제대로 듣고 그대로 전한 것뿐입니다."

여기서 우리는 너무나 귀한 교훈을 배우지 않으면 안 된다. 그것은 "잘못된 것이 있다면 모두 내 탓입니다"라는 말에서 드러나는 이 하나님의 사람의 겸손이다. 그는 자신의 노력이 한갓 실수로 끝날 수도 있음을 잘 알고 있었다. 또한 그는 그의 조언이 도움이 되었다면 그것은 어디까지나 자기 안에서 일하시는 성령님이 주신 것임을 확신했다.

그러나 마카리우스의 겸손은, 심지어 아주 교만한 사람들도 가끔 느낀다는 일시적인 자기 비하(自己卑下)의 감정이 아니다. 그것은 자기의 무가치함을 인정하고 하나님만을 높이는 오랜 습관에서 나온 겸손이다. 이 진정한 겸손이 그의 모든 삶을 지배했다.

겸손은 그 사람의 경건함을 보여주는 결정적인 증거이다. 겸손은 경건의 본질적 요소이다. 거듭난 사람의 새로운 본성을 가장 잘 드러내는 덕목 중 하나도 바로 겸손이다. 우리의 마음이 전능하신 하나님의 능력에 의해 변화될 때 우리는 그리스도를 닮아 어린아이처럼 겸손해질 수 있다.

우리는 성령님의 영향을 너무 적게 받는다

영향력 INFLUENCE

우리를 다시 살리사 주의 백성으로 주를 기뻐하게 아니하시겠나이까 시편 85:6

우리에게는 부흥이 필요하다. 죽기까지 헌신하는 부흥이 필요하다. 기쁜 마음으로 하나님의 뜻에 순종하는 부흥이 필요하다. 이렇게 될 때 우리는 자기 희생도 개의치 않게 될 것이다. 그리고 날마다 십자가를 지고 수고하는 것을 특권으로 여기게 될 것이다.

우리는 세상의 영향을 너무 많이 받고, 성령님의 영향을 너무 적게 받는다. 세상 돌아가는 이야기를 너무 잘 아는 우리는 안락한 삶의 유혹에 넘어가기 쉽다. 이 시대 또한 쾌락을 사랑하는 시대로 전락해버릴 위험에 처해 있다.

나는 하나님께서 안락과 쾌락을 추구하지 않고 더 큰 목적을 위해 헌신할 사람들을 많이 보내주시기를 기도한다. 나는 세상에서 잘 나가는 어떤 평신도를 알고 있는데, 그는 마땅히 누려야 할 여행의 즐거움조차 거절하고 주일학교 학생들을 돌보는 일에 헌신하고 있다. 나는 하나님께서 이런 사람들을 많이 보내서서 애굽의 수치가 물러가게 하시고 사람들로부터 신뢰를 회복하는 날이 돌아오기를 기도한다.

거룩한 삶은 모든 면에서 성경에 충실한 삶이다. 성경말씀이 우리 귀에 들린다. 그 다음 우리의 마음이 움직인다. 그리고 우리가 발을 옮겨 행동한다. 이것이 거룩한 삶이다.

진정한 겸손이란 무엇인가?

진정한 겸손 TRUE HUMILITY

심령이 가난한 자는 복이 있나니 천국이 저희 것임이요_ 마태복음 5:3

정말 겸손한 사람은 자기 안에서 선한 것을 찾으려고 하지 않는다. 따라서 자기 안에서 선한 것이 발견되지 않는다고 해도 실망하지 않는다.

이런 사고방식이 그의 무의식까지 지배할 정도로 그에게 깊숙이 뿌리내릴 때, 그는 자신의 기대에 부응하는 삶을 살기 위해 발버둥쳐야 한다는 부담감에서 해방된다. 자기 안에 선한 것이 없음을 뼈저리게 깨달은 사람, 그 사람의 삶의 중심은 어느새 자신에게서 그리스도로 바뀐다. 또한 그는 과거에 그를 가로막았던 수천 가지 장애물들 없이, 오직 하나님의 뜻에 따라 그의 시대의 사람들을 섬길 수 있는 자유를 얻게 된다.

이런 사람은 하나님을 실망시키는 잘못을 범할 때 후회하며 회개한다. 하지만 자신의 실패를 언제까지나 자책하는 어리석은 행동은 하지 않는다. 그는 로렌스 형제처럼 "하나님, 저를 혼자 버려두시면 저는 이렇게 될 수밖에 없습니다. 제가 넘어지는 것을 막고 잘못된 것을 고치셔야 할 분은 하나님이십니다"라고 기도할 것이다. 그런 다음 로렌스 형제처럼 자기 잘못에 대하여 더 이상 개의치 않게 될 것이다.

겸손은 그리스도인의 성품의 필수 요소 중 하나이다. 따라서 겸손이 없다면 그의 성품 전체가 무너지고 만다.

침묵이 죄가 될 수 있다

침묵의 죄 GUILTY SILENCE

대저 여호와는 지혜를 주시며 지식과 명철을 그 입에서 내심이며 그는 정직한 자를 위하여
완전한 지혜를 예비하시며 행실이 온전한 자에게 방패가 되시나니_ 잠언 2:6,7

한 발 뒤로 물러서서 역사를 거시적으로 보면 지금 우리 교회가 어
떤 상태에 빠져 있는지 알 수 있다. 지금 교회는 값으로 환산할 수
없을 정도로 귀중한 지혜를 잃어버릴 위험에 처해 있다. 왜냐하면
교회의 금(金)이 구리로, 교회의 다이아몬드가 유리로 변하고 있기
때문이다.

자신이 성경을 믿노라 목청을 높이는 사람들조차 그들의 실제 삶 속
에서 성경의 영향을 받지 않고 살아간다. 소설, 영화, 레크리에이션,
종교적 오락, 헐리우드 스타들에 관한 이야기, 대기업의 상술(商術),
얄팍한 처세술이 교회로 밀려들고 있다. 성령님이 근심하시며 이런
혼란스러운 상황을 지켜보시지만 아직까지 빛은 비춰지 않는다. 부
흥회가 열리지만 구조적인 악(惡)을 개선하고 지역 사회의 도덕적
수준을 끌어올리고 신자들의 삶을 정화하려는 노력은 보이지 않는
다. 그 이유는 무엇인가?

하나님의 자녀들 중 너무나 많은 사람들이 침묵하는 죄를 범하기 때
문이 아닌가? 그리스도의 진리에 눈뜬 사람들이 목소리를 내고 행
동에 나설 때 하나님께서는 진리의 편에 서서 싸우실 것이다.

침묵을 지키는 것이 비도덕적인 일이 되고, 아무런 행동을 하지 않는 것이
악(惡)이 될 수 있는 상황이 발생한다.

육체의 소욕과
성령의 소욕

그런즉 너희는 하나님께 순복할지어다 마귀를 대적하라 그리하면 너희를 피하리라_ 야고보서 4:7

진리는 영광스럽지만 엄한 여왕과 같다. 진리는 다른 사람과 상의하지도 않으며 협상도 타협도 모른다. 다만 높은 자리에 앉아 "너희가 은을 받지 말고 나의 훈계를 받으며 정금보다 지식을 얻으라"(잠 8:10)라고 소리칠 뿐이다. 이제 나머지는 이 말을 듣는 각 사람의 선택에 달려 있다. 그들은 이 말을 받아들이든지 아니면 거부해야 한다.

만일 이 세계가 타락하지 않았다면 진리의 길이 평탄하고 쉬울 것이다. 만일 인간의 본성이 부패하지 않았다면 하나님의 길과 인간의 길 사이에 충돌이란 없을 것이다.

천국에서는 백만 년이 흘러도 천사들의 의지와 하나님의 의지 사이에 충돌이 일어나지 않을 것이다. 그러나 이 땅에서는 사정이 다르다. 이 땅에서는 육체의 소욕이 성령을 거스르고 성령의 소욕이 육체를 거스르기 때문에 서로 적대적이다.

이런 적대적 관계에서 나올 수 있는 결과는 오로지 하나이다. 그것은 우리가 굴복하고 하나님이 자신의 뜻을 이루시는 것이다.

●

우리가 하나님을 만나서 온전한 자기 부정을 통해 그분의 의지에 굴복하고 그분의 완전한 평안 속으로 들어가는 순간이 우리의 삶 속에 찾아올 수 있다.

내가 정말
회심한 사람인가?

회심 CONVERSION

영혼 없는 몸이 죽은 것같이 행함이 없는 믿음은 죽은 것이니라_ 야고보서 2:26

나는 '더욱 성숙한 그리스도인의 삶과 체험'이 필요하다고 믿는다. 그러나 불완전한 기준에 따라 불완전하게 얻은 불완전한 구원에 '더욱 성숙한 그리스도인의 삶과 체험'을 덧붙이려는 시도는 잘못된 것이다.

자기의 모든 것을 하나님께 내어드리지 않고도 예수 그리스도를 주님으로 영접했다는 사람을 볼 수 있다. 오늘날 우리는 이런 사람이 장차 성숙한 그리스도인으로 성장하리라는 전제 아래 그를 구원받은 사람으로 인정해준다. 그의 구원이 완전한 구원인지 아닌지 묻지 않고서 말이다. 그러나 이런 사람이 성령 충만한 존 웨슬리가 인도하는 집회에 참석했다면 절대 "나는 그리스도인입니다"라고 말할 수 없었을 것이다.

우리가 그리스도께 순종할 의무가 없다고 말할 수 있는가? 우리가 그리스도께 구원해달라고 소리친 그 순간부터 우리에게는 그분께 순종해야 할 의무가 생겨난다. 만일 우리가 그분께 순종하지 않는다면 우리는 "내가 정말 회심한 사람인가?"라고 물어야 할 것이다.

우리가 예수 그리스도를 믿는다고 할 때 우리는 주(主) 예수 그리스도를 믿는 것이다. 그분은 우리의 구주(救主)이시며 또한 주인이시다. 주(Lord)가 되시는 그리스도를 빼놓고 구주(Savior) 그리스도만을 믿을 수는 없다.

자기 중심적인 삶과
성령 충만한 삶

자아 중심성 SELF-CENTEREDNESS

·

또한 너희 지체를 불의의 병기로 죄에게 드리지 말고 오직 너희 자신을 죽은 자 가운데서
다시 산 자같이 하나님께 드리며 너희 지체를 의의 병기로 하나님께 드리라_ 로마서 6:13

지금 나는 사도들이 성령님의 인도를 받는 삶을 살았다는 것을 강조
하고 싶다. 그들은 끊임없이 결정과 판단을 번복하는 조급하고 충동
적인 사람들이 아니었다. 성령님의 인도를 받았던 그들은 언제나 하
나님이 원하시는 것을 행하기 원했다. 하나님이 원하셨던 것은 하나
님의 전체적인 구속(救贖)의 계획과 신약에 나타난 하나님의 온전
한 뜻에 부합하는 것이다.

따라서 우리는 베드로가 그의 충동적이고 변덕스러운 성격을 극복
하기 전에는 하나님께 별로 쓸모없는 사람이었다고 말할 수 있다.
그러나 그가 성령으로 충만하고 하나님의 환상을 보고 그리스도를
위해 고난을 당하기 시작했을 때 그는 온유해졌고, 신약에서 바울
다음으로 위대한 사도가 되었다. 하나님이 그의 불같은 성격을 고쳐
서 차분한 마음을 주셨을 때 그는 주님을 위해 온전히 일하여 열매
를 맺었다.

우리는 스스로 자기 중심적인 삶을 살고 있다는 것을 깨달아야 한다. 또
한 우리가 이런 삶을 버려야 한다는 것을 인정하고, 자발적으로 이런 삶을
하나님의 발 앞에 내려놓아야 한다.

모든 행실에
거룩한 자가 되라

거룩한 삶 HOLY LIFE

> 오직 너희를 부르신 거룩한 자처럼 너희도 모든 행실에 거룩한 자가 되라 기록하였으되
> 내가 거룩하니 너희도 거룩할지어다 하셨느니라_ 베드로전서 1:15,16

성경을 진지하게 열심히 공부하는 사람은 반드시 한 가지 분명한 사실을 깨닫게 된다. 그것은 하나님께서 신자 개개인의 거룩한 생활을 매우 중요하게 여기신다는 사실이다.

우리 주변을 조금만 살펴보아도 우리는 현대의 그리스도인들이 거룩한 생활의 문제를 단지 개인적인 선택의 문제로 여긴다는 것을 쉽게 알 수 있다. 그들은 "나도 거룩한 삶에 대해 나름대로 생각해보았지만, 내가 굳이 그런 삶을 살아야 한다고 믿지는 않습니다"라고 말한다.

나는 '명령하다'라는 표현보다 '권하다'라는 표현을 더 좋아한다. 베드로는 모든 그리스도인들에게 거룩한 삶을 살라고 권했다. 그가 이렇게 권한 것은 두 가지 이유 때문이다. 첫째는 하나님의 거룩한 성품 때문이며, 둘째는 "거룩하라"는 하나님의 명령 때문이다.

신약이 강조하는 것은 행복이 아니라 거룩함이다. 하나님은 우리의 감정 상태보다 우리의 마음 상태에 더 많은 관심을 가지신다.

거룩함은 하나님의
백성의 의무사항이다

의무사항 REQUIREMENT

모든 사람으로 더불어 화평함과 거룩함을 좇으라
이것이 없이는 아무도 주를 보지 못하리라_ 히브리서 12:14

'거룩한'(holy)이라는 단어는 천사들의 특징, 천국의 특징 그리고 하나님의 성품을 묘사하는 데 사용되는 단어이다. 천사들은 거룩하다. 인간 세상에서 벌어지는 일들을 내려다보는 천사들은 '지켜보는 자들' 또는 '거룩한 자들'이라고 불린다.

천국은 깨끗하지 못한 것을 받아들이지 않는 거룩한 곳이다.

'거룩한'이라는 형용사는 하나님을 수식하는 단어로 사용된다. 예를 들면 우리는 '거룩한 영', '거룩한 주' 또는 '거룩한 주 전능의 하나님'이라는 표현을 사용한다. 이런 표현들이 성경 도처에서 하나님을 가리켜 사용된다. 이것은 하나님께 쓸 수 있는 최고의 형용사, 하나님께 돌릴 수 있는 최고의 속성이 바로 거룩함이라는 것을 말해준다. 심지어 천국의 천사들도 하나님의 거룩함에 참여하기 때문에 거룩한 것이다.

성경은 거룩하지 못하면 하나님을 볼 수 없다고 가르친다. 이 교훈은 우리에게 너무나 중요하다. 우리는 이 교훈의 중요한 의미를 깨닫고 순종할 때까지 마음에 찔림을 받아야 한다.

'죄'라는 사탄의 독(毒)을 해독하는 하나님의 방법은 거룩함이다.
거룩함은 하나님의 속성이며, 하나님의 백성의 의무사항이다.

성령님의
가르치심을 사모하라

가르침 TEACHING

이 율법책을 네 입에서 떠나지 말게 하며 주야로 그것을 묵상하여 그 가운데 기록한 대로
다 지켜 행하라 그리하면 네 길이 평탄하게 될 것이라 네가 형통하리라_ 여호수아서 1:8

미국의 위대한 복음전도자 찰스 피니(Charles Finney, 1703~1791)는
"도덕적 적용 없이 성경을 가르치는 것은 죄악된 것이다"라고 단호
하게 말했다. 성경에서 배운 것을 실천하지 않는다면 성경 강좌에
참석하는 것이 무슨 소용인가? 이것이 바로 그가 던진 질문이었다.
성경 강좌는 긍정적인 결과와 부정적인 결과를 모두 낳을 수 있다.
내가 볼 때, 어떤 성경 강좌는 사람들의 종교적 편견을 더욱 심화시
키는 구실밖에 하지 못하기도 한다.
성경의 교훈을 우리의 삶에 적용할 때 비로소 우리의 성경공부는 의
미가 있다. 성경의 가르침을 실천할 때 우리는 비로소 성령님의 일
하시는 방법을 깨닫게 된다. 성경은 "하나님은 이렇게 행하셨다. 따
라서 너희도 이렇게 행해야 한다"라고 말한다.

성경을 묵상하는 법을 연습하자. 성경을 펴서 책상 위에 올려놓은 다음
하나님의 말씀을 묵상하자. 그러면 성령님이 임하여 말씀을 깨닫게 해주
실 것이다. 질문하지도 말고 대답하지도 말라. 그리고 여백에 무언가 써
넣지도 말라. 다만 "아버지여! 제가 여기 있사오니 저를 가르치소서"라고
말씀드리라.

성령님은
이성을 성화시킨다

술 취하지 말라 이는 방탕한 것이니 오직 성령의 충만을 받으라_ 에베소서 5:18

베드로와 바울은 성령님이 우리의 감정, 사랑, 예배 그리고 찬양을 온전히 지배하시는 가운데 우리가 성령의 열매를 맺는 아름다운 삶을 살아야 한다고 가르친다. 성령님은 하나님의 자녀들을 관대한 사람으로 만드시지만 그들을 바보로 만들지 않으신다. 성령님은 그들을 행복하게 만드시지만 그들을 어리석게 만들지 않으신다. 성령님은 그들의 내면에 열정을 불어넣으시지만 그들이 나중에 후회하며 부끄러워할 행동을 하게 만들지 않으신다.

나는 성령님의 통제 아래 자기 감정을 조절하는 사람이 지속적인 기쁨을 누릴 수 있음을 하나님께 감사한다. 나는 '성화(聖化)된 이성(理性)'을 가진 하나님의 자녀들을 귀하게 여긴다. 왜냐하면 그들은 하나님의 말씀에 견고히 서서 흔들리지 않기 때문이다. 그들은 최근의 얄팍한 종교적 유행을 따라다니지 않는다. 또한 기독교계의 이런저런 그룹 사이에 유명 인사로 급부상한 사람들을 추종하지도 않는다.

성령님은 우리의 정신적 안정을 소중히 여기신다. 성령님은 우리가 건전한 이성과 상식을 포기하기를 원하지 않으신다. 더욱이 우리가 어떠한 최면적(催眠的) 영향력에 우리 자신을 내어맡기는 것은 성령님의 뜻이 아니다.

성령님은 우리의 무익성과 연약성을 깨닫게 하신다

하나님이여 내 속에 정한 마음을 창조하시고 내 안에 정직한 영을 새롭게 하소서_ 시편 51:10

우리가 지극히 약하고 무익한 존재라는 사실을 하나님께서 깨닫게 해주지 않으신다면, 우리는 이 사실을 알 수 없다. 우리는 이 사실을 깨닫기 원하지 않는다. 그러나 우리보다 무한히 지혜로우신 하나님은 우리의 유익을 위해 이 사실을 깨닫게 해주신다.

우리가 지극히 불안정한 존재라는 사실을 성령님이 깨닫게 해주지 않으신다면, 우리는 이 사실을 알 수 없다. 베드로는 강하고 담대한 어부였다. 그렇기 때문에 그는 "주님, 모든 사람들이 달아날지라도 저는 주님 곁에 남겠습니다. 저를 믿으셔도 좋습니다"라고 말할 수 있었다. 그렇기 때문에 그는 "내가 진실로 네게 이르노니 오늘 밤 닭 울기 전에 네가 세 번 나를 부인하리라"(마 26:34)라는 주님의 말씀을 받아들이기 힘들었을 것이다. 그러나 주님은 자신감에 넘쳐서 자신의 힘을 의지하는 사람이 얼마나 쉽게 무너질 수 있는지 꿰뚫어 보셨다.

우리는 우리가 얼마나 약한지 알지 못한다. 우리의 연약함이 폭로될 때 우리는 그 사실을 인정하지 않으려고 한다. 그러나 우리의 좋은 습관이나 좋은 성품을 의지하는 것은 매우 위험하다. 하나님께서 우리 자신의 연약함을 깨닫게 해주실 때 우리는 우리 자신을 의지하지 않게 된다.

우리는 우리의 마음이 죄악으로 더러워졌다는 것을 인정하고, 하나님께서 우리의 마음을 깨끗하게 하시도록 우리의 마음을 열어야 한다.

하나님의 뜻은
언제나 지고선이다

너는 범사에 그를 인정하라 그리하면 네 길을 지도하시리라_ 잠언 3:6

하나님의 진리를 원칙적으로 자기 행동의 기준으로 받아들이고 그리스도를 주인으로 믿고 그리스도에게 복종한 그리스도인조차 자기 뜻에 따라 계획을 세우고 싶어 하는 유혹을 받을 수 있다. 심지어 그는 하나님의 말씀이나 성령님의 내적 음성이 그의 계획을 문제 삼을 때에도 그의 계획을 계속 고집하고 싶은 유혹을 받기도 한다.

인간은 본래 장래 일을 예측하고 계획을 세우기 좋아한다. 우리에게는 "내일 나는 … 하겠다"라고 말하는 뿌리 깊은 습관이 있다. 그러나 우리가 우리 계획에 따라 인생의 길을 개척하기 좋아한다는 것을 너무나 잘 아시는 하나님 아버지는 종종 자신의 계획서를 우리에게 내밀고 우리가 그것을 받아들이도록 요구하신다.

이 경우 때로는 우리의 뜻과 하나님의 뜻 사이에 충돌이 일어날 수 있다. 이런 충돌이 생기면 우리는 우리의 뜻을 포기해야 한다. 왜냐하면 우리의 뜻을 관철시키려고 고집을 부리면 언제나 나쁜 결과를 초래하기 때문이다. 하나님의 뜻은 언제나 지고선(至高善)이다.

하나님과 하나님의 나라의 유익을 앞세우지 않고 우리의 유익을 먼저 챙기는 것이 인간의 본성이다. 그렇기 때문에 인간과 하나님 사이에는 갈등이 생길 수 있다. 그러나 하나님은 우리가 하나님의 영광을 우리 사랑의 최고 대상이자 우리 행동의 궁극적 목적으로 삼을 것을 요구하신다.

박해받을 때에
자신을 돌아보라

여호와를 사랑하는 너희여 악을 미워하라
저가 그 성도의 영혼을 보전하사 악인의 손에서 건지시느니라_ 시편 97:10

세상은 그리스도인들을 대적하고 박해한다. 하지만 우리가 우리의 경건함 때문에 박해를 받는 것이 아닌 경우가 있다. 우리는 우리의 영성 때문에 사람들이 우리를 싫어한다고 생각하고 싶어 하지만, 사실은 우리의 성격 때문에 그들이 우리를 싫어하는 경우도 종종 있다. 물론 이 세상의 영이 하나님의 영을 대적하고, 육체를 따라 난 자가 성령으로 난 자를 박해하는 것은 사실이다. 그러나 때때로 우리는 그리스도를 닮았기 때문에 고난을 당하는 것이 아니라 우리의 잘못 때문에 어려움에 빠진다. 적어도 이것은 부정할 수 없는 사실이다. 따라서 우리는 이 사실을 인정하고 우리 자신을 고치는 것이 좋다. 사람들을 짜증나게 하는 우리의 성격적 결함을 성경구절 뒤에 숨기려고 발버둥치는 것은 어느 누구에게도 도움이 되지 않는다.

정신적인 죄보다는 육체적이고 상스러운 죄가 사람들을 덜 불쾌하게 만들고 오히려 더 매력적으로 보이게 한다는 것은 참으로 묘한 일이다. 세상은 술주정뱅이, 폭식가(暴食家), 허풍선이는 용납하는 것 같아도 겉보기에 의롭게 사는 듯한 위선자에게는 분노한다. 위선자는 겉으로는 교양 있는 척하지만 속으로는 부패한 자신의 표리부동(表裏不同)을 죄로 여기지 않는다. 그러나 이것은 육체의 죄보다 훨씬 더 추악한 것이다.

성화(聖化)된 마음은 죄를 미워하지 않을 수 없다.

성령께 영적
전투전략을 배우라

승리자 VICTOR

이러므로 우리에게 구름같이 둘러싼 허다한 증인들이 있으니 모든 무거운 것과
얽매이기 쉬운 죄를 벗어버리고 인내로써 우리 앞에 당한 경주를 경주하며_ 히브리서 12:1

그리스도인 누구에게나 공통의 적(敵)이 있다. 그것은 바로 사탄이
다. 그리스도인들이 함께 모여 기도하고 예배할 때 그들은 사탄과
그의 속임수를 거부한다. 사탄은 우리의 공통의 적이다. 그는 우리
의 영적 생활을 방해하기 위해 온갖 수단을 다 동원한다.

우리가 믿음으로 평생에 걸친 사탄과의 전쟁에 돌입할 때 성령님은
"너는 이 전쟁에서 진정으로 승리자가 되기를 원하느냐?"라고 우리
에게 말씀하신다. 우리가 "네, 그렇습니다. 저는 승리자가 되기를
원합니다"라고 말씀드리면 그분은 우리가 승리할 수 있는 확실한
방법들을 알려주실 것이다.

우선, 그분은 우리에게 믿음의 경주를 방해하는 것들을 모두 털어버
리라고 충고하실 것이다. 그리고 믿음의 싸움을 싸울 때 하나님의
뜻에서 멀어지게 만드는 작은 죄와 잘못들을 경계하라고 조언하실
것이다. 그러나 그분의 가장 중요한 충고는 바로 "예수님을 놓치지
말고 계속해서 바라보라"는 것이다. 왜냐하면 예수님은 믿음의 주
(主)이시며 승리의 모범을 보이신 분이기 때문이다.

그리스도인의 승리의 비결은 승리자 예수님이 우리 안에 계신다는 것을
인식하고, 사탄이 예수께 패배한 존재라는 사실을 깨닫는 것이다. 우리에
게 승리의 신앙과 거룩한 확신이 있다면 사탄은 언제나 우리에게서 도망
할 것이다.

십자가는 나의
십자가이어야 한다

그러나 무엇이든지 내게 유익하던 것을 내가 그리스도를 위하여 다 해로 여길 뿐더러 내가
그리스도와 그 부활의 권능과 그 고난에 참예함을 알려 하여 그의 죽으심을 본받아_ 빌립보서 3:7,10

그리스도인들은 십자가를 어디에 두어야 할지 결정해야 한다. 그들은 십자가를 '주관적 십자가'로 만들지 않고 '객관적 십자가'로 만들어버렸다. 십자가를 '내면적 십자가'로 만들지 않고 '외형적 십자가'로 만들어버렸다. 그것을 '체험적 십자가'가 아닌 '제도적 십자가'로 만들어버렸다.

그 결과, 절반의 진리만을 소유한 그리스도인들이 오류에 빠지게 되었다. '객관적 십자가'를 믿는 것까지는 좋다. 의로운 분이 불의(不義)한 자들을 위해 죽임을 당한 곳이 바로 갈보리 언덕의 십자가라는 것은 객관적 사실이다. 하나님께서 십자가상에서 영원한 효력을 미칠 법적(法的) 행동을 하셨다는 것은 사실이다. 이러한 '외형적 십자가'를 믿는 것이 잘못은 아니다.

그러나 그들은 이런 십자가가 그들 자신을 위한 것임을 깨닫지 못한다. 그들 각자에게는 주관적이고 내면적이고 체험적인 십자가가 있어야 한다. 그들의 십자가는 내면의 체험이 되어야 한다. 성령님이 기적적인 은혜를 베풀어주셔서 갈보리 언덕의 십자가를 그들 마음속의 십자가로 변화시켜주실 때 그들은 십자가의 참의미를 깨닫고 능력의 십자가를 체험할 것이다.

끊임없이 십자가의 의미를 깨닫고 그것을 우리의 온 삶에 적용할 때 우리의 영적 삶은 온전케 된다.

하나님의 성품에
참여하는 자가 되라

그리스도의 말씀이 너희 속에 풍성히 거하여 모든 지혜로 피차 가르치며 권면하고
시와 찬미와 신령한 노래를 부르며 마음에 감사함으로 하나님을 찬양하고_ 골로새서 3:16

하나님의 충성스러운 자녀인 우리는 하나님의 거룩함을 본받아야
한다. 왜냐하면 거룩함은 바로 하나님을 닮는 것이기 때문이다. 하
나님은 모든 그리스도인들이 거룩한 삶을 살기 원하신다. 우리는 거
룩함을 끊임없이 열망해야 한다. 그분이 거룩하시기 때문에 우리도
거룩해야 한다. 물론 우리가 하나님만큼 거룩해질 수는 없다. 우리
는 우리가 어떤 존재인지 안다. 하나님은 그분 자신을 아신다. 그분
은 우리에게 하나님이 되라고 요구하지 않으신다. 그분은 우리에게
그분만큼 거룩해지라고 요구하지 않으신다. 완전히 거룩한 분은 오
직 하나님 한 분뿐이시다. 그분 이외의 다른 모든 존재들은 상대적
으로 거룩할 뿐이다.

하늘의 천사들이 하나님만큼 거룩한 것은 아니다. 그들도 피조물이
기 때문에 그분의 영광을 드러내는 것으로 만족해야 한다. 그것이
그들의 거룩함이다.

거룩함은 두려움을 주는 것이 아니다. 하나님께서 우리가 하나님의
성품에 참여할 수 있도록 허락하신 것은 정말 놀랍고 감사한 일이다.

그리스도를 아는 것이 거룩함 안에서 성장하는 방법이다. 기독교는 그리
스도의 모범을 따르는 종교이다. "예수님이 지금 여기에 계신다면 어떻게
행하실 것인가?" 라고 당신 자신에게 물어보라. 이 질문에 대한 답이 당신
을 거룩한 삶으로 이끄는 가장 확실한 방법이 될 것이다.

기독교는 자아의
문제를 해결한다

자아 SELF

너희 육신이 연약하므로 내가 사람의 예대로 말하노니 전에 너희가 너희 시체를 부정과 불법에 드려
불법에 이른 것같이 이제는 너희 지체를 의에게 종으로 드려 거룩함에 이르라_ 로마서 6:19

진정한 기독교는 '자아'(自我)의 문제를 다룬다. 즉, 인간의 근본적
인 문제라고 할 수 있는 '자아'를 다룬다. 우리의 자아 문제를 완전
히 최종적으로 해결하기 위해 성령님은 "너희를 통해 하나님께 영
광을 돌리려면 먼저 너희의 이기적인 자아가 죽어야 한다"라고 말
씀하신다.

하나님은 우리의 교만한 자아를 고치신다. 그분은 "너희의 교만은
절대 용납될 수 없다"라고 말씀하심으로써 우리의 교만을 준엄하게
심판하신다.

그분은 "하나님은 오직 나뿐이다. 나는 인간의 이기적인 자아를 인
정하지 않는다. 너희의 이기적인 자아 속에는 반역과 불순종과 불신
앙이 도사리고 있다. 교만하고 이기적인 인간의 자아는 하나님인 나
를 대적하는 죄악된 것이다"라고 말씀하신다.

자기 부정(自己否定)을 아는 사람은 하나님나라를 위해 자신의 이기적인
욕망을 버릴 줄 아는 사람이다. 하나님은 자신이 영광을 받으시고, 자신
의 법이 지켜지고, 자신의 복음이 사랑받고, 자신의 나라가 승리하여 무한
히 확장되기를 원하신다.

성령님의 인도는
평생 받아야 한다

인도 GUIDANCE

> 너희는 너희 하나님 여호와를 순종하며 그를 경외하며 그 명령을 지키며
> 그 목소리를 청종하며 그를 섬기며 그에게 부종하고_ 신명기 13:4

우리에게 중생(重生)의 기적이 일어난 순간부터 우리는 평생토록
성령님의 인도를 받기 위해 준비하는 삶을 살아야 한다.

하나님은 천국과 천국의 영광이 인간이 꿈꾸거나 상상하는 것을 훨
씬 초월한다고 가르쳐주셨다. 천국은 새로움이 전혀 없는 진부한 것
들의 전시장(展示場)이 아니며, 영적으로 평범한 사람들이 수(數)의
힘으로 득세하는 곳도 아니다.

우리는 우리가 그리스도의 성숙한 제자로 성장하기 원하시는 하나
님의 은혜롭고 귀한 계획을 망쳐서는 안 된다. 하나님은 구속(救贖)
받은 모든 자들을 위한 선한 계획을 가지고 계신다. 그분은 자신의
사랑과 선하심에 따라 우리에게 은혜를 베푸신다. 우리를 향한 그분
의 계획은 그분의 영원하고 창조적인 지혜와 권능으로부터 나온다.
그러나 이것보다 더 놀라운 사실이 있다. 그것은 하나님이 인간의
본성에 내재(內在)한 깜짝 놀랄 만한 잠재력을 존중해주신다는 사
실이다. 이 잠재력은 죄에 파묻혀 오랫동안 잠들어 있었지만 중생의
과정에서 성령님으로 인해 깨어난다.

그리스도께 구속(救贖)받기 전에 우리는 먼지 속에서 뒹구는 미천한 존재
들이었다. 그러나 구속의 사건을 통해 그리스도는 하나님 보좌 우편에 오
르셨으며, 우리도 그분의 보좌까지 높아졌다.

신령한 삶을 갈망하라

신령한 삶 SPIRITUAL LIFE

대저 의인의 길은 여호와께서 인정하시나 악인의 길은 망하리로다_ 시편 1:6

우리가 십자가에 못 박힌 삶과 성령 충만한 삶에 대해 연구하는 것만으로는 부족하다. 이런 삶을 원하는 것만으로도 부족하다. 우리는 이 세상 무엇보다도 이런 삶을 갈망하며 하나님께 구해야 한다. 이런 삶을 위해 예수 그리스도 앞에서 다른 것들을 온전히 포기해야 한다. 우리가 중요하다고 여기는 모든 것들에 등을 돌리고 곧장 그분의 품으로 달려갈 만큼 이런 삶을 원해야 한다.

더 이상 성경에 나오는 젊은 부자 관원과 같은 사람이 생겨나서는 안 된다. 그의 본심이 드러났을 때 그는 예수님으로부터 돌아섰다. 그는 여전히 위선자였고, 여전히 탐욕스러웠고, 여전히 돈을 사랑했고, 여전히 율법을 어기는 사람이었다. 무엇보다도 그는 여전히 '그리스도 없는' 죄인이었다.

우리는 그가 그리스도를 따르기를 거부하고 그의 돈과 땅과 재물을 얼마나 지켰는지 잘 모른다. 그러나 그는 그가 가장 사랑하는 것을 지키기 위해 큰 대가를 지불해야 했다. 그 대가란 그리스도의 제자가 되지 못한 것이었다.

●

그리스도를 닮은 삶을 살 수 있는 비결 중 하나는 그런 삶을 간절히 갈망하는 것이다. 우리는 대체로 우리가 높이 평가하는 이상(理想)을 닮는다. 우리는 우리가 갈망하는 것에 무의식적으로 도달하려고 한다. 그리스도의 성품을 우러르며 그리스도 닮기를 사모하는 마음을 달라고 하나님께 기도하라. 그러면 당신은 그 이상에 도달할 때까지 결코 쉬지 않게 될 것이다.

성령님을 공경하는가?

귀 있는 자는 성령이 교회들에게 하시는 말씀을 들을지어다_ 요한계시록 2:29

모든 그리스도인들이 던져야 할 질문이 있다. 우리는 성령님을 공경하는가? 다시 말해서, 오늘날 우리는 성령님이 우리 가운데 이루려고 하시는 것을 이루시도록 순종하는가?

요한계시록에서 요한은 하나님의 일곱 영과 하늘 보좌 앞에서의 그분의 임재에 대하여 거듭 언급한다. 예수님은 세례 요한으로부터 물세례를 받으시고 성령님이 비둘기같이 임하신 다음에 비로소 지상(地上) 사역을 시작하셨다.

내가 볼 때에는, 많은 사람들이 성령님의 지혜롭고 효과적인 인도에 따르지 않으면서 교회에서 지도자 행세만 하려고 애쓰는 것 같다. 성령님은 지혜와 지식의 영이시다. 오직 그분만이 살아 계신 하나님의 은혜로운 임재를 우리의 삶과 사역 속에 허락하실 수 있다.

예수님은 자신이 소유하셨던 능력과 동일한 능력을 우리에게 허락하셨다. 예수님은 자기 안에서 살면서 일하신 성령님을 교회에 허락하셨다. 그러므로 우리는 이 놀라운 선물을 받아야 한다.

성령님은 성경을 통해 우리와 교통하신다

골수와 기름진 것을 먹음과 같이 내 영혼이 만족할 것이라 내 입이 기쁜 입술로 수를 찬송하되
내가 나의 침상에서 주를 기억하며 밤중에 주를 묵상할 때에 하오리니 시편 63:5,6

우리는 어떤 하나님의 말씀을 듣는가? 우리는 그분의 말씀에 어떤
반응을 보이는가? 우리는 그분의 말씀이 기록된 책을 읽고 우리의
것으로 소화하는가? 우리는 하나님의 말씀을 우리의 삶에 온전히
적용하는가?

그리스도인으로서 우리가 마음과 목숨과 뜻을 다하여 우리 주 예수
그리스도를 사랑한다면 하나님의 말씀 앞에 부끄러움이 없을 것이
다. 성경이 단지 하나의 책이 아니라 살아 계신 하나님의 말씀이라
는 것을 사람들이 깨닫는다면 얼마나 좋겠는가! 성경은 하나님께서
우리에게 주시는 계시의 말씀이다. 성경은 책의 형태를 취하지만 실
제로는 하나님의 통신수단이다. 성령님이 우리를 인도하고 우리에
게 확신을 주실 때 성경은 우리의 영혼 안으로 들어와 자리를 잡는
다. 성경은 하나님의 아들이며 영원한 말씀이신 예수 그리스도를 우
리에게 전하기 위해 주신 말씀이다.

하나님은 침묵하지 않으신다. 하나님은 자신의 피조물을 너무나 사
랑하시기 때문에 결코 침묵하신 적이 없다.

우리와 관계된 모든 문제에 대한 답은 성경 속에서 발견할 수 있다. 그러므
로 성경말씀을 늘 가까이하라. 하나님께서 성경 안에 계신다. 성령께서도
성경 안에 계신다. 그러므로 하나님을 만나기 원한다면 성경으로 가라.

성령님은 그리스도를
계시해주신다

계시 REVELATION

우리를 구원하시 되 우리의 행한 바 의로운 행위로 말미암지 아니하고 오직 그의 긍휼하심을 좇아 중생의 씻음과 성령의 새롭게 하심으로 하셨나니_ 디도서 3:5

우리가 성경을 읽는 태도에 문제가 있는 것 같다. 혹시 우리는 문학 작품이나 교과서를 읽는 것처럼 성경을 읽지 않는가?

우리가 사는 사회를 돌아볼 때, 아주 많은 사람들이 그리스도 안에서 나타난 하나님의 계시를 받아들이지 않고 있다. 아담과 하와가 범죄한 후 하나님을 피해 숨었듯이 그들은 하나님의 계시를 피해 숨는다. 아담과 하와는 나무 뒤에 숨었지만 지금 그들은 이성(理性)과 철학 뒤에 숨는다. 믿기 힘든 이야기이지만 심지어 신학 뒤에도 숨는다. 참으로 이해하기 힘든 일이다!

우리는 죄 때문에 마땅히 지옥에 가야 하지만 하나님은 그리스도의 구속(救贖)을 통해 우리가 지옥을 면하도록 해주셨다. 그러나 그리스도의 구속을 통해 하나님은 지옥을 면하는 것보다 훨씬 더 좋은 것을 우리에게 주셨다. 그분은 우리에게 너무나 영광스럽고 영원한 미래를 약속하셨다. 그분의 이 놀라운 약속을 생각할 때 나는 "하나님께서 그리스도를 통한 계시 이외의 다른 계시를 인류에게 주신 적이 없다는 것을 우리 세대 사람들에게 분명히 전하고 있는가?"라고 묻지 않을 수 없다.

진정한 그리스도인은 참으로 이해하기 힘든 존재이다. 그는 한 번도 본 적이 없는 분을 최고로 사랑한다. 그는 살기 위해 죽는다. 눈으로 볼 수 없는 것을 본다. 귀로 들을 수 없는 것을 듣는다. 인간의 지식으로써 알 수 없는 것을 안다.

거룩한 습관을
좇아 사는가?

습관 HABIT

육체의 연습은 약간의 유익이 있으나 경건은 범사에 유익하니
금생과 내생에 약속이 있느니라_ 디모데전서 4:8

가장 근본적인 질문을 던지겠다. 그리스도인들은 거룩한 삶을 사는
규칙적인 습관을 형성하기를 원하는가? 다시 말해서 우리는 하나님
을 의지하고 그분께 충성하고 이웃을 사랑하고 그리스도를 닮은 삶
을 사는 법을 성령께 배우기를 원하는가?

들판에서 자라는 곡식도 규칙성이 있고, 각종 새를 비롯한 동물들도
규칙적인 생명의 모습을 보여준다. 해가 뜨고 지는 것이나 달이 때
마다 모습을 달리하는 것에서도 자연의 규칙성이 나타난다.

구약에서도 신앙의 규칙성이 많이 발견된다. 제사장들은 순번에 따
라 성전에 들어갔으며, 성전의 성물(聖物)과 기구들도 질서정연하
게 놓여 있었다.

하나님은 그리스도인의 삶에서 질서와 규칙성이 매우 중요한 가치
를 지니도록 정하셨다. 따라서 우리는 규칙적으로 기도하고 헌금하
고 봉사하고 교회에 출석하는 습관을 들여야 한다.

하나님은 자신의 백성이 경건의 훈련을 쌓고 날마다 거룩한 습관에 따라
살기를 원하신다. 그분은 우리에게 습관의 노예가 되라고 말씀하지는 않
으신다. 다만 하나님은 우리의 거룩한 습관이 하나님의 은혜와 영광의 종
이 되기를 원하신다.

진리의 빛에
비추어 판단하라

기준 CRITERIA

그러므로 누구든지 나의 이 말을 듣고 행하는 자는
그 집을 반석 위에 지은 지혜로운 사람 같으리니_ 마태복음 7:24

현재 그리스도의 이름으로 행해지는 모든 일들이 정당한 것인지 판단하기 위해 우리는 이렇게 물어야 한다. 이 일에는 성경적인 근거가 있는가? 이 일이 성경의 문자적 해석이나 내용적 해석에 부합하는가? 이 일의 영적 내용이 하나님이 주신 것인가?

우리가 추진하는 일이 성공했다고 해서 그것이 곧 하나님의 뜻에 합당한 일이라고 단정할 수는 없다. 사람들에게 인기가 있다고 해서 곧 하나님께서 허락하신 일이라고 말할 수도 없다. 무슨 일을 하든지 우리는 이렇게 물어야 한다. 성경이 우리가 추진하는 일을 지지하는가? 우리는 성령님이 영원한 하나님의 계획에 따라 우리의 일을 위해 일하신다는 확신을 성경에서 얻을 수 있는가? 우리는 이런 질문들에 대해 만족스런 대답을 내놓아야 한다.

모든 사역자들에게는 자신의 사역을 성경의 밝은 빛에 비추어 정직하게 판단해야 할 책임이 있다. 정직한 사람은 성경의 빛을 두려워하지 않을 것이다. 정직한 사람은 진리의 시험대를 통과하지 못한 신념이나 행위를 변호하지 않을 것이다. 오히려 그는 산(山)에서 본 모형에 따라 성전을 지으려고 애쓸 것이다.

어떤 행위가 도덕성을 가지려면 그 행위 당사자의 마음 상태가 순수해야 한다. 그런데 때로 도덕적 내용을 전혀 또는 거의 갖지 못하는 종교적 행위가 존재하기도 한다. 이런 행위는 요란스럽게 행동하면 큰일을 이룰 것 같은 착각에서 비롯되지만 결국 거기에는 건강한 내적 생명이 없다.

하나님의 엄위와
광대하심을 깨달아라

경외 FEAR

나와 함께 여호와를 광대하시다 하며 함께 그 이름을 높이세_ 시편 34:3

사람들은 하나님을 왜곡시키는 데 성공했다. 현대 사회에서 하나님은 더 이상 하나님이 아니시다. 현대인들이 만들어낸 하나님은 박수 갈채를 받는 연예인 또는 영혼 장사를 하는 성공하는 사업가이다. 현재 많은 교회의 신자들이 그들의 교회생활 속에서 만들어낸 하나님은 존경받기 힘든 하나님이다.

하나님이 거룩하고 높으신 분이라는 것을 다시금 분명히 깨닫기 위해 우리는 성경으로 돌아가서 성령님의 도우심을 의지해야 한다. 하나님은 두렵고 경외감을 주는 분이시다! 그분이 천지를 지으신 창조주 하나님이시라는 것을 알면 우리는 그분을 공경하지 않을 수 없다. 그분이 누구이신지 진정으로 안다면 놀랍고 두려워 그분 앞에 머리를 조아릴 것이다.

하나님은 우리가 하나님을 체험하기 원하신다. 맷돌에 갈려 가루가 되어버리는 곡식처럼 우리가 하나님 앞에서 가루가 되어버릴 수도 있다는 것을 깊이 느껴야 한다. 우리는 슬픔을 체험하고 자신의 무가치함을 깨달아 겸손한 마음으로 하나님 앞에 서야 한다. 우리는 예수 그리스도 안에서 하나님을 영원히 안다는 것이 무엇인지 깨달아야 한다. 우리는 영원히 이어지는 세대 가운데 하나님께 영광을 돌리고 하나님을 즐거워한다는 것이 어떤 것인지 알아야 한다.

●

하나님이 우리를 부르신 것은 하나님이 얼마나 크신 분인지 깨닫도록 하기 위해서다.

성령님의 조명으로
진리에 이를 수 있다

누가 주의 마음을 알아서 주를 가르치겠느냐
그러나 우리가 그리스도의 마음을 가졌느니라_ 고린도전서 2:16

우리가 우리 마음의 눈으로 하나님을 볼 때 그분은 우리에게 그분 자신을 나타내실 수 있다. 이런 일이 어떻게 가능한지 묻는 사람이 있다면, 나는 그에게 "우리가 하나님의 형상으로 만들어졌기 때문에 하나님은 우리에게 나타나실 수 있습니다"라고 답할 것이다.

잠언 기자는 하늘의 지혜가 임할 때 우리가 진정한 영적 깨달음을 얻을 수 있다고 가르친다. 하나님을 두려워하는 사람들에게는 일종의 '진리의 영의 세례'가 임한다고 말할 수 있다. 이 지혜는 언제나 의(義)와 겸손과 연관된다. 경건과 거룩한 생활이 없다면 이런 지혜를 얻을 수 없다.

우리는 하늘로부터 임하는 지혜의 신비로움을 배워서 다시금 선포해야 한다. 단순히 올바른 교리가 진리인 것은 아니다. 올바른 교리에 성령님의 내적 조명(照明)이 임할 때 우리는 진리에 다다를 수 있다.

진리를 깨달으려면 진리대로 살아야 한다. 성경의 교리를 그의 삶 전체로 소화하고 흡수할 때 비로소 그 교리가 생명의 말씀이 된다.

순종하는 신앙이
진짜 신앙이다

진짜 TRUE

여호와여 주는 의로우시고 주의 판단은 정직하시니이다
주의 명하신 증거는 의롭고 지극히 성실하도소이다_ 시편 119:137,138

어떤 사람은 자기 잘못을 합리화하기 위해, 어떤 사람은 잘한 일이
없는데도 칭찬을 듣기 위해, 또 어떤 사람은 거짓 위로를 얻기 위해
성경말씀을 교묘히 조작한다. 이런 사람들은 성경을 모욕하고 살아
있는 말씀을 거부하는 것이다. 예수 그리스도를 믿어 구원에 이르는
신앙은 그분이 그분 자신에 대하여 말씀하신 모든 것을 믿고, 선지
자들과 사도들이 그분에 대하여 말한 모두 것을 믿는다. 우리는 우
리의 상상력을 동원하여 우리의 형상을 따라 만들어낸 예수님을 믿
어서는 안 된다. 우리는 이런 잘못을 범하지 않도록 조심해야 한다.
순종하는 신앙이 진짜 신앙이다. 사도 바울은 "우리가 은혜와 사도
의 직분을 받아 그 이름을 위하여 모든 이방인 중에서 믿어 순종케
하나니"(롬 1:5)라고 말한다. 하나님의 준엄한 심판을 가볍게 여기
고 자기가 좋아하는 대로 믿는 감상적이고 허황된 신앙은 독약처럼
치명적이다.
성경에서 사탕처럼 달콤한 본문은 취하고 엄한 경고와 명령의 말씀
은 간과하거나 거부하는 신앙은 그리스도와 사도들이 가르친 참신
앙이 아니다.

●

그리스도의 약속과 그 충족성(充足性)을 붙드는 것이 신앙이다.

세상에 아첨하는 그리스도인이 아닌가?

너희가 육신대로 살면 반드시 죽을 것이로되 영으로써 몸의 행실을 죽이면 살리니 _로마서 8:13_

그리스도는 사람들에게 십자가를 지라고 명령하시지만, 우리는 그들에게 그분의 이름으로 즐기라고 말한다. 그리스도는 사람들에게 세상을 버리라고 말씀하시지만, 우리는 "그리스도를 영접한 다음에는 세상에서 실컷 돈벌이를 하십시오"라고 충고한다. 그리스도는 사람들에게 고난을 당하라고 말씀하시지만, 우리는 그들에게 문명세계가 제공할 수 있는 모든 안락을 누리라고 가르친다. 그리스도는 사람들에게 자기 부정을 요구하시지만, 우리는 그들에게 성공신화를 추구하라고 권한다. 그리스도는 사람들을 거룩한 삶 가운데로 부르시지만, 우리는 그들에게 값싼 행복을 추구하라고 충고한다.

이런 세상에서 과연 진지한 그리스도인들은 어떻게 살아야 하는가? 이 질문에 대답하기는 쉽지만 그 답대로 사는 것은 어렵다. 무엇보다도 우리는 우리에 대한 사실을 받아들여야 한다. 하나님나라와 하나님의 의(義)를 구해야 한다. 예수 그리스도를 통해 이웃과 올바른 관계를 맺으려고 노력해야 한다. 진지한 자세로 우리의 행위를 고치기 위해 힘써야 한다. 하나님을 높이고, 우리의 육신을 쳐서 복종케 하고, 소박한 삶을 살아야 한다.

우리는 하나님께 순종해야 한다. 그분께 순종하여 그분의 뜻을 온전히 행할 때 우리의 영혼은 기쁨으로 가득할 것이다. 사탄은 믿음으로 충만하여 하나님께 온전히 순종하는 삶을 사는 사람을 볼 때 완전히 무력감에 사로잡힐 것이다.

머리로만 알고 있는
정통신앙은 재앙이다

이에 예수께서 제자들에게 이르시되 아무든지 나를 따라오려거든 자기를 부인하고
자기 십자가를 지고 나를 좇을 것이니라_ 마태복음 16:24

'이신칭의'(以信稱義)라는 아름다운 진리가 이제까지 왜곡된 것은
참으로 안타까운 일이다. 이런 왜곡이 일어난 것은 우리가 진리의
도덕적 측면을 강조하지 않았기 때문이다. 우리가 진리의 영이 주시
는 감동을 묵살하거나 그분을 거부한다면, 우리가 머리로만 알고 있
는 정통신앙은 재앙이 된다.

복음을 받아들인 사람의 삶의 중심은 자아에서 하나님에게로 옮겨
진다. 이것은 엄연한 사실이다.

도덕적 판단 능력을 가진 모든 사람은 재앙의 씨앗이 자기 안에 있
다는 것을 깨달아야 한다. 이 재앙의 씨앗은 바로 우리가 '자아'라
고 부르는 것, 즉 성경이 '육체'라고 부르는 것이다. 우리는 '육체'
때문에 재앙을 당할 수도 있다는 것을 알아야 한다. 무엇이라고 불
리든지 이것은 잔혹한 주인이며 불구대천(不俱戴天)의 원수이다.

하나님을 향하지 않는 마음은 자아를 향하게 되어 있다. 예수 그리스도의
일을 하지 않는 사람들은 자기의 일을 하게 되어 있다. 이런 사람들의 과
도한 자기 사랑은 그들의 마음을 움직이는 열정이며, 그들의 삶을 지배하
는 원리이다. 그러나 그리스도인들은 하나님께 영광을 돌리는 삶을 살아
야 한다.

구원은 인간의 의지에 좌우되지 않는다

구원 SALVATION

이기는 자는 이와 같이 흰 옷을 입을 것이요 내가 그 이름을 생명책에서 반드시 흐리지 아니하고 그 이름을 내 아버지 앞과 그 천사들 앞에서 시인하리라_ 요한계시록 3:5

지금은 우리가 성령님의 인도를 구해야 할 때이다. 이제까지 우리는 사람들의 인도를 따르다가 너무 많은 대가를 치렀다. 분수를 모르고 주제넘게 나서는 사람들이 교회 안으로 들어온 비성경적인 방법과 활동 때문에 교회의 생명력이 크게 위축되었다. 이런 사람들 때문에 매년 엄청난 액수의 돈과 막대한 인력(人力)이 하나님의 사역에 쓰이지 못한 채 엉뚱한 곳에 쓰인다. 참으로 가슴 아픈 일이 아닐 수 없다.

그런데 이런 일보다 더 나쁜 일이 있다. 그것은 하늘의 일과 땅의 일의 근본적인 차이를 깨닫지 못한 데서 비롯된다. 더 나쁜 일은 내키지 않는 듯이 복음을 받아들이는 태도이다. 이런 태도를 가진 사람들은 "구원의 문제는 작은 문제이다. 이것은 우리 마음대로 좌지우지할 수 있는 문제이다"라고 말한다. 우리는 사람들에게 복음을 전할 때 "이것저것 잘 생각해보고 믿을 것인지 말 것인지 결정하십시오"라고 말하곤 하는데, 이것은 아주 잘못된 경향이다. 인간의 자유의지 교리는 매우 고상한 교리이지만, 우리는 이것을 완전히 잘못 해석하여 구원이 하나님의 의지가 아닌 인간의 의지에 따라 좌우된다고 믿고 있다.

⬤

죄를 버리지 않는 것은 진정한 회개가 아니다. 죄를 계속 범하는 것, 탐욕의 악을 버리지 않는 것, 고집스럽게 죄 가운데 머무는 것은 구원에 이르는 회개가 아니다.

'걸어 다니는 신비' 라는
평판을 듣는가?

걸어 다니는 신비 WALKING MYSTERY

시온의 죄인들이 두려워하며 경건치 아니한 자들이 떨며 이르기를 우리 중에 누가 삼키는 불과 함께
거하겠으며 우리 중에 누가 영영히 타는 것과 함께 거하리요 하도다_ 이사야서 33:14

우리가 그리스도인이 될 때 주님은 우리가 흐느적거리는 무기력한
인간이 되기를 원하신 것이 아니다. 오히려 그분은 우리가 영혼의
문을 활짝 열고 하나님의 신비 앞으로 달려가기를 원하신다. 진정한
그리스도인은 '걸어 다니는 기적' 이 되어 사람들에게 '걸어 다니는
신비' 라는 소리를 들어야 한다.

그리스도인은 성령님의 인도와 능력으로 인간의 관점에서는 설명
되지 않는 삶을 날마다 살게 된다. 심리학이나 자연법칙으로 설명되
지 않고 오직 영적 법칙으로만 설명되는 특징이 그리스도인들에게
나타나야 한다.

그리스도를 증거하고 그분을 위해 일할 때 그리스도인들은 죄를 향
해 맹렬히 분노해야 한다. 우리 하나님은 거룩하신 분이기 때문에 죄
를 불같이 미워하신다. 그분은 죄를 향해 영원히 진노하실 뿐이다.

죄가 얼마나 크냐 하는 것은 중요하지 않다. 중요한 것은 우리가 오래 전
에 다윗의 입술을 통해 나온 간구를 반복하는 것이다. "여호와여 나의 죄
악이 중대하오니 주의 이름을 인하여 사하소서" (시 25:11). 이 간구가 우
리 영혼의 깊은 곳에서 메아리쳐 은혜의 보좌 앞에 상달되어야 한다.

인간의 이성은
하나님을 알 수 없다

이성 REASON

육에 속한 사람은 하나님의 성령의 일을 받지 아니하나니 저희에게는 미련하게 보임이요
또 깨닫지도 못하나니 이런 일은 영적으로라야 분변함이니라_ 고린도전서 2:14

성령님이 우리 마음에 빛을 비추어주시면, 우리는 전에 보지 못했던
것을 보고, 전에 알지 못했던 것을 알게 된다. 이런 깨달음은 아무리
머리가 좋은 사람이라도 자기 힘으로는 결코 깨달을 수 없는 것이
다. 성령님의 조명(照明)을 받은 사람은 성령님의 권위에 근거하여
깊은 진리를 통찰한다. 그에게는 진리를 증명하는 논증이 필요 없
다. 그의 인식은 이성을 초월하며, 온전한 확신을 심어주고, 내적 만
족감을 준다.

성경은 하나님이 허락하지 않으시면 우리가 아무것도 받을 수 없다
고 가르친다. 인간은 인간의 이성(理性)을 높이 평가할지 몰라도 하
나님은 이성을 높이 평가하지 않으신다. 왜 인간의 이성으로 하나님
을 알 수 없는가? 그것은 이성이 약하기 때문이 아니라 이성이 본질
상 하나님을 인식하는 데 적합하지 않기 때문이다. 본래 이성은 하
나님을 인식할 수 있는 도구로 주어진 것이 아니다.

성경을 이해하려면 성령님의 도움이 필수적이다. 단지 지성(知性)의 눈으
로 성경을 읽는 사람은 성경의 영광을 보지 못하며, 성경에 가득한 영혼의
양식을 먹지 못한다. 그러므로 성경을 읽을 때마다 우리는 성령님의 빛과
도우심을 구해야 한다.

성령님은 영적인 통찰력을 주신다

통찰력 INSIGHT

주 곧 네가 오는 길에서 나타나시던 예수께서 나를 보내어 너로 다시 보게 하시고 성령으로 충만하게 하신다 하니 즉시 사울의 눈에서 비늘 같은 것이 벗어져 다시 보게 된지라_ 사도행전 9:17,18

우리가 확신할 수 있는 한 가지 사실이 있다. 그것은 위로부터 임하는 능력이 없으면 우리의 뿌리 깊은 문제가 해결될 수 없다는 것이다.

우리의 문제가 무엇인지 그리고 그 문제의 해결책이 무엇인지 보여줄 수 있는 분은 오직 성령님뿐이시다.

성령님의 부재로 무기력(無氣力)에 빠진 기독교를 구할 수 있는 분은 오직 성령님뿐이시다.

성부와 성자를 우리에게 보여줄 수 있는 분은 오직 성령님뿐이시다.

삼위일체 하나님의 무한한 위엄과 놀라운 신비를 우리에게 깨닫게 해줄 분 역시 오직 성령님뿐이시다.

성령님은 우리가 주님을 볼 수 있도록 해주신다. 그분은 우리에게 하나님의 관점에서 영적인 것들을 볼 수 있는 통찰력을 주신다. 성령님은 진리에 대한 지식을 주실 뿐만 아니라 우리가 그것을 깨닫게 하신다. 성령님은 하나님의 약속을 우리에게 계시해주실 뿐만 아니라 우리가 그 약속에 따라 복을 받게 도우신다. 또한 성령님은 위로부터 임하는 거룩한 감동과 통찰력과 능력을 우리에게 주심으로써 우리 안에서 사고(思考)하신다.

진리를 증명하시는 분은 성령님이시다

그런즉 내가 이스라엘 가운데 있어 너희 하나님 여호와가 되고 다른 이가 없는 줄을
너희가 알 것이라 내 백성이 영영히 수치를 당치 아니하리로다_ 요엘서 2:27

성부 하나님께서 자신의 약속에 따라 성령님을 보내셨을 때 외형적
종교를 내면적 종교로 바꾸셨다. 외적 증거에 호소함으로써 기독교
의 진리를 증명하려고 애쓰는 것이 우리의 문제이다.

우리는 "이 사람을 보라. 누구보다도 야구공을 멀리 던질 수 있는 이
사람이 그리스도인이다. 그러므로 기독교가 진리이다", "이 위대한
정치가가 성경을 믿는다. 따라서 성경은 진리이다"라고 말한다.

형제여! 우리는 지금 완전히 잘못된 방향으로 가고 있다. 이런 것은
신약의 기독교가 아니다. 이런 것은 인간의 육신에게 호소하기 위해
애처로이 하소연하는 것밖에 안 된다. 이런 것은 신약의 증거도 아
니고, 하나님이 일하시는 방법도 아니다. 기독교의 진리를 증거하는
분은 복음이 전파될 때 인간의 영혼에 임하는 강력한 능력이신 성령
님이시다.

사람들의 마음을 결정적으로 예수께 붙들어 매는 것은 성령님의 조명이
다. 성령님의 조명이 없으면 누구도 구원의 진리를 깨달을 수 없다.

우리를 위한 영원한 집이
하늘에 준비되어 있다

집 | HOUSE

여호와의 인자하심은 자기를 경외하는 자에게 영원부터 영원까지 이르며
그의 의는 자손의 자손에게 미치리니_ 시편 103:17

세상의 기초가 무너진다 해도 우리에게는 하나님이 계신다. 구속
(救贖)받은 우리에게 영원히 본질적으로 필요한 모든 것들이 하나
님께 있다.

또한 우리에게는 우리를 위해 십자가에서 죽으신 그리스도가 계신
다. 그분은 지금 하나님 우편에 앉아서 우리를 위해 계속 효과적인
중보의 기도를 하고 계신다.

또한 우리에게는 우리를 구원으로 이끌기에 충분한 성경이 있다.

또한 우리에게는 우리의 인도자와 보혜사(保惠師)가 되시어 성경을
풀어 우리의 내적 삶에 적용해주시는 성령님이 계신다.

또한 우리에게는 기도와 믿음이 있다. 우리의 기도와 믿음은 이 땅에
천국이 이루어지도록 도우며, 마라의 쓴물조차 단물로 바꾸어준다.

이 땅의 모든 것들이 우리에게 더욱더 불리하게 돌아간다 할지라도
하늘에는 우리를 위한 아버지의 집이 있다. 그분은 우리를 그 집으
로 맞이하실 것이다.

날과 달과 해가 다 지나가버리고 시간이 더 이상 존재하지 않는 때가 올
것이다. 그 길고 긴 '영원'을 준비하는 사람들에게 세상에서 선정한 소위
'올해의 인물'은 별다른 감동을 전해주지 못할 것이다.

A.W. TOZER

Part 5
LOVE
사랑

성령님이 우리를 얼마나 사랑하시는지 알고 싶은가? 우리가 성령님을 향해 모욕적인 언행을 하면 성령님은 슬퍼하신다. 우리가 성령님을 무시하면 성령님은 슬퍼하신다. 우리가 성령님께 저항하면 그분은 슬퍼하신다. 우리가 성령님을 의심하면 성령님은 슬퍼하신다. 이제 성령님이 우리를 얼마나 사랑하시는지 알겠는가?

성령님은 숨겨진
다이너마이트이다

다이너마이트 DYNAMITE

하나님의 성령을 근심하게 하지 말라
그 안에서 너희가 구속의 날까지 인 치심을 받았느니라_ 에베소서 4:30

대부분의 교회는 성령께 전혀 관심을 갖지 않는다. 성령님이 임재하시든 그렇지 않든 아무도 그 차이를 느끼지 못한다. 예배 때에도 성령님은 송영과 축도에 짧게 언급될 뿐이다. 이것을 뺀다면 성령님은 마치 존재하시지 않는 것처럼 취급된다.

성삼위(聖三位) 가운데 제3위(位)이신 분에 대한 교리를 소홀히 하는 것은 심각한 결과를 초래했고, 지금도 여전히 초래하고 있다. 왜냐하면 교리는 다이너마이트와 같기 때문이다. 성령론이 힘을 발휘하도록 만들기 위해서는 그것이 폭발할 만큼 충분히 강조되어야 한다.

성령론은 숨겨진 다이너마이트이다. 교회는 이 다이너마이트를 찾아 사용해야 한다. "물론 나는 정통 성령론에 동의합니다"라고 거드름을 피우며 말하는 자들에게는 성령님의 능력이 주어지지 않을 것이다. 성령님은 우리가 찬송가 끝에 실어놓은 신조(信條)에 성령님의 이름을 끼워 넣든 말든 상관하지 않으신다. 그분은 우리가 온전히 그분께 집중하고 매달릴 때까지 기다리신다.

성령님이 우리를 얼마나 사랑하시는지 알고 싶은가? 우리가 성령님을 향해 모욕적인 언행을 하면 성령님은 슬퍼하신다. 우리가 성령님을 무시하면 성령님은 슬퍼하신다. 우리가 성령님께 저항하면 그분은 슬퍼하신다. 우리가 성령님을 의심하면 성령님은 슬퍼하신다. 이제 성령님이 우리를 얼마나 사랑하시는지 알겠는가?

인간의 부패성이
핑곗거리가 될 수 없다

부패성 DEPRAVITY

나의 하나님이여 내가 주의 뜻 행하기를 즐기오니
주의 법이 나의 심중에 있나이다 하였나이다_ 시편 40:8

타락한 인간은 "어차피 모든 사람들이 다 죄인이 아닌가?"라고 말하며 자기 죄를 합리화한다. 인간이 자신의 죄에 대해 이런 식의 반응을 보이는 것은 거의 보편적인 현상이 되어버렸다. 그 결과, "이런 문제가 모든 사람들에게서 발견된다면, 우리는 더 이상 이런 문제로 고민할 필요가 없다"라는 사고방식이 널리 퍼졌다.

내가 "인간은 하나님을 떠나 방황하면서도 하나님의 낯을 피한다"라고 말한다고 해서 내 말을 핑계로 도덕적 방황을 계속하지는 말라. 하나님은 당신과 개인적인 관계를 맺고 싶어 하신다. 그러므로 인간의 보편적 부패의 교리로 도피하여 거기서 위안을 얻으려고 하지 말고 하나님께로 돌아오라. 성령님은 결코 그런 위안을 주려고 하지 않으신다.

성경 도처에서 성령님은 우리를 향해 "바로 네가 죄인이다!"라고 말씀하신다. 하나님은 매우 다양한 음성들을 통해 우리를 부르신다. 그러나 성경에 계시된 하나님의 말씀이야말로 가장 완벽한 음성이다.

오, 예수님! 우리의 마음에 들어오셔서 더러운 것들을 모두 깨끗케 하시고, 우리의 몸과 영의 모든 장애물들을 제거하소서. 그리하여 결국 우리가 여기 이 땅에서 그리고 저기 천국에서 주님과 하나가 되게 하소서. 오, 하나님! 도우소서.

당신에게
그리스도는 누구신가?

질문 QUESTION

빌라도가 가로되 그러면 그리스도라 하는 예수를 내가 어떻게 하랴
저희가 다 가로되 십자가에 못 박혀야 하겠나이다_ 마태복음 27:22

세상은 "지금 예수님이 어디에 계시느냐?"라고 묻고, 그리스도인들
은 "그분은 하나님의 우편에 앉아 계신다"라고 답한다. 그분은 죽으
셨으나 지금 살아 계신다. 자신의 말씀처럼 그분은 부활하셨다. 더
욱 감사한 것은, 그분의 영이 죽은 그리스도가 아닌 살아 계신 그리
스도를 그리스도인들에게 계시해주신다는 사실이다. 우리는 살아
계신 그리스도를 선포하라는 사명을 부여받았다. 그분이 살아 계신
다는 것을 믿는 우리는 그분의 부활을 친히 목격한 사람들만큼 담대
하게 그분의 부활을 증거해야 한다. 복음은 그리스도께서 우리를 위
하여 죽으시고 부활하셨다는 것을 선포하는 것이다. 또한 복음은 그
리스도를 믿고 온전한 헌신 가운데 그리스도와 운명을 같이하는 사
람이 구원을 얻는다고 선포하는 것이다.

세상은 그리스도를 믿고 따르는 자들을 좋아하지 않을 것이다. 세상
은 주께 그랬던 것처럼 그들을 대할 것이다. 주님은 많은 사람들의
감탄을 자아냈고 소수의 사람들로부터 사랑을 받으셨으나 결국 대
다수의 사람들에게 버림받으셨다. 주님을 따르는 자들도 똑같은 길
을 걷게 될 것이다. 주님이 걸어가신 그 길을 가기 원하지 않는 사람
은 자기의 길을 갈 수밖에 없다. 왜냐하면 그런 사람에게 주님은 더
이상 말씀하실 것이 없기 때문이다.

사람들은 "그리스도가 누구인가?"라는 질문을 피해갈 수 없다. 주 예수
그리스도와 관계를 맺은 사람은 인생 최대의 전환기를 통과한 사람이다.

나의 몸은
하나님이 계신 성전이다

성전 TEMPLE

그가 아들이시라도 받으신 고난으로 순종함을 배워서_ 히브리서 5:8

인간의 영혼 안에 있는 하나님의 생명은 인간의 사회적 지위를 완전히 초월한다. 초대교회 시대에 성령님은 인간들 사이를 가로막았던 장벽을 뛰어넘어 모든 신자들을 영적 형제자매로 묶으셨다. 유대인과 이방인, 부자와 가난한 자, 헬라인과 야만인이 모두 세례를 받아 그리스도를 머리로 하는 한 몸이 되었다.

성령님은 영생의 선물을 받은 사람의 마음 안으로 들어오시며, 새로 태어난 사람의 영혼은 그리스도의 몸 안으로 들어온다. 그러나 이것으로 끝나는 것이 아니다. 이렇게 구원받은 사람은 신약성경의 교훈에 순종하는 삶을 살아야 할 의무를 지게 된다.

비록 서로 다른 정치제도와 문화적 환경 속에서 살아간다고 해도 신약의 교훈을 서로 다르게 해석한다는 것이 이해하기 힘들 만큼, 신약은 매우 구체적인 교훈들을 분명히 제시해준다. 하지만 그들이 그것을 서로 다르게 해석하고 적용했다는 사실은 부인할 수 없다. 여기서 우리가 분명히 짚고 넘어가야 할 부분은 이런 현상이 신약 교훈의 불완전성 때문이 아니라는 것이다. 문제가 있다면 그것은 어디까지나 각기 다른 그룹을 구성하고 있는 신자들의 불완전성 때문이다.

내가 하나님의 성전(聖殿)이라는 것을 잘 아는 나는 나의 개인적인 목적을 이루기 위해 내 몸을 사용하려고 하지 않는다. 오히려 나는 그리스도의 충성스런 제자로서 그분의 목적을 이루는 데 내 몸을 사용하려고 한다. 우리는 '나는 그리스도의 성전인 내 몸을 그분의 것이 아닌 내 것으로 간주하지 않는가?' 라고 스스로 물어야 할 것이다.

사랑은 우리를 변화시킨다

사랑 LOVE

또 두 번째 가라사대 요한의 아들 시몬아 네가 나를 사랑하느냐 하시니 가로되 주여 그러하외다
내가 주를 사랑하는 줄 주께서 아시나이다 가라사대 내 양을 치라 하시고_ 요한복음 21:16

우리는 우리가 사랑하는 그런 존재로 변하게 마련이다. 우리는 우리
가 사랑하는 것들의 총집합(總集合)이라고 말할 수도 있다. 우리는
우리가 가장 사랑하는 모습으로 성장할 수밖에 없다. 사랑은 우리를
변화시키고 형성하고 변형시킨다. 우리의 본성에 가장 강력한 영향
을 끼치는 것은 우리의 영혼 속에서 일하시는 하나님의 영의 직접적
인 활동이다. 그 다음으로 강력한 영향을 미치는 것이 바로 '사랑'
이다.

그러므로 우리가 무엇을 사랑하느냐 하는 것은 결코 가볍게 보아 넘
길 문제가 아니다. 그것은 현재와 영원에 대하여 중요성을 갖는다.
그것은 우리의 미래가 어떻게 될지 보여주는 징후라고 할 수 있다.
더 나아가서 그것은 우리의 영원한 운명을 정확히 예언해준다고 말
할 수 있다.

사랑하지 말아야 할 대상을 사랑하는 것은 결정적으로 영적 성장을
방해한다. 이것은 생명을 왜곡시켜서 기형적으로 만들고, 우리의 영
혼 안에 그리스도의 형상이 이루어지는 것을 불가능하게 한다. 우리
가 마땅히 사랑해야 할 것들을 사랑할 때 비로소 우리는 올바른 길
을 걷게 된다. 그것들을 계속 사랑할 때 우리는 우리의 정화된 사랑
의 대상을 천천히 그러나 지속적으로 닮아갈 것이다.

어떻게 하면 우리가 사랑스러운 존재가 될 수 있는가? 사랑의 화신(化身)
이신 분을 사랑할 때 우리는 사랑스러운 존재가 될 수 있다.

사랑은 이 세상
최고의 윤활유이다

윤활유 LUBRICANT

사랑하는 자들아 우리가 서로 사랑하자 사랑은 하나님께 속한 것이니
사랑하는 자마다 하나님께로 나서 하나님을 알고_ 요한일서 4:7

발전하려면 문제가 생기게 마련이다. 열심히 일하다보면 마찰이 일어날 수밖에 없다. 생명력이 있고 성장하는 교회는 반드시 어려움을 겪게 되어 있다. 교회가 성령으로 충만할 때 원수들은 교회를 공격하기 시작한다. 그렇다면 우리는 어떻게 해야 하는가?

첫째, 영적 성장에는 반드시 어려움이 따른다는 것을 깨달아 경계심을 늦추지 않도록 하라.

둘째, 주님과 사도들의 때부터 지금까지 무릇 살아 있는 신자와 교회는 많은 문제에 직면할 수밖에 없다는 것을 기억하라.

셋째, 마찰이 생길 때마다 아낌없이 사랑을 쏟아 부어라. 사랑은 이 세상 최고의 윤활유이다. 사랑은 마찰을 최소화할 것이며, 지체들이 상처받지 않고 몸이 원활하게 돌아가도록 만들어줄 것이다.

사랑은 어디에서 오는가? 하나님의 사랑은 우리 마음 가운데 거하시는 성령님으로부터 나온다.

신자들을 그리스도께 붙들어 매는 사랑의 끈은 신자들 사이도 붙들어 매준다. 그리스도를 사랑하는 사람들은 그분을 닮은 사람들, 즉 그분에게 사랑받는 사람들을 사랑한다. 이렇게 사랑의 끈으로 묶인 사람들의 삶에서 우리는 공통의 목적을 발견한다. 그것은 바로 그리스도께 영광을 돌리는 것이다.

하나님의 위대하심을 찬양하자

위대함 GREATNESS

또 여호와를 기뻐하라 저가 네 마음의 소원을 이루어주시리로다_ 시편 37:4

하나님께 경탄한다는 것은 그분이 얼마나 위대한 분인지 깨닫고 감동하는 것을 의미한다. 그분의 크심을 가장 잘 느끼고 경탄할 수 있는 피조물은 바로 인간이다. 왜냐하면 인간은 그분의 형상으로 창조된 존재이기 때문이다. 그분을 향한 경탄의 감정이 점점 커지면 우리의 마음은 형언할 수 없는 놀라움과 기쁨으로 가득 차게 된다. 그렇기 때문에 어떤 찬송가 작가는 이렇게 고백했다.

"하나님! 하나님의 '창조되지 않은 아름다움'을 볼 때 우리는 놀라움과 존경심에 사로잡힙니다. 우리의 마음에는 놀라움과 존경심이 가득하게 됩니다."

그러나 현대 복음주의자들의 하나님은 어느 누구도 놀라게 하지 못하는 것 같다. 우리의 하나님은 제도권 안에 머물러 있으며, 우리가 만들어놓은 규칙의 울타리 안에 갇혀 있다. 그분은 우리처럼 행실이 단정하고 교파에 충실하다. 우리는 어려움에 처하면 그분에게 도움을 청한다. 그리고 우리가 잘 때 우리를 지켜달라고 부탁드린다. 현대의 복음주의자들이 만들어놓은 하나님은 특별한 존경심을 불러일으키지 못한다. 그러나 성령님이 참하나님을 보여주신다면, 우리는 경탄에 사로잡힌 채 놀라움과 기쁨을 금할 수 없을 것이다.

오, 주님! 주님은 아름다우십니다. 저는 오직 주님의 얼굴을 구합니다. 주님의 눈길이 어린아이 같은 저에게 머물 때, 주님의 은혜가 제게 넘칩니다.

성경은 나를 위한
살아 있는 말씀이다

성경 BIBLE

하나님의 말씀을 받을 때에 사람의 말로 아니하고 하나님의 말씀으로 받음이니_ 데살로니가전서 2:13

하나님의 책에는 케케묵은 것이 들어 있지 않다. 성경에 연대(年代)는 나오지만 낡아빠진 것은 없다. 내가 하고 싶은 말은 성경에 기록된 모든 것들이 현재 나와 관련이 있다는 것이다.

성령님은 베드로나 바울을 통해 특정 사람들에게 편지를 보내셨다. 그러나 그분은 그 편지가 단지 당시의 수신인(受信人)들만을 위한 편지가 되도록 의도하지 않으셨다. 그것을 이 세상 모든 사람들에게 적용하는 것이 그분의 뜻이다. 그 결과, 현재 세계의 모든 그리스도인들은 어떤 언어나 방언을 말하든지 간에 그 성경이 자기들을 위해 기록되었다고 믿는다. 그들은 "성령님은 이 편지들을 내게 보내셨다. 그분은 나를 염두에 두고 이것을 쓰셨다. 이것은 골동품처럼 케케묵은 것이 아니다. 이것은 현재 나를 위한 살아 있는 진리이다"라고 말한다.

형제들이여! 그들이 이렇게 말하는 이유는 무엇인가? 그것은 주 하나님의 말씀이 날마다 새롭게 떠오르는 태양처럼 신선하기 때문이다. 그분의 말씀은 이른 새벽 풀 위에 내려앉은 이슬처럼 신선하고 아름답다. 성경은 언제나 우리를 위한 하나님의 말씀이다.

형제들이여! 하나님은 우리에게 성경을 주셨다. 성경은 완전한 권위를 갖는다. 누군가 나를 찾아와 감동에 떨며 무언가 말한다고 해도 그것이 성경에 나오지 않는 내용이라면 나는 그의 말을 듣고 싶지 않다. 내게는 성경만 있으면 된다.

당신의 원수에게 그리스도의 사랑과 자비를 나타내라

이러므로 우리가 화평의 일과 서로 덕을 세우는 일을 힘쓰나니_ 로마서 14:19

하나님이 중요하게 여기시는 것은 우리가 처한 상황이 아니라 우리의 태도와 마음 상태이다. 하나님은 우리가 다른 사람에게 학대받은 사실보다는 우리가 그 학대에 어떻게 반응했느냐에 더 큰 관심을 가지신다.

대부분 말이 청산유수(靑山流水)인 사람에게 책망을 들어본 경험이 있을 것이다(청산유수와 같은 말은 하나님께 통하지 않는다).

당신이 하나님의 자녀로서 하나님 때문에 핍박을 받거나 학대를 당할 때, 그분은 당신이 그런 핍박이나 학대에 어떤 태도를 보이느냐에 관심을 가지신다.

당신은 당신을 학대하거나 핍박하는 사람에게 복수하겠다고 이를 가는가? 하나님의 영은 당신이 그에게 그리스도의 사랑과 자비를 나타내기 원하신다. 이런 성령님의 뜻을 저버리는 것은 하나님을 당신의 적으로 만들어버리는 일이다.

언제 어디서나 하나님을 찾고 구하지 않는 사람은 하나님을 언제 어디서나 만나지 못할 것이다. 모든 일에서 하나님을 섬기지 않는 사람은 아무 일에서도 하나님을 섬기지 않는 것이다.

성령님은 이성을
무력화시키지 않으신다

근신 SOBRIETY

근신하라 깨어라 너희 대적 마귀가 우는 사자같이 두루 다니며 삼킬 자를 찾나니_ 베드로전서 5:8

성령님은 우리를 잘 아신다. 우리를 잘 아시는 그분이 우리에게 정신 차리고 신앙생활에 박차를 가하라고 권면하신다. 또한 그분은 우리의 생각과 말과 행위와 활동과 관심에서 긴장을 늦추지 말라고 권면하신다.

베드로는 올바른 정신자세를 가지라고 권면한 다음 "근신하라" 라고 덧붙인다. 그는 어떤 의도에서 이렇게 말한 것인가?

'근신' 이라는 것은 이성(理性)이 지배하는 차분한 정신 상태라고 말할 수 있다. 이성이 지배할 때 우리의 마음은 균형을 잡을 것이며, 우리의 감정은 이성에 복종할 것이다. 그러므로 나는 성령님이 이성을 무력화시키는 영적 체험 속으로 신자를 몰아넣지 않으신다고 확신한다.

흔히 사람들은 비이성적이고 부적절한 행동을 한 다음 자기들이 성령님의 감동에 따라 행동했다고 변명한다. 솔직히 말해서, 이런 변명은 궁색한 것이다. 성령님이 비이성적 행동을 하도록 감동을 주신다고 볼 수 없다.

성령님이 임하시면 언제나 그분은 하나님의 아들 예수님을 증거하고 예수께 영광을 돌리신다.

신자는 그리스도의 살아 있는 편지이다

편지 EPISTLE

육신을 좇지 않고 그 영을 좇아 행하는 우리에게
율법의 요구를 이루어지게 하려 하심이니라_ 로마서 8:4

진정한 그리스도인은 떨리는 마음으로 하나님을 경외하지만 그분을 무서워하지는 않는다. 또 온전히 신뢰하는 마음으로 그분께 가까이 가지만 거룩한 경외심과 두려움으로 떤다.

두려워하면서도 가까이 가는 것! 이것이 신앙과 사랑의 태도이다. 이 거룩한 역설 때문에 그리스도인은 사람들의 눈에 마치 광신자처럼 보이기도 한다.

교회의 역사(歷史) 속에 드러났던 것처럼 진정한 그리스도인은 오늘날에도 세상에게 수수께끼요, 아담의 육체 속의 가시요, 천사들의 놀라움의 대상이요, 하나님의 기쁨이요, 성령님의 거처(居處)이다.

그리스도의 보혈로 씻김을 받고, 성령으로 거듭나고, 성부 하나님과 동행하고, 그리스도의 부활을 통해 영원한 소망에 눈뜨고, 영원한 구원을 즐거워하는 사람이 있는가? 이런 사람이 있다면 그가 누구든지, 어디에 살든지, 무엇을 하는 사람이든지 간에 우리는 그를 하나님의 참된 자녀의 교제권 안으로 받아들여야 한다.

우리가 그리스도께 온전히 집중하면서 그분과 교제를 나눈다면 그분의 영광스러운 형상이 우리 안에서 만들어질 것이다. 그럴 때 우리는 세상에서 거룩한 우리 주님의 살아 있는 편지이자 그분의 살아 있는 형상으로 서게 될 것이다.

하나님과 우리는
사랑의 속박으로 묶여 있다

속박 BONDAGE

하나님은 한 분이시요 그 외에 다른 이가 없다 하신 말씀이
참이니이다 또 마음을 다하고 지혜를 다하고 힘을 다하여 하나님을 사랑하는 것과_ 마가복음 12:32,33

우리가 하나님의 형상으로 창조되었기 때문에 우리는 그분을 알 수 있는 능력을 가지고 있으며, 우리가 그분을 예배해야 한다는 것을 본능적으로 안다. 하나님의 영(靈)이 중생을 통해 우리를 하나님의 생명에 동참하게 하는 순간부터 우리는 우리가 하나님의 자녀임을 느끼고 기뻐하게 된다.

죄사함과 거듭남의 관문을 통과하지 않으면 누구도 하나님의 나라를 볼 수 없다. 이 관문을 통과하여 하나님의 자녀가 되었다는 기쁨은 장차 우리가 천국에서 맛볼 영원한 기쁨의 전조(前兆)라고 할 수 있다.

하나님은 우리의 생각과 의지와 감정을 통해 우리와 교제하기를 기뻐하신다. 구속받은 우리와 하나님 사이에 이런 교제가 물 흐르듯 계속될 때 우리는 성경이 약속한 구원의 기쁨의 바다에서 헤엄치게 될 것이다.

사랑에 사로잡힌 사람은 가장 강한 속박에 사로잡힌 것이다. 사랑보다 강한 속박은 없다. 그러나 사랑은 기쁨의 속박이다. 하나님과 우리 사이를 맺어주는 최고의 속박이 바로 사랑이다. 사랑의 속박을 맛본 사람은 다른 속박을 찾지 않을 것이다.

하나님의 영광을
드러내겠다는 욕구가 있는가?

욕구 DESIRE

내가 본즉 주께서 높이 들린 보좌에 앉으셨는데 그 옷자락은 성전에 가득하였고_ 이사야서 6:1

하나님과 당신의 최종적인 만남은 당신의 영혼 가장 깊은 곳에서 하나님과 당신 사이에 이루어진다. 당신이 군중 속에 있다 할지라도 이 만남은 어디까지나 당신과 그분의 일이다. 비유적으로 말해보자. 송아지 떼가 아무리 많더라도 송아지 떼 전체를 한꺼번에 낙인찍을 수는 없다. 송아지를 한 마리씩 불러내어 낙인을 찍는다.

당신이 군중 속에서 도매금으로 회심했다면 실상 당신은 회심한 것이 아니다. 당신이 군중 틈에서 도매금으로 성령 충만을 받았다면 당신은 언젠가 실망할 것이다.

대개 사람들은 하나님과 단 둘이 만나기를 원하지 않는다. 그러나 목마른 당신의 영혼이 그분의 생명수를 맛보려면, 그분과 단 둘이 만나야 한다. 인간들 사이에서는 서로 모이고 돕는 것이 미덕(美德)이다. 그렇기 때문에 우리는 서로 모이고 돕는 일에 힘써야 할 것이다. 그러나 우리가 하나님을 만날 때에는 인간적인 또는 자연적인 도움에 의지하지 않고 곧장 하나님께 달려가야 한다.

하나님은 우리가 오직 하나님만을 원하는 순전한 마음으로 하나님께 나아오기를 원하신다. 우리는 하나님만을 원해야 한다. 다른 것을 원해서는 안 된다.

하나님을 사랑해야 한다는 원리가 다른 모든 원리보다 앞서야 한다. 하나님의 영광을 드러내겠다는 욕구가 우리의 다른 모든 욕구보다 강해야 한다.

성령님이 날개를
접는 일은 결코 없다

비둘기 DOVE

예수께서 세례를 받으시고 곧 물에서 올라오실 새 하늘이 열리고
하나님의 성령이 비둘기 같이 내려 자기 위에 임하심을 보시더니_ 마태복음 3:16

하나님은 당신이 누구의 성경해석을 받아들였느냐에 관심을 갖지
않으신다. 그분은 오직 당신의 믿음과 사랑을 원하실 뿐이다. 성경
에 따르면, 신약시대에 신자들이 함께 모여 기도하고, 강한 자가 약
한 자의 짐을 져주고, 모두가 넘어진 자들을 위해 기도했다고 한다.
그들이 모여 기도할 때 그들이 모인 곳이 진동했고, 그들이 모두 성
령으로 충만했다.

어떤 성경해석자들은 줄곧 "신약시대 신자들에게 일어난 일에 관심
을 갖지 말라. 그들에게 일어난 일이 우리에게도 일어나야 하는 것
은 아니다"라고 우리에게 말했다. 그래서 결국 비둘기 같은 성령님
은 날개를 접고 침묵하시게 되었다.

그들은 현대판 서기관들이다. 그들은 성경해석을 업(業)으로 삼지
만 근본적으로 잘못된 사람이라는 것을 우리는 직감적으로 알 수 있
다. 우리의 영혼 깊은 곳에 자리 잡은 열망에 귀를 기울여라. 그러면
과거의 성도들, 찬송가 작가들 그리고 영적 거인들이 옳다는 것을
알게 될 것이다.

하늘에서 비둘기같이 임하는 성령님이시여!
우리에게 임하셔서 소생케 하는 능력을 부어주소서.
우리에게 오셔서 구주의 사랑으로 채우소서.
그리하시면 우리의 사랑에도 불이 붙을 것입니다.

그리스도 안에서
새로운 피조물이다

새 피조물 NEW CREATION

또 함께 일으키사 그리스도 예수 안에서 함께 하늘에 앉히시니 _에베소서 2:6_

이 땅은 먼지와 진흙으로 만들어진 피조물이 살기에 좋은 곳일는지 몰라도 그리스도의 보혈로 구속(救贖)받은 살아 있는 영혼이 살기에는 좋은 곳이 못 된다.

이 땅이 하나님의 손으로 지음 받은 피조물이 영원히 거하기에 적당한 장소였던 것은 사실이다. 그러나 이 땅은 성령으로 거듭난 구속받은 자들이 영원히 거하기에 적당하지도 않고 충분히 좋지도 않다. 거듭난 사람은 누구나 높아진 자들이다. 그들은 본래 타락한 아담에게 속한 인류의 수준에서 타락을 모르는 승리하신 그리스도의 수준까지 높아진 자들이다. 그들은 저 위에 속한 자들이다!

하나님의 자녀들은 하나님의 성품에 참여하는 자들이다. 전에 그들에게서 땅의 형상이 발견되었지만, 이제 그들에게는 하늘의 형상이 발견된다. 하나님은 그들이 하나님의 영광에 동참하도록 허락하셨다. 하나님은 그들을 새 피조물로 만드셨다.

나는 하나님의 얼굴을 직접 보고
하나님의 구원의 은혜를 이야기하겠네.
나는 하나님의 얼굴을 직접 보고
하나님의 구원의 은혜를 이야기하겠네.

그리스도의 형상으로
변화될 것이다

형상 IMAGE

너희는 이 세대를 본받지 말고 오직 마음을 새롭게 함으로 변화를 받아
하나님의 선하시고 기뻐하시고 온전하신 뜻이 무엇인지 분별하도록 하라_ 로마서 12:2

그리스도께서 우리를 교정(矯正)하거나 회복하시어 우리가 아담의
본래 형상을 다시 찾도록 만들기 위해 이 땅에 오셨다고 믿는 사람
들도 있는 것 같다. 그러나 그분은 단지 아담의 타락에서 기인한 잘
못을 바로잡기 위해 오신 것이 아니다. 그리스도는 그것보다 무한히
더 큰 일을 이루기 위해 오셨다. 그분은 우리 안에서 그분의 형상이
이루어지도록 만들기 위해 오셨다. 첫 사람 아담은 '산 영'이었지
만, 마지막 아담은 '살려주는 영'이시다(고전 15:45). 첫 사람은 땅
에서 나서 흙에 속한 자이지만, 둘째 사람은 하늘에서 나신 주님이
시다(고전 15:47).

따라서 그리스도를 통한 구속(救贖)은 빚진 돈을 동전 한 닢까지 갚
아주는 식으로 이해되어서는 안 된다. 구속은 잘못된 사람을 바로잡
아 아담의 은혜 안으로 이끌어 들이는 것도 아니다. 그리스도 자신
이 아담의 차원을 초월하는 만큼 우리도 초월하도록 우리를 끌어올
리는 것이다. 우리는 아담이 아니라 그리스도를 바라보아야 한다.
그렇게 하면 우리는 하나님의 영에 의해 그리스도의 형상으로 변화
될 것이다.

우리는 그리스도의 형상으로 변화된다. 하지만 그것은 우리가 도덕적 힘
이나 의(義)를 얻기 위해 노력해서 그렇게 되는 것이 아니다. 우리는 그분
의 영에 의해 그분의 형상으로 새롭게 창조되어야 한다. 그분의 손에 들
린 하늘 도장이 우리 마음에 직접 찍힐 때 우리는 그분을 닮아가게 된다.

하나님은 사랑이시다

주를 두려워하는 자를 위하여 쌓아두신 은혜
곧 인생 앞에서 주께 피하는 자를 위하여 베푸신 은혜가 어찌 그리 큰지요_ 시편 31:19

성령님은 우리를 죄에서 해방시키신 그리스도께서 우리에게 베푸신 사랑이 어떤 것인지 깨닫도록 도우신다. 당신은 사랑이 이성적(理性的)인 것이 아니라는 것을 벌써 배웠는가? 사랑은 이성적으로는 되지 않는다. 사랑에는 이성(理性)을 초월하는 아름다운 지혜가 있다. 이 지혜는 이성을 훨씬 초월한다. 온 우주를 통치하시는 하나님이 인간의 모양으로 낮아지시고 사랑 때문에 죄인들을 위해 죽으시리라고 누가 상상이나 했겠는가? 이것은 정말 이성을 초월하는 이야기이다. 하지만 이것이 전능하신 하나님의 최고 지혜라는 점에서 이성적이라고 말할 수 있다.

여러 세기 전에 덕망 높은 놀위치의 줄리언(Julian of Norwieh, 1342~1416)은 그리스도 안에서 우리에게 주어진 이 사랑을 아주 소중히 여겼다. 그녀는 이렇게 말했다.

"하나님은 자신의 선하신 뜻에 따라 우리를 만드셨다. 또한 그분은 그분의 선하신 뜻에 따라 우리를 지켜주신다. 인간이 죄를 지었을 때에도 그분은 그분의 선하신 뜻에 따라 우리를 구속(救贖)하셨다. 그러므로 하나님께서 자신의 선하신 뜻에 따라 자신의 자녀들에게 가장 좋은 것들을 주시지 않겠는가?"

공의가 하나님의 전부는 아니다. 지혜가 하나님의 전부는 아니다. 능력이 하나님의 전부는 아니다. 이런 것들이 하나님의 속성들이기는 하지만 하나님의 본질을 구성하기에는 부족하다. 그러나 사랑은 하나님의 본질이다. 다른 모든 속성은 하나님의 사랑 안에서 온전해질 수 있다.

거룩한 생활을 할 때
하나님의 능력을 받는다

거룩한 생활 HOLY LIFE

귀 있는 자는 성령이 교회들에게 하시는 말씀을 들을지어다 이기는 그에게는
내가 하나님의 낙원에 있는 생명나무의 과실을 주어 먹게 하리라_ 요한계시록 2:7

우리는 너무나 오랫동안 거룩하지 못한 삶을 살아왔기 때문에 진정
한 거룩함이 무엇인지 모르는 지경에 처했다. 예수 그리스도의 교회
에 속한 하나님의 백성은 거룩한 백성이 되어야 한다. 그러나 대개
목사들은 거룩함에 관한 성경적 설교를 포기한 듯하다. 그들은 하나
님의 말씀을 읽고 죄를 깨달은 사람들을 어떻게 다루어야 할지 모르
는 것 같다. 아마도 그들은 그런 사람들에게 손쉽게 신경안정제를
주는 편을 택할 것이다.

우리 주님은 거룩한 분이시다. 그분의 눈은 불꽃같다. 그분은 모든
것을 꿰뚫어 보신다. 우리는 그분에게 아무것도 숨길 수 없다. 그분
은 모든 것을 보시고 모든 것을 아신다. 그러나 설교자나 평신도 모
두 그분이 모든 것을 아신다는 사실을 부담스러워하는 것 같다. 우
리는 주께서 우리의 점잖은 겉모습을 영성(靈性)으로 인정해주시기
를 바라는 것 같다.

신령한 삶을 살 수 있는 비결은 우리의 삶에 대한 통제권을 그리스도께 내
어드리는 것이다. 성령님은 그리스도인 스스로 자신에게 지배받기를 거
부하며, 그리스도의 주권을 인정하여 그분께 순종하는 삶을 살도록 도우
신다. 우리가 그리스도께서 주관하시는 거룩한 생활을 할 때 하나님께서
도 능력을 허락하실 것이다.

성령님은 평안의 강물을 주신다

내가 주는 물을 먹는 자는 영원히 목마르지 아니하리니
나의 주는 물은 그 속에서 영생하도록 솟아나는 샘물이 되리라_ 요한복음 4:14

하나님이 허락하신 사실과 진리를 알기 원하는 그리스도인들이 있다는 것은 감사할 만한 일이다. 그들이 단순히 마음을 편하게 해주는 종교적 메시지를 들려줄 사람을 찾지 않는다는 것은 참으로 감사한 일이다. 예수 그리스도의 보혈이 우리의 죄를 깨끗이 씻어준다는 것은 사실이다. 기독교는 죄를 씻어주는 종교이다. 또한 기독교는 성령님을 믿는 종교이다. 성령님은 우리에게 실로의 물의 평안을 주신다.

살아 계신 하나님은 우리를 이 세상에서 유일한 강(江), 영원히 마르지 않는 강, 흘러넘쳐서 주변을 파괴하는 법이 없는 강으로 인도하신다.

갈보리 언덕에서 시작된 강물이 흘러
모든 죄인의 죄를 씻어준다네.
예수께서 말씀하시기를,
이 물을 마시는 자마다 다시는 목마르지 않으리라 하셨네.
지금도 갈보리 언덕으로부터 이 강물이 흘러
씻기고 치유하고 복을 준다네.
예수께서 말씀하시기를,
이 물을 마시는 자마다 새 생명과 안식을 얻을 것이라 하셨네.

성령님은 확신을 주신다

너희를 부르시는 이는 미쁘시니 그가 또한 이루시리라_ 데살로니가전서 5:24

우리는 인생의 폭풍 가운데 있다. 하나님의 성도들은 항해 중인 배 안에 승선해 있다. 누군가 수평선을 바라보며 "태풍이 우리를 향해 몰려오고 있다. 우리는 죽은 것이나 다름없다. 우리는 큰 파도에 부 딪혀서 산산조각이 날 것이다!"라고 소리친다.

그러나 또 다른 사람이 차분하게 "아래를 보라. 우리 배는 닻으로 고 정되어 있다"라고 말한다. 우리는 아래를 보지만 닻이 너무 깊은 곳 에 드리워져 보이지 않는다. 그러나 닻은 분명히 물 속에 있다. 닻은 단단히 걸려 있고 결국 우리의 배는 태풍을 이겨낸 뒤 계속 항해할 수 있다.

성령님은 우리에게 우리의 영혼을 지켜주는 단단히 박힌 '영혼의 닻'이 있다는 확신을 주신다. 성령님은 "믿음을 포기하지 말라. 거 룩함을 좇으라. 부지런히 행하고 온전한 믿음을 끝까지 붙들라. 믿 음과 인내로써 약속된 것을 유업으로 받은 사람들을 본받으라. 하나 님은 성실하신 분이다"라고 우리에게 말씀하신다.

성경에서 발견되는 신앙과 승리의 모범은 거의 대부분 고통스럽고 극단 적인 상황에서 생겨났다. 하나님은 고난을 통해 은혜를 베풀기를 기뻐하 신다. 대개의 경우, 믿음은 위험과 고난 가운데서 생긴다.

예수님의 수난에 대한
삼위일체 하나님의 합의

삼위일체 TRINITY

> 예수께서 신 포도주를 받으신 후 가라사대 다 이루었다 하시고
> 머리를 숙이시고 영혼이 돌아가시니라_ 요한복음 19:30

하늘에 계신 하나님 아버지는 세상을 위해 자신의 독생자를 내어주실 정도로 세상을 사랑하셨다. 하나님의 아들이 세상 죄를 지고 돌아가시도록 만든 것이 그분의 사랑이다. 성부와 성자와 성령은 하나님의 영원한 아들이 세상 죄를 위해 죽는 것에 완전히 합의하셨다. 그래서 마리아의 아들 예수님이 십자가에서 홀로 그토록 고통스럽게 돌아가실 때, 성부 하나님도 그리스도만큼 가슴이 찢어지도록 아프셨다고 말하는 것은 틀린 이야기가 아니다.

우리는 성자(聖子)께서 십자가에서 홀로 돌아가시는 것이 삼위일체 하나님께 어떤 의미가 있었는지 깨닫게 해달라고 주께 기도드려야 한다. 성자께서 십자가에서 돌아가실 때 하나님은 그분의 공의(公義) 때문에 어쩔 수 없이 아들을 외면하셨다. 그러나 그때 하나님의 마음은 우리의 죄를 몸에 지고 죽임을 당하는 성자만큼이나 고통스러웠을 것이라고 나는 믿는다. 로마 군인이 예수님의 옆구리를 창으로 찔렀을 때 성부(聖父) 하나님도 그것을 느끼셨을 것이다.

●

전능의 창조주 그리스도께서 피조물인 인간의 죄를 위해 돌아가실 때,
태양이 어둠 속에 숨어 그분의 영광을 가린 것은 당연한 일이었다.

성령님의 인도로 전도하라

우리가 우리를 전파하는 것이 아니라 오직 그리스도 예수의 주 되신 것과 또 예수를 위하여
우리가 너희의 종 된 것을 전파함이라_ 고린도후서 4:5

17세의 무지한 소년이었던 나를 성령님이 자비롭고 친절하게 다루신 것에 대해 나는 여러 번 하나님께 감사드렸다. 우리 동네에 홀맨(Holman)이라는 사람이 있었다. 어느 날 내가 그와 함께 길을 걸어가고 있을 때 그는 갑자기 내 어깨에 손을 얹더니 이렇게 말했다.

"한 가지 궁금한 점이 있다. 네가 그리스도인인지, 네가 회심했는지 궁금하구나. 이 문제에 대해 너와 이야기하고 싶구나."

그의 말을 듣고 나는 이렇게 대답했다.

"선생님, 저는 회심하지 않았습니다. 하지만 제게 이런 얘기를 해준 점을 고맙게 생각합니다. 이제 저의 회심 문제를 심각하게 생각해보려고 합니다."

이따금 정한 할당량을 채워야 한다는 의무감으로 전도하는 그리스도인들도 있다. 만일 그 당시 홀맨 씨가 단지 자신의 전도 할당량을 채우기 위해 내게 전도한 것이라면 나는 기분이 썩 좋지 않았을 것이다. 전도는 성령님을 통해 일하시는 하나님의 인도와 사랑 가운데 이루어져야 하는 일이다.

믿지 않는 사람들을 그리스도께 인도하려고 할 때 우리는 그들의 눈을 열어 그리스도를 보게 해달라고 지속적으로 기도해야 한다. 우리는 사람들의 마음을 어둠 속에 가두어두려고 애쓰는 어둠의 영을 기도로 물리쳐야 한다.

사랑 부재는
성령 부재의 증거이다

부재 ABSENCE

나의 힘이 되신 여호와여 내가 주를 사랑하나이다_ 시편 18:1

고린도전서 13장은 그리스도가 어떤 분이신지 우리에게 가르쳐준다고 말할 수 있다. 그러나 우리는 고린도전서 13장이 우리가 영적 파국을 피하기 위해 어떤 존재가 되어야 하는지 가르쳐준다는 것 또한 잊지 말아야 한다. 우리는 지극히 중요한 이 가르침을 잊지 말아야 한다.

바울이 말하는 사랑이 없다면 그리스도인으로서의 나의 삶은 열매 맺지 못하는 무화과나무와 같다고 말할 수 있다. 고린도전서 13장의 바울의 말을 오직 그리스도에게만 적용한다면, 그것은 정직하지 못한 속임수이며, 매우 위험스러운 것이다.

우리 마음에 하나님의 사랑을 부어주시는 분은 성령님이시다(롬 5:5). 사랑은 성령의 열매 가운데 하나이다(갈 5:22). 그러나 거듭되는 우리의 삶 가운데 사랑의 열매가 발견되지 않는다면 우리는 우리에게 사랑이 있다고 주장할 수 없다.

고린도전서 13장에서 묘사된 사랑이 우리에게 없다면 그것은 우리에게 성령님이 계시지 않다는 증거이거나 아니면 적어도 그분이 우리 안에서 활동하지 않으신다는 증거이다. 이것은 정직한 결론이다. 이것을 인정하지 않는 사람은 결코 정직한 것이 아니다.

복음은 사랑의 정신을 불어넣어준다. 사랑은 복음의 교훈의 성취요, 복음의 기쁨의 표시요, 복음의 능력의 증거이다.

진정한 사랑은
성령님으로부터 흘러나온다

소망이 부끄럽게 아니함은 우리에게 주신 성령으로 말미암아
하나님의 사랑이 우리 마음에 부은바 됨이니_ 로마서 5:5

우리가 인간 링컨을 사랑하듯이 인간 예수님을 사랑할 수는 있다.
그러나 예수님을 향한 영적 사랑은 우리가 인간으로서 느낄 수 있는
가장 순수한 사랑과는 다른 것이며, 인간적인 사랑보다 무한히 우월
하다.

성령님을 통하지 않으면 예수님을 올바로 사랑할 수 없다. 성삼위
(聖三位) 가운데 제3위이신 성령님만이 성부께서 기뻐하시는 방법
으로 제2위이신 예수님을 사랑하실 수 있다. 예수님을 영적으로 사
랑한다는 것은 우리 안에 계신 성령님이 영원한 아들 그리스도를 사
랑하신다는 것이다.

우리는 육신적 차원에서 그리스도께 아첨하고 관심을 보일 수 있다.
그러나 우리 안에 거하시는 성령님으로부터 흘러나오지 않는 사랑
은 진정한 영적 사랑이 아니므로 그 사랑으로는 하나님을 기쁘시게
해드릴 수 없다. 우리가 인간적인 최고의 사랑보다 더 큰 사랑을 그
리스도께 바치지 않는다면 우리는 그분을 영화롭게 하는 것이 아니
다. 그리스도를 향한 우리의 사랑이 우리 안에 계신 성령님으로부터
흘러나올 때 비로소 우리는 그리스도를 올바로 사랑하게 된다.

●

우리는 사랑이 아니다. 우리는 우리가 본능으로 사랑할 수 있으리라고 믿
어서는 안 된다. 예수님은 사랑의 본체이시며, 사랑 그 자체이시다. 그분
이 우리의 주님이시다. 그분의 사랑이 우리의 사랑이다. 우리는 그분의
사랑을 받아서 사람들에게 다시 나누어줄 뿐이다.

그리스도를 향한 경외심이 있는가?

경외심 REVERENCE

그런즉 믿음, 소망, 사랑, 이 세 가지는 항상 있을 것인데 그중에 제일은 사랑이라_ 고린도전서 13:13

예수님을 향한 인간적인 사랑과 예수님을 향한 영적 사랑을 구분 짓는 특징을 설명한다는 것은 결코 쉬운 일이 아니다. 그러나 이 특징은 매우 중요하다. 여기서 나는 두 가지만 언급하겠다.

첫째, 성령 안에서 그리스도를 사랑하는 사람의 마음에는 언제나 경외심이 있다. 그리스도에 대한 모든 생각에는 성령님이 주시는 엄숙함이 뒤따른다. 따라서 우리는 그리스도에게 익살스럽거나 경박한 면이 있다고 생각해서는 안 된다. 또 무례하다는 느낌을 줄 정도로 그리스도께 친근하게 구는 것도 용납될 수 없다. 우리는 합당한 예(禮)와 공손한 태도를 갖추어 그분께 나아가야 한다.

둘째, 진정한 영적 사랑으로 그리스도를 사랑하는 사람에게는 언제나 자기 비하(自己卑下)가 발견된다. 예수님을 보았을 때 바울은 엎드려 얼굴을 땅에 댔고 요한 역시 죽은 자같이 되었다. 그분의 영광스런 임재 앞에서 놀라움과 두려움을 느낀 적이 있는 사람은 누구나 다소간 자기 비하를 체험했다.

우리와 예수님의 관계가 영적인 것이냐 인간적인 것이냐를 구별하는 것은 매우 중요하다. 이것을 구별할 때 우리는 큰 유익을 얻을 것이다.

●

사랑은 이 세상에서 가장 아름다운 것이며, 우리의 삶 속에 계신 하나님을 가장 잘 증거할 수 있는 방법이다. 이것은 누구나 잘 아는 진리이다.

불순종은 언제나 위험을 낳는다

불순종 DISOBEDIENCE

선한 지혜는 은혜를 베푸나 궤사한 자의 길은 험하니라_ 잠언 13:15

우리는 원하기만 한다면 육체를 위해 씨를 뿌릴 수 있다. 우리가 육체를 위해 씨를 뿌린다고 해서 하늘에서 급하게 훼방이 임하는 것은 아니다. 왜냐하면 우리 뜻에 따라 씨를 뿌릴 수 있는 권리가 우리에게 부여되어 있기 때문이다. 그러나 육체를 위해 씨를 뿌리면 육체에서 썩을 것을 거둘 수밖에 없다. 정신이 제대로 박힌 사람이라면 이런 짓을 하지 않겠지만, 실제로 이런 짓을 하는 사람들이 생겨난다.

그렇다면 그들은 어떤 생각에서 이런 짓을 하는가? 그것은 썩을 것을 거두는 슬픔을 어떻게든지 모면할 수 있으리라는 막연한 희망의 유혹에 속았기 때문이다. 그러나 콩 심은 데 콩 나고 팥 심은 데 팥 나는 법이다. 창세(創世) 이래 이 법칙은 변하지 않았다.

하나님의 법칙을 선용하는 방법은 바로 그 법칙에 따라 일하는 것이다. 우리가 믿고 순종하면 그분의 모든 법칙이 우리에게 유리하게 작용할 것이다. 우리 사역의 현장에서 우리가 "뿌린 대로 거둔다"라는 법칙에 따라 일한다면 우리는 영원한 선(善)을 이룰 것이다.

이토록 하나님은 자비로우시며, 자신의 피조물들을 배려하신다.

❋

불순종은 언제나 위험을 낳는다. 잘못된 길은 위험한 길이다. 그릇 행하는 자들이 가는 길은 평탄하지 않다. 이것은 하나님이 정하신 법칙이다. 당신이 이 법칙을 바꿀 수 없다.

하나님은 우리가
예배자가 되기를 원하신다

예배자 WORSHIPER

여호와여 주의 심판하시는 길에서 우리가 주를 기다렸사오며
주의 이름 곧 주의 기념 이름을 우리 영혼이 사모하나이다_ 이사야서 26:8

당신에게 모든 것을 바쳐 하나님을 예배할 마음이 있음을 그분이 아
신다면, 그분은 당신을 도와주실 것이다. 그분에게는 사랑과 은혜,
약속과 속죄 그리고 성령님의 지속적인 도우심과 임재가 있다.

그러므로 당신에게 요구되는 것은 결심, 사모함, 순종 그리고 믿음
이다. 당신의 마음은 하나님과 지속적으로 교제를 나눌 수 있는 밀
실, 성소(聖所) 그리고 성지(聖地)가 될 수 있으며, 그분과의 교제 속
에서 당신의 예배는 순간순간 그분에게 상달될 것이다.

영국의 설교자 스펄전(Spurgeon)의 위대한 설교 가운데 두 편의 설
교 제목은 '고요함 속의 하나님' 과 '폭풍우 속의 하나님' 이다. 하나
님을 아는 사람은 고요함 속에서도 그분을 만날 수 있고, 폭풍우 속
에서도 그분을 만날 수 있다. 스펄전은 "하나님의 영으로 충만한 사
람, 즉 그분과 생명의 교제를 나누는 사람은 고요함 속에서든지 폭풍
우 속에서든지 그분을 예배하는 기쁨을 맛볼 수 있다"라고 말했는데,
나는 이 말에 전적으로 동의한다. 그의 말을 반박할 수 있는 사람은
아무도 없을 것이다. 하나님은 우리가 어떤 사람이 되기를 원하시는
가? 그분은 우리가 그분을 예배하는 자가 되기를 원하신다.

세상에 유익을 주는 사람은 어떤 사람인가? 군중 속에서 시간을 보내며
다른 사람들의 의견과 생각과 업적에 대해 이야기를 늘어놓는 사람이 아
니다. 길거리에서 벌어지는 일들이 아니라 저 높은 곳에서 일어나는 일들
에 대한 소식을 듣고 전하는 사람이 세상에 유익을 준다.

성화 없이 예수 이름의
주술적 효험만을 기대하는가?

주술 MAGIC

너희는 여호와 우리 하나님을 높여 그 발등상 앞에서 경배할지어다 그는 거룩하시도다_ 시편 99:5

성령님의 도우심에 의지하여 성경을 깊이 연구해보라. 그러면 예수님의 이름과 그분의 본성이 동일하다는 것을 알게 될 것이다. 예수님(Jesus)의 이름의 철자를 정확히 아는 것만으로는 부족하다. 우리가 그분의 본성을 닮게 될 때, 우리가 그분의 뜻에 따라 간구할 수준에 오를 때, 그분은 우리에게 필요하고 우리가 원하는 선한 것들을 주실 것이다. 우리는 단지 이름으로만 예배하는 것이 아니다. 우리가 하나님을 예배하는 것은 우리가 그분 때문에 거듭났기 때문이다. 우리를 거듭나게 하실 때, 그분은 예수님의 이름을 주셨을 뿐만 아니라 우리의 본성을 변화시키셨다.

왜 우리는 예배를 드리기만 하면 하나님이 기뻐하실 것이라는 착각에 빠져 사는가? 하루 종일 매춘부처럼 육신적이고 세상적으로 살다가 한밤중에 어려운 일을 당하게 된 사람이 있다고 가정해보자. 이런 사람이 거룩하신 하나님께 감히 기도드릴 수 있을까? 죄악 속에서 사는 사람이 신령과 진정으로 예배하라고 명하신 하나님 앞에 나아갈 수 있을까? 우리는 스스로 "내가 무릎을 꿇고 예수님의 이름을 부르는 것이 혹시 그분의 이름에 주술적(呪術的)인 힘이 있다고 믿기 때문은 아닌가?"라고 진지하게 물어야 할 것이다.

하나님께서 기뻐하시지 않는 것이 내 안에 남아 있다면 내가 드리는 예배가 하나님을 온전히 기쁘시게 해드릴 수 없을 것이다.

227

성령님은 영혼을 성장시키신다

그들의 귀를 열어 교훈을 듣게 하시며 명하여 죄악에서 돌아오게 하시나니
하나님은 그 권능으로 큰일을 행하시나니 누가 그같이 교훈을 베풀겠느냐_ 욥기 36:10,22

성령님이 우리를 거듭나게 하셨다고 해서 우리를 향한 성령님의 일이 다 끝난 것은 아니다. 그분은 우리 삶의 모든 부분이 그분의 뜻과 조화를 이룰 때까지 계속 일하신다. 다시 말해서 성령님은 우리가 거듭난 후에도 말씀과 기도와 징계와 고난을 통해 계속해서 우리를 성장하게 하신다.

우리가 완고한 마음을 버리고 적극적으로 순종하면 우리의 영적 성장도 빨라질 수 있다. 하지만 대개의 경우 믿음과 순종의 길을 배우는 데는 어느 정도 시간이 걸린다. 어느 정도 시간이 걸린 다음 비로소 우리는 온전함에 가까운 상태까지 성장할 수 있다.

하나님은 자신의 많은 자녀들을 영광에 이르도록 만들기 위해 모든 수단을 다 동원하신다. 그러면서도 언제나 우리에게 주신 은사와 우리의 의지의 자유를 존중하신다. 그분이 사용하시는 모든 수단 중에서 최고 수단은 단연 성경이다.

성경의 세 가지 기능은 구원의 지식을 전하고, 우리에게 믿음을 불어넣어 주고, 우리가 순종하도록 만드는 것이다. 따라서 우리가 마음의 문을 열고 진리를 배우고 믿고 그 진리에 따라 순종할 때 비로소 성경은 우리에게 유익이 된다.

하나님의 자녀들은
역설의 진리 속에 살아간다

역설 PARADOX

내 영혼이 주를 갈망하며 내 육체가 주를 앙모하나이다 내가 주의 권능과 영광을 보려 하여
이와 같이 성소에서 주를 바라보았나이다_ 시편 63:1,2

하나님을 찾았으면서도 여전히 하나님을 찾기 위해 노력한다는 것
은 모순된 말처럼 들리겠지만, 이것은 역설(逆說)의 진리이다. 작은
것에 쉽게 만족하는 사이비 신앙인들은 이 역설을 비웃겠지만, 마음
이 불타는 하나님의 자녀들은 체험을 통해 이 역설을 깨닫는다. 성
버나드(St. Bernard, 1091~1153. 찬송시 작가)는 이 거룩한 역설을 사행
시로 다음과 같이 표현했는데, 하나님을 경배하는 사람들은 그의 시
를 쉽게 이해할 수 있을 것이다.

생명의 떡이시여! 우리는 생명의 떡을 맛보았지만,

이 떡을 여한 없이 먹기를 여전히 갈망하나이다.

생명의 샘이시여! 우리는 생명의 물을 마셨지만,

이 샘물을 한없이 마시기를 간절히 원합니다.

성령의 열매들은 사랑의 서로 다른 얼굴들이다. 회락은 기뻐하는 사랑이
요, 화평은 안식하는 사랑이요, 오래 참음은 견디는 사랑이요, 양선은 예
의바른 사랑이요, 자비는 행동하는 사랑이요, 충성은 신뢰하는 사랑이요,
온유는 양보하는 사랑이요, 절제는 자기를 사랑하는 사랑이다.

옛 주인을 떠나
새 주인을 섬겨라

주인 MASTER

내 양은 내 음성을 들으며 나는 저희를 알며 저희는 나를 따르느니라 내가 저희에게 영생을 주노니 영원히 멸망치 아니할 터이요 또 저희를 내 손에서 빼앗을 자가 없느니라_ 요한복음 10:27,28

우리가 자발적으로 우리의 모든 것을 하나님께 드린다고 해서 인간인 우리의 존엄성이 훼손되는 것은 아니다. 이렇게 한다고 해서 우리가 인간으로서 치욕을 당하는 것이 아니다. 오히려 이렇게 할 때 우리는 창조주의 형상을 따라 지음 받은 존재로서 높은 영광의 자리에 오르게 된다. 우리의 분수를 망각하고 하나님의 자리를 찬탈(簒奪)하고 도덕적 타락에 빠지는 것이야말로 우리의 치욕이다. 그러므로 우리가 빼앗은 하나님의 보좌를 하나님께 다시 돌려드릴 때 우리의 영예가 회복된다. 우리가 하나님께 영광을 돌릴 때 우리의 존귀와 위엄도 온전히 회복된다.

하나님의 뜻에 따르기를 싫어하는 사람이 있다면, 그는 "죄를 범하는 자마다 죄의 종이라"(요 8:34)라는 예수님의 말씀을 기억해야 한다. 어차피 우리는 하나님의 종이 되든지 아니면 죄의 종이 된다. 자기 뜻을 굽혀 그리스도의 뜻을 따르는 사람은 종을 잔인하게 다루는 주인을 떠나 온유하고 겸손한 새 주인을 찾은 사람이라고 할 수 있다. 왜냐하면 그리스도는 "내 멍에는 쉽고 내 짐은 가벼움이라"(마 11:30)라고 말씀하셨기 때문이다.

육체의 생각으로 가득한 마음은 그리스도를 의지하지 않는 마음이다. 그러나 깨어져 회개하는 마음은 그리스도를 온전히 의지하며 감사한다.

모여 사는 것이
양의 본성이다

날마다 마음을 같이 하여 성전에 모이기를 힘쓰고 집에서 떡을 떼며
기쁨과 순전한 마음으로 음식을 먹고_ 사도행전 2:46

어떤 체험은 너무나 깊은 내면적 체험이기 때문에 다른 사람들과 공
유할 수 없다. 이런 성경의 예로는 벧엘과 브니엘에서의 야곱의 체
험, 불타는 떨기나무를 본 모세의 체험, 겟세마네 동산에서의 예수
그리스도의 체험 그리고 밧모 섬에서의 요한의 체험이 있다. 신앙인
들의 전기(傳記)를 읽으면 이런 예를 얼마든지 찾을 수 있다.

신자들의 공동체는 개인적으로 하나님을 만나는 체험을 한 사람들
의 모임이어야 한다. 식구가 아무리 많다고 해도 각각의 자녀는 부
모에게 개별적으로 태어났다. 교회도 마찬가지이다. 교회의 구성원
들은 개별적으로 성령으로 나야 한다.

각각의 자녀가 개별적으로 태어나는 것은 사실이지만, 일단 태어난
자녀는 가족 공동체에 속하여 다른 식구들과 교제하면서 살아가야
한다. 교회는 하나님의 가족이라고 말할 수 있다. 교회야말로 새로
태어난 그리스도인들을 양육하기에 이상적인 곳이다.

우리에게 가장 필요한 분은 하나님이시다. 하나님 다음으로 우리는 서로
에게 가장 필요한 존재이다. 우리는 하나님의 양(羊)들이다. 서로 모여서
사는 것이 양의 본성이다.

성령님을 의지하지 않으면 실패한다

실패 FAILURE

하나님의 성령으로 봉사하며 그리스도 예수로 자랑하고
육체를 신뢰하지 아니하는 우리가 곧 할례당이라_ 빌립보서 3:3

그리스도께서 맡기신 일을 감당하겠다는 사람들조차 인간적인 수
단과 방법에 의지하는 일이 종종 일어난다. 그러나 성령님을 온전히
의지하지 않으면 실패할 수밖에 없다. 우리가 우리 힘으로 그리스도
의 일을 할 수 있다는 착각에 빠져 있다면 결코 그리스도의 일을 제
대로 수행할 수 없다.

하나님은 부족한 사람이라도 하나님을 의지하기만 하면 얼마든지
사용하신다. 그분은 탁월한 능력을 소유한 사람이 아니라 만왕의 왕
이신 그리스도의 영광을 본 사람을 들어 일하신다. 형제자매들이여!
우리가 아무리 하찮은 존재일지라도 결코 낙심하지 말자.

하나님이 우리를 구원하신 것은 우리로 하여금 예배하는 자가 되도
록 만들기 위해서이다. 나는 우리가 우리 모습을 제대로 볼 수 있도
록 하나님이 도와주시기를 간절히 바란다. 하나님이 이렇게 해주실
때 우리는 우리의 본질을 깨닫고 한없이 낮아질 것이다. 이렇게 낮
아질 때 하나님은 우리를 다시 일으켜 세워 하나님을 예배하고 찬양
하고 증거하게 하실 것이다.

하나님은 우리 존재의 모든 부분에 관여하신다. 아주 다양한 부분과 경험
을 통해 우리를 만나주신다. 예수님과의 우정, 그분의 내주하시는 생명
그리고 그분과의 깊고 허심탄회한 개인적 대화만 있다면 다른 것들은 필
요 없다. 다른 친구들은 우리 안에서 그들의 삶을 살아줄 수 없지만, 예수
그리스도께서는 우리 안에서 그분의 삶을 사신다.

신령한 생활에
지름길은 없다

지름길 SHORTCUT

사랑은 오래 참고 사랑은 온유하며 투기하는 자가 되지 아니하며
사랑은 자랑하지 아니하며 교만하지 아니하며_ 고린도전서 13:4

우리의 문제가 무엇인가? 우리의 문제는 지름길로 달려가서 신앙의
열매를 맺으려고 애쓴다는 것이다. 우리는 모두 진리 안에서 하나님
과 동행하는 삶을 사는 신령한 사람이라는 소리를 듣고 싶어 한다.
그러나 나무에서 꽃이 피고 열매를 맺으려면 줄기가 있어야 하고,
줄기가 있으려면 뿌리가 있어야 한다. 오랜 시간 동안 줄기와 뿌리
를 정성껏 가꾸어야 꽃을 보고 열매를 딸 수 있다. 그러므로 이런 노
력과 수고 없이 어떤 마술적인 힘에 의해 꽃과 열매와 향기를 얻을
수 있다고 믿는 것은 큰 착각이다.

"너희는 하나님을 본받는 자가 되고 … 그리스도께서 너희를 사랑
하신 것같이 너희도 사랑 가운데서 행하라" (엡 5:1,2).

우리가 이 말씀대로 산다면 우리의 마음과 삶에서 그리스도의 형상
이 이루어질 것이다. 우리의 이웃은 우리의 삶 가운데서 그리스도의
형상을 보기를 고대한다.

성령님은 사랑과 인내의 다양한 모양들을 표현하기 위해 다음과 같은 여
러 단어들을 사용하셨다. 사랑, 자비, 형제애, 친절, 온유, 오래 참음, 인내,
연합, 부드러움…. 동일한 색깔이라도 그 색조는 조금씩 다르다. 이와 마
찬가지로 본질적으로는 사랑과 인내이지만, 이것이 나타나는 형태는 서
로 조금씩 다르다.

성령님은 끝없는 불의 바다이시다

불의 바다 SEA OF FIRE

*긍휼에 풍성하신 하나님이 우리를 사랑하신 그 큰 사랑을 인하여
허물로 죽은 우리를 그리스도와 함께 살리셨고_ 에베소서 2:4,5*

성령님은 생명과 빛과 사랑의 영이시다. 창조되지 않은 하나님의 본질을 가지신 성령님은 끝없는 불의 바다이시다. 성령님은 항상 움직이고 흐르면서 하나님의 영원한 목적을 이루신다.

성령님이 자연을 상대로 이루시는 일과 세상을 상대로 이루시는 일과 교회를 상대로 이루시는 일은 각각 다르다. 성령님의 모든 행위는 삼위일체 하나님의 뜻에 부합한다. 그분은 충동적으로 일하지 않으시며, 즉흥적이거나 자의적(恣意的)인 결정에 따라 행동하지 않으신다.

성령님은 성부의 영이시다. 따라서 성령님은 자신의 백성을 향해 성부와 똑같이 느끼신다. 성령님의 임재를 체험할 때 우리는 당황할 필요가 없다. 그분은 언제나 예수님처럼 행하신다. 그분은 죄인들을 긍휼히 여기시고, 성도들을 사랑하시고, 고난당하는 자들을 한없이 불쌍히 여기신다.

그리스도께서 우리를 위해 십자가에서 행하신 일을 성령님은 우리의 체험 속에서 행하신다. 그리스도께서 그분 자신을 우리에게 주셨기 때문에 우리는 순종하는 거룩한 삶을 살 수 있는 능력을 얻었다. 우리의 거룩한 소원을 만족시킬 수 있는 것은 오직 그분의 완전한 모범뿐이다.

우리는 성령님을
홀대한 죄를 회개해야 한다

악인은 그 길을, 불의한 자는 그 생각을 버리고 여호와께로 돌아오라
그리하면 그가 긍휼히 여기시리라 우리 하나님께로 나아오라 그가 널리 용서하시리라_ 이사야서 55:7

지금은 우리가 회개해야 할 때이다. 왜냐하면 성령님에 대한 우리의
죄가 극에 달했기 때문이다. 우리는 성령님을 홀대하였다. 2천 년
전에 사람들이 하나님의 영원한 아들이신 예수님을 골고다 언덕에
서 십자가에 못 박았듯이, 우리는 성령님을 그분의 성전에서 십자가
에 못 박았다. 성령님을 십자가에 못 박을 때 우리는 쇠로 만든 못을
사용하지 않았다. 우리는 인간의 본질을 구성하는 더욱 예리하고 차
원 높은 재료로 만들어진 못을 사용했다.

우리는 우리의 마음으로부터 지성과 감성과 의지라는 예리한 금속
을 꺼내어 그것으로 '의심' 과 '반역' 과 '태만' 이라는 못을 만들어
냈다.

우리는 성령께 합당하지 못한 생각을 마음에 품고 그분을 향해 적대
적인 태도를 취한다. 그 결과 그분은 슬퍼하시며, 우리는 그분이 주
시는 감동을 끊임없이 묵살한다.

하나님이 받으시는 진정한 회개는 이제까지의 우리 행위와 태도를
180도 뒤집는 것이다.

우리가 하나님을 향해 어떤 태도를 취하느냐에 따라, 즉 우리가 그분을
'크신 하나님' 으로 보느냐 아니면 '작은 하나님' 으로 보느냐에 따라 예
배가 살기도 하고 죽기도 한다. 그리스도의 교회에 한 가지 무서운 질병
이 있는데, 그것은 우리가 그리스도를 너무 스스럼없이 대한다는 것이다.

성령을 근심하게 하지 말라

근심 GRIEF

그들의 모든 환난에 동참하사 … 긍휼로 그들을 구속하시고
그들이 반역하여 주의 성신을 근심케 하였으므로_ 이사야서 63:9,10

성령님에 대한 우리의 무관심을 회개하는 가장 좋은 방법은 '더 이
상 그분에게 무관심하지 않는 것'이다. 우리가 그분을 예배하고 그
분에게 순종하는 것이 마땅하다는 것을 깨닫자. 마음의 문을 활짝
열고 그분을 모셔 들이자. 우리 마음의 성전의 모든 방을 그분께 내
어 드리자. 그리고 그분이 그곳에 들어와 주인으로 거하시도록 간구
하자. 벌들이 꽃향기에 이끌리듯이 성령님이 예수님의 아름다운 이
름에 이끌리신다는 것을 명심하자.

우리가 그리스도를 높일 때 성령님은 자신이 환영을 받고 있다고 느
끼신다. 우리가 그리스도께 영광을 돌릴 때 성령님은 기쁨 중에 편
하고 자유롭게 행하신다.

"하나님의 성령을 근심하게 하지 말라"(엡 4:30)라는 말씀에는 성령님이
우리를 너무나 사랑하신다는 뜻이 담겨 있다. 그분은 우리를 너무나 사랑
하시기 때문에 우리가 그분을 모욕하고 무시하고 의심하고 그분에게 저
항할 때 근심하신다.

오순절 사랑의 불로
지성이 세례 받았는가?

사랑의 불 LOVING FIRE

자녀들아 우리가 말과 혀로만 사랑하지 말고 오직 행함과 진실함으로 하자_ 요한일서 3:18

고대 바리새인들이 지닌 마음의 병은 '사랑 없는 교리'였다. 그리스
도는 그들의 교리를 거의 문제 삼지 않으셨다. 하지만 그들의 정신
적 자세를 끝까지 문제 삼으셨다.

그리스도를 십자가에 못 박은 것은 종교였다. 좀 더 구체적으로 말
하면, 내주(內住)하시는 성령님이 없는 종교였다. 은혜 없이 진리의
문자(文字)만 붙드는 사람은 우상 앞에 무릎 꿇는 이교도(異敎徒)보
다 더욱 비참할 수 있다.

성령님이 우리의 마음을 하나님의 사랑으로 가득 채울 때, 오순절에
임한 사랑의 불이 우리의 지성(知性) 안에 거할 때, 비로소 우리는
안전하다. 성령님은 그리스도인들에게 사치품 같은 분이 아니시다.
그분은 한 세대에 한 명의 호화판 그리스도인을 만들어내기 위해 때
때로 장식품으로 등장하는 그런 분이 아니시다.

하나님의 모든 자녀에게는 성령님이 필수품 같은 분이시다. 그분이
그들 안에 거하며 충만케 하시는 것은 '있으면 더 좋겠지만 없어도
되는' 선택사항이 아니라 '반드시 있어야 되는' 필수사항이다.

우리는 거룩한 왕(王)의 길을 가는 사람들에게서 깨끗한 마음, 부드러운
혀, 사랑의 태도, 행복한 얼굴 그리고 평안한 삶을 발견해야 한다.

성령 충만한 영혼은
하나님으로 불탄다

너의 하나님 여호와가 너의 가운데 계시니 그는 구원을 베푸실 전능자시라
그가 너로 인하여 기쁨을 이기지 못하여 하시며 너를 잠잠히 사랑하시며 _스바냐서 3:17

이 말씀은 하나님이 어떤 분이신지 보여주는 수많은 성경구절 중 하
나이다. 이 말씀에 따르면, 하나님은 우리처럼 사랑과 기쁨을 느끼
신다. 우리가 어떤 대상을 향해 사랑과 기쁨을 느끼면 그에 따라 행
동하듯이, 하나님도 자신이 느끼는 사랑과 기쁨에 따라 행동하신다.
하나님은 자신이 사랑하는 존재를 볼 때 기뻐하며 노래 부르신다.
여기서 우리는 최고 수준의 감정, 즉 하나님 자신으로부터 흘러나오
는 감정을 볼 수 있다. 일부 성경교사들이 종종 감정을 '불신앙의 타
락한 아들'로 묘사하지만, 감정은 결코 그런 것이 아니다. 우리에게
'느낄 수 있는 능력'이 있다는 것은 우리가 하나님으로부터 피조되
었다는 표지 중 하나이다. 우리는 눈물을 흘리거나 울음을 터뜨리는
것을 부끄러워해서는 안 된다. 마치 스토아 철학자들처럼 감정을 철
저하게 억압하는 그리스도인은 '3분의 2 인간'이다. 다시 말해서,
이런 그리스도인은 인간성(人間性)의 3분의 1을 잃어버리고 사는
셈이다.

하나님을 사랑하는 사람들의 입에서 나오는 말은 기쁨의 말이다. 그들은
"나는 하나님을 크게 기뻐할 것이다. 나의 영혼은 하나님 안에서 기뻐할
것이다"라고 말한다. 성령 충만한 영혼들은 하나님으로 불탄다. 그들의
사랑은 불타는 사랑이다. 그들의 믿음은 바위처럼 견고하다. 그들의 봉사
는 열정으로 불탄다. 그들의 기쁨은 정오의 햇살처럼 눈부시다.

믿음으로 이기면
절망도 약이 될 수 있다

절망 DESPAIR

우리 열조가 주께 의뢰하였고 의뢰하였으므로 저희를 건지셨나이다
저희가 주께 부르짖어 구원을 얻고 주께 의뢰하여 수치를 당치 아니하였나이다_ 시편 22:4,5

더욱 선한 삶을 살려고 애쓰다가 낙심하여 절망에 빠진 그리스도인
이 있는가? 이런 사람은 절망할 필요가 없다.

자신에게 절망한 뒤 믿음으로 하나님을 붙드는 사람에게는 절망이
약이 된다. 이런 절망은 우리 마음속에 숨어 있는 가장 강력한 적들
중 하나를 멸할 뿐 아니라, 보혜사(保惠師)가 개입하시도록 우리의
영혼을 준비시키는 역할을 하기 때문이다.

보혜사는 우리를 떠나지도 버리지도 않으실 것이다. 그리고 그분은
우리에게 진노하지 않으시며 우리를 꾸짖지도 않으실 것이다. 그분
은 그분의 언약을 깨지 않으시며, 그분의 입에서 나온 말씀을 번복
하지도 않으실 것이다. 그분은 우리를 장중보옥(掌中寶玉)처럼 지
키시고, 어미가 자식을 돌보듯 돌보실 것이다.

그분은 우리가 십자가상의 체험을 통과하시도록 할 때조차 우리를
사랑하실 것이다.

우리 자신을 십자가에 못 박고 성화(聖化)의 길을 갈 수 있는 비결은 무엇
인가? 그것은 바로 성령님의 임재이다. 성령님의 임재는 우리의 자아와
사탄의 힘을 무력화시킬 수 있는 해독제와 같다.

성령의 사람은
은혜 안에서 성장한다

내가 이르노니 너희는 성령을 좇아 행하라 그리하면 육체의 욕심을 이루지 아니하리라
만일 우리가 성령으로 살면 또한 성령으로 행할지니 갈라디아서 5:16,25

성령님은 살아 계신 인격체이시므로 우리는 그분을 인격체로 대우
해드려야 한다. 우리는 그분을 맹목적 에너지나 비인격적인 힘이라
고 생각해서는 안 된다. 그분은 우리와 똑같이 보고 듣고 느끼신다.
또한 그분은 우리가 말하는 것을 듣고 우리에게 말씀하신다.

다른 사람들이 우리 때문에 기뻐하거나 슬퍼하거나 침묵에 빠질 수
있듯이 성령님도 우리 때문에 기뻐하거나 슬퍼하거나 침묵에 빠질
수 있다. 우리가 두려움에 떨며 성령님을 알기 위해 노력할 때 우리
의 노력이 아무리 미약할지라도 그분은 우리에게 반응하신다. 우리
가 성령님을 만나러 나가면 그분은 이미 우리 쪽으로 절반 이상 와
계신다.

최초의 성령 충만 체험이 아무리 놀라운 것이라 해도 그것은 '더 큰
어떤 것'을 위한 수단일 뿐이다. 이 '더 큰 어떤 것'이란 평생 성령
님 안에서 행하는 것이다. 다시 말해서, 성령님이 우리 안에 거하실
때 그분의 지도와 가르침을 받고 그분의 능력에 의지하여 살아가는
것이다. 그런데 이렇게 살아가려면 성령님이 요구하시는 조건들을
충족해야 한다.

이 조건은 성경에 기록되어 있기 때문에 누구나 원하면 분명히 알
수 있다.

그리스도인의 삶에서 가장 중요한 요소는 전진이다. 성령의 사람의 뚜렷
한 인격적 특징은 그가 은혜 안에서 성장한다는 것이다.

소박한 마음으로
하나님께 나아가라

소박한 마음 SIMPLE HEART

아버지께서 나를 사랑하신 것같이 나도 너희를 사랑하였으니 나의 사랑 안에 거하라_ 요한복음 15:9

하나님은 한 작은 영혼이 소박하고 친밀하고 정직한 마음으로 하나 님께 나아오는 것을 매우 기뻐하신다. 하나님은 그런 분이시다. 그 러나 유감스럽게도 그런 하나님을 소개하는 곳에는 많은 사람이 모 이지 않는다. 이런 곳에 모이는 사람들은 이 세상의 그 무엇보다 더 하나님을 원하기 때문에 오직 하나님만을 바라본다. 이런 사람들이 원하는 것은 하나님을 알 때 얻을 수 있는 영적 체험이다. 그들은 이 세상의 모든 것을 잃어버리더라도 오직 하나님만을 원한다.

다시 말하지만, 이런 사람들이 모이는 곳에는 일반 대중이 많이 모 이지 않는다. 그러나 그곳에는 영적으로 가장 굶주리고 목마른 사람 들, 영적으로 지극히 높은 수준에 있는 사람들이 같이 모인다.

그들의 하나님은 필요 이상으로 많은 신학 지식을 머릿속에 잔뜩 채 운 사람을 원하지 않는다. 하나님은 우리가 어린애처럼 소박하고 진 실한 마음으로 하나님께 나아오기를 원하신다. 성령님이 당신을 만 져주시면 당신은 바로 이런 마음으로 하나님께 나아갈 수 있다.

우리의 영혼과 하나님 사이에 다른 아무것도 없다는 것을 믿음으로 깨달 고 하나님의 얼굴을 바라보는 것이야말로 인간의 영혼이 맛볼 수 있는 최 고의 평안이다.

인격체이신
성령님을 체험하는가?

내가 아버지께로서 너희에게 보낼 보혜사 곧 아버지께로서 나오시는 진리의 성령이 오실 때에
그가 나를 증거하실 것이요_ 요한복음 15:26

성령님이 누구이신가? 그분은 우리와 다른 존재방식으로 존재하시
는 하나님이다. 그분은 물질이 아니라 영(靈)으로 존재하시는 분이
다. 왜냐하면 그분은 물질이 아니라 하나님이시기 때문이다.

성령님은 인격체이시다. 이것은 그리스도의 교회가 2천 년 동안 믿
어온 진리이다. 기독교 역사 초기의 찬송시 작가들도 이 진리를 노
래했다. 하나님의 말씀도 이 진리를 가르친다.

이 진리는 다음과 같은 사실을 의미한다. 눈에 보이지 않는 하나님
이 존재하신다. 그분은 인식하고 느끼고 행동하신다. 만일 당신이
갑자기 천국으로 옮겨진다 할지라도 당신이 하나님께 지금보다 더
가까이 가는 것은 아니다. 왜냐하면 하나님이신 성령님이 이미 여기
에 당신과 함께 계시기 때문이다.

당신이 존재하는 물리적 공간에 변화가 생긴다 할지라도 당신이 하
나님께 더 가까이 가는 것도 아니며 그분이 당신께 더 가까이 오시
는 것도 아니다. 왜냐하면 '서로 분리될 수 없는 삼위일체 하나님'
이 이미 당신과 함께 계시기 때문이다.

우리가 어떤 사람과 자주 접촉하면 그 사람을 점점 더 좋아하게 되
듯이, 우리가 성령님을 자주 찾으면 그분을 점점 더 좋아하게 될 것
이다. 왜냐하면 성령님은 인격체이시기 때문이다.

하나님을 뜨겁게 사랑하는 사람들의 삶에 하나님이 가장 잘 나타나신다
는 것은 사람들이 사색을 통해서 만들어낸 말이 절대 아니다.

당신의 생활에서
하나님을 높이는가?

높임 EXALTING

여호와여 영광을 우리에게 돌리지 마옵소서 … 주의 이름에 돌리소서
오직 우리 하나님은 하늘에 계셔서 원하시는 모든 것을 행하셨나이다_ 시편 115:1,3

"여호와여 높임을 받으소서"(시 21:13)라는 말은 영적인 승리 체험에서 나올 수 있는 말이다. 이것은 큰 은혜의 보물창고를 열 수 있는 작은 열쇠이다. 이것은 우리의 영혼 안에 계신 하나님의 생명을 드러내는 언어이다. 하나님을 찾는 사람이 그의 생활과 입술을 통해 언제나 "여호와여 높임을 받으소서"라고 말할 수 있는 단계에 이른다면, 그의 수천 가지 작은 문제들은 즉시 해결될 것이다.

"여호와여 높임을 받으소서"라고 말할 수 있는 사람의 삶은 더 이상 왜곡되고 복잡한 삶이 아니라 아주 단순한 삶이 된다. 그는 그의 의지적 선택에 따라 자기 길을 정할 것이며, 마치 '자동항법장치'의 안내를 받듯이 그 길을 달려갈 것이다. 잠시 역풍을 만나 그 길에서 떠날지라도 그는 마치 쇠가 자석에 이끌리듯이 반드시 그 길로 돌아올 것이다.

성령께서 그를 위해 은밀히 활동하실 것이며, "별들이 그 다니는 길에서"(삿 5:20) 그를 위해 싸울 것이다. 생활 속에서 어떤 문제를 만나든지 그는 문제를 본질적으로 해결할 것이기 때문에, 다른 부수적인 것들은 저절로 해결될 것이다.

자기 부정(自己否定)의 정신은 어떻게 생기는가? 이것은 차분히 의지적으로 집요하게 지고선(至高善)을 추구할 때 생긴다. 자기 부정은 하나님의 영광과 이웃의 유익을 위해 자발적으로 자기 권리를 포기하는 것이다.

A.W. TOZER

Part 6
BLESSING
복

세상이 우리에게 줄 수 있는 선하고
유익한 것들은 모두 전능하신 하나님
이 자신의 사랑과 인자하심에 따라 허
락하신 선물이다. 그러나 하나님은 이
런 것들만 주신 것이 아니라 더욱 귀
한 영적 복을 허락하셨다. 즉, 하나님
은 그리스도의 보혈을 통해 구속(救
贖), 긍휼, 계시, 영생 그리고 성령님의
내주(內住)를 허락하셨다.

진정한 성공은
성령님을 의지하는 데서 온다

성공 SUCCESS

대저 높이는 일이 동에서나 서에서 말미암지 아니하며 남에서도 말미암지 아니하고
오직 재판장이신 하나님이 이를 낮추시고 저를 높이시느니라_ 시편 75:6,7

때때로 하나님은 자신의 종이 성공하지 않아도 행복감을 느낄 수 있을 정도로 그를 연단하신 후에야 그에게 성공을 허락하신다. 성공했다고 우쭐하고 실패했다고 낙심하는 사람은 아직도 육신적인 사람이다. 이런 사람의 성공이란 '벌레가 숨어 있는 사과'와 같다.

성공했다고 해서 하나님께 더 소중한 존재가 되는 것도 아니요, 이세상에서 더 가치 있는 인물이 되는 것도 아니라는 사실을 그 종이 배웠을 때 하나님은 비로소 그에게 성공을 허락하실 것이다. 우리가 아무리 많은 군중을 모으고, 아무리 많은 사람들을 교인으로 만들고, 아무리 많은 선교사를 파송하고, 아무리 많은 성경을 보급한다 할지라도 그것으로써 하나님의 은혜를 받아낼 수는 없다. 성령님을 의지하지 않는 사람도 그런 일들을 이룰 수 있다.

우리의 영광은 오직 예수님 안에 있다. 그분이 이루신 일보다 더 영광스러운 일이 어디에 있는가?

거룩하신 구세주여! 주님을 닮기 원합니다. 오직 이것만이 저의 소원이자 기도제목입니다.
자비하신 예수님! 온전히 주님을 닮을 수 있다면, 이 세상의 모든 보물을 잃어버려도 좋습니다. 주님을 닮기 원합니다. 주님을 닮기 원합니다.
거룩하신 구세주여! 주님만큼 거룩하게 되기를 원합니다. 저에게 충만히 임하시고, 주님의 사랑을 부어주소서. 제 마음속 깊이 주님의 형상을 새겨주소서.

성령님은 위로자이시다

성경에 일렀으되 오늘날 너희가 그의 음성을 듣거든 노하심을 격동할 때와 같이
너희 마음을 강퍅케 하지 말라 하였으니_ 히브리서 3:15

하나님은 여러 음성들을 통해 인류에게 말씀하신다. 그중에서 가장 맑고 분명하고 잘 들리는 음성이 바로 성령님의 음성이다. 우리를 하나님께로 부르는 음성들은 많다. 그러나 그 음성이 결정적인 의미를 가지려면 성령님의 부르심, 책망 그리고 깨닫게 하심이 선행되어야 한다.

사람들의 양심을 통해 말씀하시는 성령님의 임재가 없다면 그 외에 다른 음성은 아무 의미가 없다. '위로하시는 하나님' 이신 성령님은 그리스도의 말씀과 사역과 인격을 증거하기 위해 오셨다.

성령님은 육체로 이 땅에 오신 그리스도 안에서 3년 반 동안 사셨다. 성령님은 그리스도 안에서 눈물을 흘리시고, 겟세마네에서 고뇌하시고, 지혜와 사랑의 말씀을 전하시고, 어린아이들을 팔에 안으시고, 병자들을 고치시고, 죽은 자들을 다시 살리셨다.

하나님은 우리를 깨끗게 하기 위해 성령님을 보내셨다. 성령님은 우리를 눈처럼 희게 만들 물과 불을 가져오셨다. 그러므로 성령님을 신뢰하고, 성령님에게 순종하고, 성령님을 영접하자.

성령께 순종하는 제자인가?

제자 DISCIPLE

여호와를 경외하며 그 도에 행하는 자마다 복이 있도다 네가 네 손이 수고한 대로 먹을 것이리 네가 복되고 형통하리로다_ 시편 128:1,2

문명과 자꾸 접촉하면 우리의 옷에 더러운 흙이 묻는다. 문명이라는 진창에서 헤매다보면 우리의 옷이 더러움으로 얼룩덜룩해진다. 우리는 흙으로 더러워진 옷을 털고, 그것을 설득하고, 그것에게 셰익스피어의 작품을 읽어준다. 그러나 흙은 옷에서 떨어지지 않아 옷은 여전히 더럽다. 우리는 옷에서 흙을 털어버려야 한다. 옷은 더러운 것에서 해방되어야 한다.

우리를 죄에서 자유롭게 해줄 수 있는 것은 예수 그리스도의 보혈이다. 그분은 우리를 사랑하셔서 그분의 보혈로 우리를 깨끗이 씻어 해방시키셨다. 교육을 받고 교양을 쌓는다고 해서 우리가 죄에서 해방되는 것은 아니다. 그리스도의 보혈이 능력을 발휘할 때 우리는 죄로부터 해방된다.

예수님은 "진리를 알지니 진리가 너희를 자유케 하리라"(요 8:32)라고 말씀하셨다. 진리를 알기 위해서는 우리의 헌신이 요구된다. 헌신이 없다면 깨달음도 없다. 그리고 깨달음이 없이는 깨끗케 됨도 없다.

당신은 하나님의 영이 계시해주신 진리에 순종하는가? 당신은 예수 그리스도 안에서 주어진 자유의 유익함을 누리고 있는가? 당신은 그리스도의 참된 제자인가?

●

행복은 우리의 의지와 하나님의 의지가 하나가 될 때 생기는 내면의 평안과 기쁨이다.

성령님은 영혼의 산파이시다

산파 MIDWIFE

> 이는 혈통으로나 육정으로나 사람의 뜻으로 나지 아니하고
> 오직 하나님께로서 난 자들이니라_ 요한복음 1:13

나는 어릴 때 농장에서 살았다. 그때 나는 병아리가 알을 깨고 나오려고 할 때 그것을 도와주지 않는 것이 오히려 더 현명하다는 사실을 배웠다. 그렇게 도움을 받고 태어난 병아리들은 대개 몸이 약하거나 비틀거리며 걷는 경향이 있었다.

이것은 우리가 하나님과 올바른 관계를 맺기 원하는 죄인들을 어떻게 도와야 하느냐는 점에서도 시사하는 바가 크다. 왜냐하면 우리는 그들을 돕겠다는 선한 의도를 가지고 있지만 실제로는 그들에게 누(累)가 될 수도 있기 때문이다. 우리는 그들과 함께 무릎을 꿇고 성경구절을 찾아 읽는다. 그들에게 희미하지만 생명의 기운이 엿보일 때 우리는 기도하고 그들을 돌려보낸다. 그런 다음 마치 닭장에서 열심히 병아리 산파(産婆) 역할을 하는 사람처럼, 그들을 두꺼운 껍질에서 끄집어내어 바짝 말린 뒤 그들의 이름을 회심자 명부에 올린다. 그후 우리는 그들이 왜 성장하지 않는지 의아해 한다.

그러나 성령님은 우리처럼 일하지 않으신다. 성령님이 일하실 때 그들은 건강한 신생아로 태어나 세상을 향해 우렁찬 소리를 낸다. 그들의 죄가 용서받았고, 그들의 짐이 벗겨졌기 때문이다!

✼

인간의 의지는 하나님이 우리에게 영향을 끼칠 때 사용하시는 접촉점이다. 인간의 의지는 배의 조타 장치처럼 삶의 방향을 결정하고, 배의 엔진처럼 강력한 힘으로 삶을 이끌어나간다. 감정으로 의지의 역할을 대신하도록 만들려는 것은 잘못된 시도이다. 의지가 우리의 마음을 이끌고 나가야 한다. 신앙생활에서 가장 강력한 요소는 분명하고 차분하고 단호한 의지이다.

하나님의 약속에 대한 기대감이 있는가?

믿은 여자에게 복이 있도다 주께서 그에게 하신 말씀이 반드시 이루리라_ 누가복음 1:45

교회의 힘이 왕성할 때에는 그 속에 반드시 교회를 향한 기대감이 숨어 있었다. 교회가 믿고 기대했을 때 주님은 교회를 실망시키지 않으셨다.

하나님이 일으키신 큰 운동, 다양한 지역에서 일어난 교회의 비약적 발전 그리고 여러 가지 부흥을 연구해보라. 그러면 이런 아름다운 일들이 일어나기 전에 반드시 신자들이 큰 기대감을 품었다는 사실을 알 수 있을 것이다. 물론 이런 기대감은 성령님이 그들에게 심어주신 마음이었다. 이런 일들이 실제로 일어날 때 그들은 별로 놀라지 않았을 것이다. 왜냐하면 그들은 기대감으로 충만하여 부활의 주님을 바라보며 그분의 말씀이 성취될 것을 확신했기 때문이다. 그분이 내리신 복은 그들의 기대에 부합하는 것이었다.

오늘날 우리는 하나님의 약속에 근거하여 새롭게 기대감을 가져야 한다. 우리는 기대감을 갖지 않는 불신앙의 분위기에 맞서 싸워야 하며, 어린아이 같은 순진한 믿음을 가지고 모여야 한다. 그렇게 할 때 비로소 우리는 우리 가운데 거하시는 주님의 아름답고 놀라운 임재를 체험하게 될 것이다.

우리는 무슨 일을 하든지 하나님의 영광을 위해서 해야 한다(고전 10:31). 우리가 어떤 일을 즐기든지 우리는 하나님의 영광을 가장 먼저 고려해야 한다. 어떠한 경우든 우리는 "이 일에서 나를 향한 하나님의 뜻은 무엇인가?"라고 먼저 물어야 한다. 이렇게 할 때 하나님이 지혜를 주실 것이며, 우리는 그 지혜로 승리의 삶을 살 것이다.

당신의 한 가지 소원은 무엇인가?

소원 REQUEST

너는 하나님과 화목하고 평안하라 그리하면 복이 네게 임하리라_ 욥기 22:21

하나님을 아는 것! 이것이 영생이다. 우리는 이것을 위해 창조되었다. 우리가 죄와 허물로 죽어 있을 때 사탄이 우리에게 끼칠 수 있었던 최대의 피해는 하나님을 알지 못하도록 방해하는 것이었다.

그리스도의 구속(救贖) 사역의 최대 목적은 우리가 하나님을 알게 하는 것이었다. 우리를 구원하시는 하나님의 최고 목적은 우리가 개인적으로 하나님을 체험하도록 하는 것이다. 우리를 거룩하게 만드는 성령님의 첫째 목적은 우리가 하나님을 깊이 의식하며 살아가도록 만드는 것이다. 다른 어떤 은혜의 방편이 있다 할지라도 그것들은 모두 이 한 가지 목적을 위해 존재한다.

하나님께서 우리의 소원을 딱 한 가지 들어주신다고 가정해보자. 그러면 당신은 무엇을 구하겠는가? 나라면 바로 하나님 자신을 구하겠다. 하나님만 계시면 다른 모든 것들은 저절로 해결되기 때문이다.

"오, 하나님! 하나님을 원합니다. 다른 것은 원하지 않습니다"라고 기도하자.

인간의 영혼이 맛볼 수 있는 완전한 평안이 무엇인가? 하나님의 얼굴을 보고 그분과 우리 사이를 가로막는 것이 아무것도 없다는 것을 아는 것이다. 죄사함은 우리에게 수많은 유익을 가져다준다. 하지만 그중에서 최고 유익은 하나님과 온전히 교제할 수 있게 된다는 것이다.

더 깊은 삶을 추구하는가?

더깊은삶 DEEPER LIFE

자랑하는 자는 이것으로 자랑할지니 곧 명철하여 나를 아는 것과 나 여호와는 인애와 공평과 정직을
땅에 행하는 자인 줄 깨닫는 것이라 나는 이 일을 기뻐하노라 여호와의 말이니라_ 예레미야서 9:24

'더 깊은 생명'이란 '승리의 삶'이라고도 부른다. 하지만 나는 '승
리의 삶'이라는 표현을 좋아하지 않는다. 왜냐하면 내가 볼 때 이 표
현은 그리스도인의 삶의 한 면만을 강조하기 때문이다. 다시 말해서
이 표현은 죄를 이기는 개인적인 삶만을 강조한다는 인상을 준다.
사실, 죄를 이기는 삶은 '더 깊은 삶(생명)'의 한 측면에 불과하다.
승리가 중요한 것은 사실이다. 하지만 '더 깊은 삶'이 의미하는 성령
충만한 삶은 죄를 이기는 승리보다 훨씬 더 넓고 풍성한 삶을 의미한
다. 그리스도의 내주, 하나님에 대한 의식으로 충만한 것, 기쁨이 넘
치는 예배, 세상을 이기는 것, 하나님께 자발적으로 모든 것을 바치
는 것, 삼위일체 하나님과의 연합, 하나님의 임재 연습, 성도의 교제,
쉬지 않는 기도 이런 것들이 '더 깊은 삶'을 이루는 요소들이다.

유감스럽게도, 하나님을 하나님으로 알고 사랑하려는 사람이 없는 것 같
다. 그러나 하나님 자신이 '더 깊은 생명'(삶)이시다. 예수님 자신이 '더
깊은 생명'이시다. 그러므로 나는 점점 작아지고, 하나님은 더욱 커진다.
이렇게 될 때 나의 영적 삶은 더욱 깊어지고, 하나님의 뜻을 알수록 나는
더욱 강해진다.

소리는 음성으로,
음성은 말씀으로

소리 SOUND

지존자의 은밀한 곳에 거하는 자는 전능하신 자의 그늘 아래 거하리로다_ 시편 91:1

우리가 잠잠히 하나님을 기다리는 것은 매우 중요하다. 혼자 성경책을 앞에 펴놓고 하나님을 기다린다면 가장 좋을 것이다. 이렇게 할 때 우리는 하나님께 가까이 나아가 하나님이 우리 마음에 들려주시는 음성을 듣게 될 것이다.

하나님께 나아가 음성을 듣는 과정은 대개 다음과 같이 진행된다. 먼저 하나님이 동산에 임하여 거니시는 소리가 들릴 것이다. 그 다음, 하나님의 음성이 들리지만 아직 무슨 뜻인지 분명히 들리지는 않는다. 그후 성령님이 성경의 뜻을 밝히 드러내주시는 복된 순간이 임하며, 그전에는 소리 또는 기껏해야 불분명한 음성이었던 것이 이제는 친한 친구의 말처럼 다정하고 알기 쉬운 말씀이 된다. 그 다음으로 생명과 빛이 찾아올 것이고, 주(主)요, 구주(救主)요, 모든 것이 되시는 예수 그리스도를 알고 받아들이고 그분 안에서 안식할 수 있는 능력이 주어질 것이다.

오, 하나님 아버지!
눈에 보이는 것들에 집착하는 삶을 살아온 것을 회개합니다. 저는 세상을 너무 소중히 여겼습니다. 하나님이 늘 저와 함께 계셨지만 저는 그것을 알지 못했습니다. 저는 하나님의 임재를 보지 못했습니다. 제 안에, 제 주위에 계신 하나님을 볼 수 있도록 저의 눈을 열어주소서. 예수님의 이름으로 간절히 구합니다. 아멘.

사모하는 만큼
성령 충만해진다

내가 높고 거룩한 곳에 거하며 또한 통회하고 마음이 겸손한 자와 함께 거하나니
이는 겸손한 자의 영을 소성케 하며 통회하는 자의 마음을 소성케 하려 함이라_ 이사야서 57:15

나는 부흥을 사모하는 그리스도인들이 "부흥은 한밤중이 지난 후에
찾아온다"라고 말하는 것을 종종 들었다.

이 말을 표현 그대로 해석하여 받아들일 필요는 없다. 하지만 이 말
에는 나름대로 깊은 진리가 숨어 있다.

이 말을 "하나님은 낮 시간에 부흥을 위해 드리는 기도를 듣지 않으
신다"라는 뜻으로 해석해서는 안 된다. 이 말에 "우리가 지치고 피
곤할 때 드리는 기도가 활력이 넘칠 때 드리는 기도보다 더 큰 능력
을 발휘한다"라는 뜻이 숨어 있다고 해석한다면 그것도 잘못이다.

그러나 이 말을 "부흥은 부흥을 너무나 사모하여 밤을 새워 기도하
는 사람들에게 찾아온다"라는 뜻으로 해석한다면, 거기에는 깊은
진리가 담겨 있다. 결론적으로 말해서, 우리는 우리가 사모하는 만
큼 거룩해지고, 사모하는 만큼 성령 충만해진다.

하나님의 영이시여!
내 마음에 내려오소서.
내 마음에서 세상을 걷어내소서.
내 심장이 고동칠 때마다 나를 붙드소서.

거룩한 영이시여!
나의 연약함을 굽어보소서.
제가 마땅히 사랑해야 할 만큼
성령님을 사랑하게 하소서.

순종에는 반드시
복이 따른다

복 BLESSINGS

네 하나님 여호와께서 네 마음과 네 자손의 마음에 할례를 베푸사 너로 마음을 다하며 성품을 다하여
네 하나님 여호와를 사랑하게 하사 너로 생명을 얻게 하실 것이며 _ 신명기 30:6

우리가 그리스도를 사랑한다는 것을 보여주는 증거가 바로 순종이
다. 성령님을 받아들이기 위한 조건 또한 순종이다. 우리가 그리스
도를 사랑한다는 것은 그분의 교훈에 관한 지적(知的) 이해뿐만 아
니라 실천을 통해서도 증명되어야 한다.

언젠가 젊은 기혼 남성이 나를 찾아와 성령으로 충만해지고 싶다고
말했다. 성령님이 주시는 감동에 따라 나는 "가서 하나님이 당신에
게 명하시는 다음 일을 행하십시오"라고 말했다. 그는 나와 좀 더 많
은 시간을 보내지 못하는 것을 못내 섭섭해 하며 내 서재를 떠났다.
그후 몇 주 동안 나는 그를 보지 못했다. 그러나 그가 다시 나를 찾
아왔을 때 나는 그의 얼굴을 보고 하나님이 그에게 성령으로 충만케
하셨다는 것을 알 수 있었다. 그는 내게 이렇게 털어놓았다.

"제가 지난번에 목사님을 찾아왔을 그 당시 저와 아내 사이가 좋지
않았습니다. '가서 하나님이 당신에게 명하시는 다음 일을 행하십
시오'라는 목사님의 말씀을 들었을 때 저는 그것이 아내가 머물고
있는 다른 도시로 아내를 찾아가 아내와 화해하라는 말씀이라고 해
석했습니다. 저는 하나님의 말씀에 순종했고, 그 결과 거룩한 상담
자이신 성령께서 내 안에 충만히 거하셨습니다."

어떤 설교자가 말했듯이, 순종에는 반드시 복이 따른다.

하나님은 자신이 하나님이시기 때문에 자신의 피조물들의 순종을 요구하
신다. 인간은 인간이기 때문에 마땅히 하나님께 순종해야 한다.

성령님은 진정한
행복의 길로 인도하신다

그러므로 너희 마음의 허리를 동이고 근신하여 예수 그리스도의 나타나실 때에
너희에게 가져올 은혜를 온전히 바랄지어다_ 베드로전서 1:13

하나님의 영이 인간의 마음 안으로 들어오시면 그 인간을 결코 바보
로 만들지 않으신다. 하나님의 영은 그를 어리석은 자로 만들지 않
고 그를 행복하게 만들어주신다. 하나님의 영은 그가 세상의 불행과
고통을 보고 슬퍼하게 만들 수는 있지만 그가 우울한 냉소주의자가
되게 하지는 않으신다. 하나님의 영은 그가 나중에 후회할 일을 하
게 만들지 않으신다. 오히려 성령님은 그가 주위 사람들을 배려하는
따뜻한 마음의 소유자가 되게 하신다.

베드로는 "너희 마음의 허리를 동이고 근신하라"(벧전 1:13)라고 가
르쳤다. 이렇게 가르칠 때 그가 교회 안에 차갑고 무기력하고 형식
적인 영성을 조장했는가? 결코 그렇지 않다. 그는 이런 영성을 조장
하지 않았을 뿐만 아니라 이런 영성이 교회를 지배할 것이라고 예견
하지도 않았다. "너희 마음의 허리를 동이고 근신하라"는 말은 "형
제들이여! 우리가 우리 신앙에 대해 좀 더 진지하게 생각해야 할 때
가 바로 지금입니다"라는 말이다. 만일 사도 베드로가 지금 우리에
게 나타나 권면할 수 있다면 그도 우리에게 똑같은 말을 할 것이다.

최고의 기쁨이 무엇인가? 그리스도의 생명과 마음이 우리 안에 계신다는
것을 의식하는 것이 아니겠는가? 그분을 의지하는 마음이 우리 속에서 자
발적으로 솟아오르는 것을 깨닫는 것이 아니겠는가? 우리 안에 계신 성령
님이 우리로 기도하게 하신다는 것을 아는 것이 아니겠는가? 주위가 온통
어두움과 절망뿐일 때 승리의 노래를 부를 수 있다는 것이 최고의 기쁨이
아니겠는가?

성령님은 기쁨을 약속하신다

너희가 말세에 나타내기로 예비하신 구원을 얻기 위하여 믿음으로 말미암아
하나님의 능력으로 보호하심을 입었나니 … 오히려 크게 기뻐하도다_ 베드로전서 1:5,6

하나님의 자녀의 정상적인 삶은 결코 우울하거나 비관적인 삶이 아
니다. 어느 시대에서나 어쩔 수 없는 것을 받아들이고 우울하게 사
는 것이 그리스도인의 삶이라고 믿는 사람들을 만날 수 있다. 그러
나 성령님은 그리스도인이 하나님의 약속 안에서 날마다 기뻐하며
살 수 있는 능력을 주시겠다고 약속하셨다.

베드로는 하나님께 순종하는 그리스도인이 환난과 시험 중에도 기
뻐할 수 있다는 역설적(逆說的)인 진리를 가르친다. 하나님의 백성
은 이 세상에서는 완전히 이상적인 삶이 가능하지 않다는 것을 잘
안다. 그렇기 때문에 그들은 쓸데없는 걱정에 사로잡혀 시간을 낭비
하는 어리석음을 범하지 않는다. 그들에게는 하나님이 자신의 자녀
들에게 약속하신 것을 전부 이루어주실 것을 믿고 기뻐할 시간조차
부족하다.

이 세상에 고난이 존재하는 이유는 많을 것이다. 그러나 그중에서도 가
장 중요한 이유는 우리를 강하게 하기 위해서다. 우리 영혼을 강하게 해
줄 수 있는 새로운 기회가 '고난'이라는 이름으로 날마다 우리에게 찾
아온다.
하나님이 모든 것들을 주관하신다는 것을 아는 사람은 어떤 일이 일어나
더라도 해를 입지 않는다. 하나님이 어떤 일을 이루시든지 그것을 받아들
일 준비가 된 사람에게 어떠한 두려움이 생기겠는가?

그리스도를 알기 전과
후의 삶을 비교해보라

그러나 이제는 너희가 죄에게서 해방되고 하나님께 종이 되어 거룩함에 이르는 열매를 얻었으니
이 마지막은 영생이라_ 로마서 6:22

하나님은 우리를 부르셔서 영생을 주시고 영생의 기쁨을 맛보게 하신다. 하나님은 우리를 부르셔서 깨끗한 마음으로 정결한 삶을 살도록 만드신다. 왜냐하면 우리가 하나님과 동행하는 선한 삶을 살도록 하기 위해서다. 하나님은 우리를 부르셔서 봉사하는 유익한 삶을 살도록 만드신다. 왜냐하면 우리가 하나님이신 그분께 영광을 돌리도록 하기 위해서다. 그분은 이 세상에서 가장 즐거운 교제 속으로 우리를 부르신다. 왜냐하면 하나님의 가족 안에서 교제를 나누도록 하기 위해서다.

하나님의 부르심에 응하기 위해 많은 것을 포기했다고 자랑하는 그리스도인이 전혀 없었으면 좋겠다. 우리가 아무리 큰 능력을 소유했다 할지라도, 우리가 아무리 잘난 사람이라고 해도 그것이 하나님의 자녀라는 지위만큼 귀한 것은 아니다. 하나님은 우리를 불러서 하나님의 자녀로 만들어주시지 않았는가!

하나님을 떠나 죄악 된 삶을 살 때 우리의 상태를 솔직히 시인하는 것이 왜 그토록 힘이 드는가? 사랑과 긍휼의 하나님이 우리를 불러내어 죄사함과 평안을 주셨을 때 우리가 포기한 것은 무엇인가?

'셈하다' 라는 말은 시적(詩的) 언어나 정서적(情緒的) 언어가 아닌 냉정하고 빈틈없는 계산적인 언어이다. 냉정하게 계산해보자. 그리스도를 알기 전에 우리에게는 슬픔, 유혹, 어려움, 대적(對敵), 우울, 유기(遺棄), 위험 그리고 낙심이 쌓여갔다. 그러나 그리스도를 알고 난 뒤 우리에게는 하나님의 임재, 하나님의 기쁨, 하나님의 약속 그리고 하나님의 위로가 주어졌다.

은사의 다양성을 즐겨라

다양성 DIVERSITY

몸은 하나인데 많은 지체가 있고 몸의 지체가 많으나 한 몸임과 같이 그리스도도 그러하니라
몸은 한 지체뿐 아니요 여럿이니_ 고린도전서 12:12,14

하나님은 자신의 영을 통해 우리에게 영적 깨달음과 능력을 주시지
만, 우리 각 사람을 서로 다르게 만드셨다. 만일 그분이 우리를 모두
똑같이 만드셨다면 이 세상은 너무나 무미건조할 것이다. 이 세상이
아름답고 흥미진진한 것은 하나님께서 다양성을 허락하셨기 때문
이다.

우리는 우리 각자에게 독특한 성격과 기질과 능력을 주신 하나님께
감사해야 한다. 다른 어떤 사람이 아무리 훌륭하다고 해도 우리는
그를 흉내 내느라 시간과 에너지를 낭비해서는 안 된다. 하나님은
우리가 우리의 신앙적 영웅들을 똑같이 닮은 복사판(複寫版)이 되
기를 원하지 않으신다.

물론, 우리 모두 똑같이 힘써야 할 것들도 있다. 우리의 개인적인 차
이에 상관없이 우리는 모두 이 세상 그 무엇이나 그 누구보다도 하
나님을 더 사랑하고, 예수님처럼 죄와 허물을 미워하고, 성경말씀과
성령님의 인도에 따라 항상 하나님께 순종해야 한다. 그러나 이런
문제가 아니라면 우리가 서로 다른 것은 너무나 자연스러운 일이다.

하나님은 자신의 종들에게 각각 성령님을 주셨다. 그리스도인 사역자들
사이에 서로 다른 점들이 있는 것은 하나님의 편애(偏愛)나 불공평 때문
이 아니다. 그들이 자신의 은사를 활용하고 발전시키는 방법이 서로 달랐
기 때문에 차이가 생긴 것이다.

이 세상은 리허설이고 천국은 콘서트이다

천국 HEAVEN

생각건대 현재의 고난은 장차 우리에게 나타날 영광과 족히 비교할 수 없도다_ 로마서 8:18

하나님이 우리를 징계하시는 목적은 무엇인가? 그것은 우리가 하나님의 뜻에 따라서 온전히 살도록 하기 위해서다. 하나님의 뜻에 따라 살 때 우리는 이 세상과 내세에서 영적 능력을 가지고 유익한 삶을 살 수 있다.

나는 어떤 옛 성도의 기도를 종종 떠올리곤 한다. 그들은 "오, 하나님! 이 세상은 저 세상으로 가기 위해 옷을 갈아입는 탈의실에 불과합니다"라고 기도했다. 그들은 하나님께서 자신의 자녀들을 위해 준비하신 것을 보았기 때문에 이렇게 기도할 수 있었던 것이다.

이 세상과 저 세상의 관계를 비유적으로 표현하자면, 이 세상은 공연을 앞둔 오케스트라의 리허설이며, 저 세상은 실제 콘서트이다. 이 세상에서 우리는 의(義)의 옷을 준비하고, 저 세상에서는 어린양의 혼인잔치에서 그 옷을 입는다.

하나님이 주시는 최고의 복을 받으려면, 희생과 고난과 갈등을 통과해야 할 것이다. 그러나 그것뿐만이 아니라 오랜 지연(遲延)과 쓰디쓴 인내의 기다림도 통과해야 할 것이다. 하지만 기다리는 기간이 늘수록 축복도 커진다. 기다리는 기간이 길수록 이자(利子)도 더 붙는다. 우리 하나님의 이율 계산 방식은 복리(複利)이다.

주님이 오소서!

강림 COMING

예수를 너희가 보지 못하였으나 사랑하는도다 이제도 보지 못하나
믿고 말할 수 없는 영광스러운 즐거움으로 기뻐하니_ 베드로전서 1:8

하나님의 백성은 세상에서 가장 행복한 사람들이 되어야 한다. 세상 사람들이 끊임없이 우리에게 찾아와 우리의 기쁨의 근원이 무엇이냐고 물어야 할 것이다. 왜냐하면 우리는 어린양의 보혈로 구속(救贖)받았기 때문이다. 어린양의 보혈로 우리의 죄가 영원히 씻김을 받았기에 우리의 과거는 모두 영원히 우리 뒤로 사라졌다. 따라서 과거의 기억을 되살려 우리를 대적하는 날은 영원히 오지 않을 것이다. 하나님이 우리의 아버지이시며, 그리스도가 우리의 형제이시며, 성령님이 우리의 대변자요, 위로자이시다. 그리스도께서 다시 돌아오겠다는 약속을 남긴 채 우리를 위한 처소를 마련하기 위해 아버지의 집으로 가셨다.

"주여! 모세를 보내지 마소서. 그는 돌판을 깨뜨렸습니다. 엘리야를 보내지 마소서. 저는 하늘에서 불을 내리게 한 그가 두렵습니다. 주여! 바울을 보내지 마소서. 그는 학식이 너무 많기 때문에 그의 편지를 읽을 때 저는 왜소해집니다.

주 예수님! 주님이 오소서. 저는 주님이 무섭지 않습니다. 주님은 양을 양 우리로 맞아들이듯이 어린아이들을 맞아주셨습니다. 주님은 간음 중에 잡힌 여인을 용서하셨습니다. 주님은 무리 중에서 주님을 만지려고 손을 뻗은 여인을 고쳐주셨습니다. 우리는 주님이 무섭지 않습니다."

그러하오니, 주 예수여! 오소서! 속히 오소서!

구원받지 못한 인생은 전혀 무의미하다

무의미함 MEANINGLESSNESS

내 아버지 집에 거할 곳이 많도다 그렇지 않으면 너희에게 일렀으리라
내가 너희를 위하여 처소를 예비하러 가노니 _요한복음 14:2_

내가 이 세상에서 하나님의 사랑과 자비와 은혜를 얻지 못한다면 그
것은 누구에게 책임이 있는가? 보좌에 앉아 계신 하나님께는 전혀
책임이 없다. 왜냐하면 그분은 내가 구원을 얻을 수 있도록 모든 준
비를 다 해놓으셨기 때문이다. 보좌 앞에 서신 어린양에게도 책임이
없다. 왜냐하면 그분은 내 죄를 위해 죽으시고, 나를 의롭다 하기 위
해 부활하셨기 때문이다. 광채를 발하는 불같은 성령께도 책임은 없
다. 왜냐하면 그분은 온 세상 사람들에게 그리스도의 구원의 복음을
전해주시기 때문이다. 사도 요한의 말을 들어보자.

"보라 내가 속히 오리니 내가 줄 상이 내게 있어 각 사람에게 그의
일한 대로 갚아주리라 …그 두루마기를 빠는 자들은 복이 있으니 이
는 저희가 생명나무에 나아가며 문들을 통하여 성에 들어갈 권세를
얻으려 함이로다 … 성령과 신부가 말씀하시기를 오라 하시는도다
듣는 자도 오라 할 것이요 목마른 자도 올 것이요 또 원하는 자는 값
없이 생명수를 받으라 하시더라"(계 22:12,14,17).

이 세상에서 하나님의 구원을 놓치면 이 세상에서 수고한 것들은 모
두 물거품이 되고 만다. 따라서 나는 내게 구원을 주셔서 나의 인생
을 가치 있는 것으로 만들어주신 하나님께 감사한다.

우리가 천국에 간다면 그것은 우리에게 천국에 어울리는 성품이 형성되
었기 때문이다.

믿음과 행함의
두 날개가 필요하다

나의 영혼이 주를 가까이 따르니 주의 오른손이 나를 붙드시거니와_ 시편 63:8

과거에 들은 이야기가 생각난다. 어떤 늙은 성인(聖人)에게 누군가 "하나님의 말씀을 읽는 것이 더 중요합니까, 아니면 기도하는 것이 더 중요합니까?"라고 물었을 때 이 성인은 그에게 "새에게 오른쪽 날개가 더 중요합니까, 아니면 왼쪽 날개가 더 중요합니까?"라고 물었다고 한다. 히브리서 기자는 수신인에게(그리고, 우리에게) 그리스도인들은 믿어야 할 것을 '모두' 믿어야 한다고 말한다. 또한 그리스도인들은 말씀이 행하라고 명령한 것을 '모두' 행해야 한다. '믿음'과 '행함'이라는 두 날개는 그들을 하나님이 계신 데까지 높이 날아오르게 해줄 것이다.

하나님은 자신의 깊은 뜻을 이루기 위해 인간들에게 다양한 정신적 능력을 주셨다. 그런데 그분은 의롭다 함을 얻고 거듭난 신자들에게 전혀 새로운 영적 능력을 주셨다. 그분은 우리가 그분의 말씀을 믿고 생각하고 묵상하기를 원하신다. 그분은 성령이 우리를 가르칠 것이라고 약속하셨다. 그분은 예수 그리스도 안에서 우리에게 모든 복들이 주어질 것이라고 약속하셨다.

오, 하나님! 저는 하나님의 선하심을 맛보았습니다. 하나님의 선하심은 저를 만족시켜주었습니다. 하지만 저는 그 선하심을 더욱 맛보기를 원합니다. 저는 하나님을 원합니다. 저는 하나님을 향한 갈망으로 가득하길 바랍니다. 하나님을 향한 갈증이 날로 더 심해지기를 원합니다. 하나님의 영광을 보여주소서.

어떤 대가를 치르더라도
거룩한 사람이 되라

대가 COST

기록되었으되 주께서 가라사대 내가 살았노니 모든 무릎이 내게 꿇을 것이요 모든 혀가 하나님께
자백하리라 하였느니라 이러므로 우리 각인이 자기 일을 하나님께 직고하리라_ 로마서 14:11,12

신앙적 기쁨 가운데 깊이 빠지지만 그에 상응하는 의로운 생활이 뒤
따르지 않는 사람들이 있다. 이런 사람들은 스스로 속이는 것이다.
거룩함을 추구하지 않으면서 단지 행복만 추구하는 것은 용납될 수
없다. 따라서 우리는 어떻게 하면 행복해질 수 있느냐 하는 문제를
그리스도께 맡겨드리고 하나님의 뜻을 알고 행하는 데 힘써야 한다.
나는 내 말을 심각하게 받아들이는 사람에게 조언하고 싶다. 하나님
께 지혜를 얻으라. 그리고 그분께 "하나님, 저는 어떤 대가를 치르더
라도 거룩한 사람이 되고 싶습니다. 제가 행복한 사람보다 거룩한
사람이 되게 하소서"라고 기도하라. 만일 당신의 거룩함이 약화된
다면 당신의 기쁨 또한 약화되도록 만들라. 그리고 하나님께 "하나
님, 제가 행복하든 행복하지 못하든 저를 거룩하게 하소서"라고 말
씀드려라.

결국 당신이 거룩해지는 만큼 행복해질 것이라고 확신하라. 하지
만 당분간 하나님을 섬기고 그리스도를 닮는 일에 모든 노력을 기
울여라.

그리스도인이 하나님이 주시는 은혜 가운데 이루어야 할 최종 목표는 단
지 그의 현재 또는 미래의 행복이 아니라 하나님의 영광이다.

옛 우물을 파야 한다

구하여도 받지 못함은 정욕으로 쓰려고 잘못 구함이니라_ 야고보서 4:3

친구여, 우리는 옛 우물을 파야 한다. 우리는 우리 영혼이 말라버리고 우리 마음이 차가워졌다는 것을 깨달아야 한다. 우리는 하나님을 더욱 갈망하고 그분의 영을 부어주심을 더욱 사모하고 그분을 닮아가는 기쁨으로 더욱 충만하겠다고 거듭 결심해야 한다.

화목과 고백의 성경적 우물을 다시 파겠다는 의지가 신자들 사이에 충만할 때 비로소 교회는 새로워졌고 복을 받았다. 그리스도인들이 서로 좋지 않은 감정을 가지고 있다면 그들은 그런 감정을 털어버리고 화목해야 한다. 그들은 고백하고 용서를 구해야 한다.

지금 나는 실제적인 죄와 잘못에 대하여 언급하는 것이다. 사소한 일에 계속 얽매어 있는 사람들도 있다. 그러나 하나님은 우리에게 성령님을 보내주셔서 우리 마음에 감동을 주었고 우리를 인도해주셨다. 또한 하나님은 우리에게 선한 지혜를 주셔서 우리의 양심과 협력하도록 하셨다.

기도하는 것으로 순종을 대신하려고 애쓰는 경우도 있는데 그것은 부질없는 짓이다. 순종하지 않고 그 대신 기도한다는 것은 있을 수 없다.

어제의 하나님은 또한
오늘의 하나님이시다

오늘 TODAY

우리 산 자가 항상 예수를 위하여 죽음에 넘기움은 예수의 생명이
또한 우리 죽을 육체에 나타나게 하려 함이니라_ 고린도후서 4:11

오늘은 우리의 날이다. 오늘 우리가 영적 은혜를 받기 위한 조건을
충족시킨다면 우리는 얼마든지 영적 은혜를 받을 수 있다. 현재 우
리가 누릴 수 없는 영적 은혜를 누렸던 사람은 역사상에도 없었다.
비록 이 시대가 도덕적으로 과거보다 더 어둡다고 해도 우리는 이
어두운 시대를 배경으로 도덕적으로 더욱 밝은 빛을 발할 수 있다.

우리 하나님은 어제의 하나님이시지만 또한 오늘의 하나님이시다.
우리의 내일이 어떻게 되더라도 우리 하나님은 아브라함과 다윗과
바울과 함께하셨듯이 우리와 함께하실 것이다.

아브라함과 다윗과 바울 같은 위대한 신앙인들은 그들의 시대에 우
리를 필요로 하지 않았다. 이제 그들이 다시 나타나서 우리를 도울
수도 없다. 그러나 하나님을 찬양하라! 그들보다 무한히 크신 분이
지금 우리를 도우실 수 있다. 그들의 하나님과 그들의 구주께서 지
금 우리와 함께 계신다. 그들을 신앙의 위인으로 만들어주셨던 성령
님이 지금 우리와 함께하신다.

● '현재'라는 시간을 제대로 사용하는 것이 우리의 삶을 향한 하나님의 뜻
에 부합하는 삶을 사는 것이다. 그러므로 우리는 시시각각 우리에게 주어
지는 순간들을 선용하여 우리의 사명을 온전히 이루어드려야 한다.

영적인 보물을 추구하라

깊도다 하나님의 지혜와 지식의 부요함이여,
그의 판단은 측량치 못할 것이며 그의 길은 찾지 못할 것이로다_ 로마서 11:33

우리 주님은 우리를 잘 아신다. 주님은 우리에게 선택의 기회를 부여하셨다. 나는 우리 주 예수님이 자신의 영을 통해 "조심하라! 너희는 세상적 가치들을 앞세우고 영적 보물들을 두 번째로(아니면, 맨 끝으로) 밀어내려는 유혹에 빠지기 쉽다"라고 우리에게 계속 말씀하신다고 믿는다.

그러므로 우리는 무엇을 우리의 최고의 것으로 삼아야 할지 선택해야 한다.

나는 이렇게 부르짖고 싶다고 고백하겠다.

"나의 하나님이시여! 하나님께서 주신 복에 대하여 저는 늘 감사해야 합니다. 그러나 저에게는 아주 많은 세상의 보물들이 있습니다. 저는 이런 보물들을 언젠가 모두 버려야 한다는 것을 압니다. 이제 저는 영적인 보물들을 다른 것들보다 더 먼저 추구하겠다고 결심합니다. 영적인 보물만이 영원합니다."

하나님은 우리가 언제나 하나님과 하나님나라를 위한 결단을 내리기 원하신다.

하나님나라에서 무엇을 계속 간직할 수 있는 가장 좋은 길은 그것을 포기하는 것이다. 하나님나라에서 무엇을 잃어버리는 가장 확실한 길은 그것을 간직하려고 애쓰는 것이다.

신앙은 전진해야 한다

푯대를 향하여 그리스도 예수 안에서 하나님이 위에서 부르신
부름의 상을 위하여 좇아가노라_ 빌립보서 3:14

성경에서 흔히 발견하게 되는 명령은 "뒤로 돌아가라"가 아니라 "전
진하라"이다. 야곱은 제단으로 돌아갔으나 그것은 영적으로 후퇴한
것이 아니라 전진한 것이었다. 탕자는 "내가 되돌아가겠다"라고 말
하지 않고 "내가 일어나 아버지께 가겠다"(눅 15:18)라고 말했다.

탕자가 아버지께 가겠다고 결심한 장소로부터 아버지의 집까지 가
는 길은 도덕적 의미에서 앞으로 가는 길이었다. 그의 발걸음은 후
퇴가 아니라 전진이었다.

우리의 전진 목표는 언제나 하나님의 뜻이다. 우리의 의지(意志)는
그분이 계신 곳을 향해야 한다. 하나님을 향해 가는 발걸음은 언제
나 전진하는 발걸음이다. 회개는 과거로 돌아가는 것이 아니라 더욱
영광스런 미래로 나아가는 단호한 행진이다. 원상회복은 과거로의
회귀가 아니라 복된 미래를 향한 전진이다.

만일 우리의 발걸음이 뒤로 향하고 있음을 깨닫는다면 우리는 즉시
방향을 180도로 바꾸어 앞으로 나아가야 할 것이다.

우리를 인도하고 다루시는 하나님의 최종 목적은 우리를 더욱 높은 단계
로 성장시키는 것이다. 우리의 영혼에 닥칠 수 있는 최악의 재앙은 바로
현재 상태에 만족하는 것이다.

먼저 개인적 부흥을 체험하라

나의 복음과 예수 그리스도를 전파함은 영세 전부터 감취었다가 지혜로우신 하나님께
예수 그리스도로 말미암아 영광이 세세무궁토록 있을지어다 아멘_ 로마서 16:25,27

누군가 하나님께 최고의 복을 받겠다고 결심할 경우, 성령님은 즉시 그를 개인적으로 주목하기 시작하신다. 그분은 그에게 "교회의 다른 신자들이 신앙의 잠에서 깨어날 때까지 기다려라. 그들이 네 수준으로 오를 때까지 너는 복을 받지 말고 지내라"라고 말씀하지 않으신다. 그는 그의 그리스도인 형제자매들의 실패 때문에 벌을 받지도 않는다.

하나님이 어떤 개인을 상대하실 때에는 이 세상에 오직 그 사람만 존재하는 것처럼 그를 대하신다.

이것이 부흥의 문제에 너무 개인주의적으로 접근하는 것이라고 생각하는가? 그렇다면 종교라는 것이 '사회적인 것'이기 이전에 먼저 '개인적인 것'이라는 사실을 명심하라.

오늘날 평범한 수준에서 신앙생활을 하는 그리스도인들은 교회의 영성이 드높아지기를 바라기 전에 개인적으로 먼저 부흥을 체험해야 한다.

하나님 앞으로 나아가 개인적인 부흥을 체험하는 사람이 교회 부흥에 기여할 수 있다.

하나님께서는 하나님을 깊이 사랑하는 자들에게 자신을 나타내실 것이다. 이 말은 결코 근거 없는 사색에서 나온 말이 아니다(요 14:21). 하나님은 틀림없이 그렇게 하실 것이다.

자신의 은사를 발견하여
선한 청지기가 되라

청지기 | STEWARD

너희는 그리스도의 몸이요 지체의 각 부분이라_ 고린도전서 12:27

교회가 해야 할 일은 너무 많고 다양하기 때문에 사람이 혼자서 감
당할 수 없다.

그렇기 때문에 하나님은 교회의 일을 여러 부분으로 나누어서 각 사
람에게 맡기고 그들에게 필요한 은사를 주셨다. 하나님은 일을 할당
함으로써 일꾼들의 부담을 줄이고 그들의 일처리가 매끄럽게 이루
어지도록 하셨다. 이를 위하여 하나님은 기독교 공동체의 다양한 구
성원들에게 각양 성령의 은사를 주셨다. 다른 점에서도 하나님의 지
혜가 드러나듯이 여기서도 하나님의 지혜가 나타난다.

자신의 은사를 발견하고 "하나님의 각양 은혜를 맡은 선한 청지기"
(벧전 4:10)가 되어 그리스도의 몸의 다른 지체들을 위해 봉사하는
사람들은 복이 있다.

성령님은 우리를 취하고 통제하고 도구와 기관으로 사용하기를 원하신
다. 이렇게 하심으로써 성령님은 자신을 그리스도의 몸 안에서 나타내신
다. 하나님의 영과 그분의 임재와 그분의 은사들은 교회에서 '있으면 좋
지만 없어도 되는' 것이 아니다. 절대적으로 있어야 한다.

의인은 그 뿌리로
말미암아 결실한다

경건한 뿌리 HOLY ROOT

오직 성령의 열매는 사랑과 희락과 화평과 오래 참음과 자비와 양선과 충성과 온유와 절제니
이 같은 것을 금지할 법이 없느니라_ 갈라디아서 5:22,23

나는 전 세계 그리스도인들에게 "당신은 하나님의 도움을 받아 성령의 아름다운 열매를 맺고 성령의 향기를 풍기기 원하는가?"라고 묻고 싶다. 그들이 "그렇다"라고 대답한다면 나는 즉시 "그렇다면, 당신은 거룩한 삶의 습관을 만들겠다는 확고한 의지가 있는가?"라고 다시 물을 것이다. 식물을 심지도 않았는데 갑자기 꽃이 피거나 열매를 맺는 것은 아니다. 식물을 심어야 그것이 그 뿌리로부터 자라나 꽃이 피고 열매를 맺는 것이다.

"의인은 그 뿌리로 말미암아 결실하느니라"(잠 12:12).

당신을 유혹하는 향기를 내뿜는 아름다운 정원이 당신의 눈에 보이는가? 그런 정원이 있다면 그곳의 식물들은 땅속 깊이 뿌리를 내리고 있을 것이다. 뿌리가 깊이 내리고 줄기가 튼튼히 자랄 때 비로소 꽃이 피어 만발하고 탐스러운 열매를 맺는 것이다. 만일 뿌리를 제거한다면 그 꽃은 하루 만에 시들어 죽고 말 것이다.

그리스도께서 우리 안에서 만들어내기 원하시는 형상은 무엇인가? 우리에게 본받으라고 명하시는 그분의 생명의 특징은 무엇인가? 그분은 나의 일, 나의 환경, 나의 어려움과 관련하여 내게 어떤 모범을 보여주시는가? 그분은 내가 어떤 은혜로운 생각을 품고 발전시켜나가기를 원하시는가?

하나님은 우리의 선한 삶에 반드시 보상하신다

보상 REWARDS

자기의 육체를 위하여 심는 자는 육체로부터 썩어진 것을 거두고 성령을 위하여 심는 자는
성령으로부터 영생을 거두리라_ 갈라디아서 6:8

성령님으로부터 보상을 받기 위해 우리가 끊임없이 해야 할 일은 그
분께 순종하는 것이다. 삼위일체 하나님께 영광을 돌리겠다는 목적
으로 성령으로 충만하여 그리스도께 순종하여 행한 일들은 영원한
복의 씨앗이다.

우리는 행위를 통해서가 아니라 그리스도의 구속(救贖)을 믿음으로
써 '생명'이라는 최초의 선물을 하나님께 받는다. 중생의 기적이 일
어난 후 그리스도인의 미래는 주로 그가 어떻게 하느냐에 달려 있
다. 그가 자기를 부인하고 십자가를 지고 겸손히 순종한다면 그의
행위는 생명과 영원한 영광의 씨앗이 될 것이다.

그가 자신의 사랑의 행위를 잊어버리거나 대수롭지 않게 여길지라
도 하나님은 그의 행위를 잊지 않으신다. 결코 잊지 않으신다.

우리가 하나님의 뜻에 부합하는 삶을 살았다면 우리는 뜨거운 햇볕
아래 하루의 수고가 끝난 뒤 그 열매를 맛볼 수 있을 것이다.

하나님께서 계속 당신을 기뻐하시며 당신에게 미소 지으시기를 원하는
가? 그렇다면 전심으로 예수께 헌신하며 그분의 뜻에 무조건 순종하라.

잘못된 믿음으로
천국에 가려고 해서는 안 된다

신앙을 믿는 신앙 FAITH IN FAITH

첫째는 내가 예수 그리스도로 말미암아 너희 모든 사람을 인하여
내 하나님께 감사함은 너희 믿음이 온 세상에 전파됨이로다_ 로마서 1:8

하나님이 그분 자신에 대해 말씀하신 모든 것뿐만 아니라 그분이 우리에 대해 말씀하신 모든 것을 믿는 것이 신앙이다. 우리가 완전히 부패한 악한 존재들이라는 하나님의 선고를 받아들일 때 비로소 우리는 우리를 향한 그분의 선한 약속이 성취될 것이라고 믿을 수 있다.

소위 '인기에 영합하는 종교'는 이 점에서 실패한다. 인기에 영합하는 종교는 인간의 부패성을 지적하고 하나님의 엄격하심을 말하는 교리를 부분적으로만 받아들인다. 이 종교는 하나님의 선하심과 인간의 불운을 강조한다. 이 종교에 따르면, 죄는 용서받을 수 있는 연약함이며 하나님은 우리의 죄에 대해 크게 신경쓰지 않으신다고 한다. 이 종교는 하나님이 우리가 하나님의 선하심을 믿고 의지하기를 원하실 뿐이라고 가르친다.

이런 종교의 주장을 따르는 것은 거짓 위에 믿음을 세우고 모래 위에 소망의 성(城)을 짓는 일이다. 하나님이 계시하신 진리들 중에서 자기 입맛대로 골라서 믿을 수 있는 권리는 우리에게 없다. 왜냐하면 계시의 진리들은 하나님의 말씀이기 때문이다.

'자기의 신앙을 믿는 신앙'은 잘못된 신앙이다. 이런 신앙으로 천국에 가려는 것은 끊어진 다리를 통과해 강을 건너겠다고 차를 몰고 돌진하는 것과 같다.

신앙의 첫 걸음은 하나님이 죄에 대해 말씀하신 것을 받아들이는 것이다.

두려움의 감옥에서 벗어나라

감옥 PRISON

그리스도인들은 어떤 상황에 처하더라도 평안을 잃지 말아야 한다. 하나님께서 우리에게 주신 것은 두려워하는 영이 아니라 능력의 영이요, 사랑의 영이요, 건강한 정신의 영이다. 하늘의 아들이 땅의 아들들 앞에서 두려움에 사로잡혀 움츠리고 있는 것은 씁쓸한 일이다. 두려움은 일종의 마음의 감옥이기 때문에 두려움에 사로잡힌 자는 평생 속박 속에서 살아간다는 것이 성령님과 성경의 가르침이다.

정신적인 고통이나 육체적 고통이 다가올 때 위축되는 것은 자연적인 현상이다. 그러나 그렇더라도 두려움에 사로잡혀서는 안 된다. 고통 앞에서 위축되는 것은 반사작용이지만 두려움에 사로잡히는 것은 죄의 결과이며, 우리를 속박 가운데 묶어두려는 마귀의 활동의 결과이다. 두려움은 구속(救贖)받은 자들에게는 어울리지 않는다.

참신앙은 자신과 자신을 두렵게 만드는 대상 사이에 하나님이 계시도록 함으로써 두려움에서 벗어나도록 한다. 하나님 안에서 사는 영혼은 하나님의 임재에 둘러싸여 있다. 따라서 원수가 그에게 접근하려면 먼저 하나님을 쫓아내야 한다. 그러나 그것은 불가능한 일이다.

믿음은 의기소침, 낙심, 마귀의 속삭임 그리고 이 땅의 모든 절망을 물리치고 승리할 수 있는 능력을 준다.

감사하지 않는 것은 죄이다

감사 GRATITUDE

이러므로 여호와여 내가 열방 중에서 주께 감사하며 주의 이름을 찬양하리이다_ 사무엘하 22:50

세상이 우리에게 줄 수 있는 선하고 유익한 것들은 모두 전능하신 하나님이 자신의 사랑과 인자하심에 따라 허락하신 선물이다. 그러나 하나님은 이런 것들만 주신 것이 아니라 더욱 귀한 영적 복을 허락하셨다. 즉, 하나님은 그리스도의 보혈을 통해 구속(救贖), 긍휼, 계시, 영생 그리고 성령님의 내주(內住)를 허락하셨다. 따라서 우리는 하나님께 영원한 빚을 지고 있는 것이다. 우리는 하늘 아버지의 선하신 선물의 억만 분의 일도 갚지 못하는 것이다.

그러므로 이런 모든 복을 받고도 그분에게 감사하지 않는 사람은 참으로 악한 것이다. 감사하지 않는 것은 아주 무거운 죄이다.

성령님의 조명(照明)을 받아 깨달음을 얻은 사람은 하나님의 선하심과 자신의 무가치함을 느낄 때마다 한없이 겸손해지지 않을 수 없다. 이런 사람은 불필요한 것에 욕심을 내지 않을 것이다. 그는 형편상 허락된 것보다 훨씬 많은 것을 이미 누리고 있다는 것에 대해 감사할 것이다.

성령께 바쳐진 거룩한 혀가 있다. 오순절의 불의 통제 아래 있는 거룩한 혀들이 있다. 종종, 선한 혀는 '침묵하는 혀'이다. 우리는 모두 말을 너무 많이 한다. 당신의 혀를 하나님께 넘겨드려라. 그분이 그것을 받으시도록 기도하라. 또한 그것이 당신의 것이 아님을 기억하게 해달라고 기도하라.

그리스도인은 견고하다

이제 하는 말의 중요한 것은 이러한 대제사장이 우리에게 있는 것이라
그가 하늘에서 위엄의 보좌 우편에 앉으셨으니_ 히브리서 8:1

하나님께서 성령님을 통해 자신의 사랑을 그리스도인들에게 무한
히 부어주셨기 때문에 그들은 마음이 뜨겁지 않을 수 없다. 그러나
그들에게는 뜨거운 마음만 있는 것이 아니다. 그들에게는 또한 차가
운 머리도 있다. 왜냐하면 '그리스도 안에서 함께 하늘에 앉는'(엡
2:6) 그들은 이 땅의 어지러운 일들을 초연한 자세로 내려다볼 수 있
기 때문이다. 그들의 육체는 땅에서 벌어지는 일들에 속해 있지만,
그들의 영은 그것을 완전히 초월하기 때문에 거기에 별다른 영향을
받지 않는다. 그들의 보화(寶貨)는 이 땅에 있지 않고 모든 것을 이
기신 그리스도께 있다.

자신들이 하나님의 영원한 목적의 일부라는 것을 잘 아는 그들은 영
적 전쟁에서 일시적으로 전세가 불리하다 할지라도 결코 흔들리지
않는다. 왜냐하면 결국 자기들이 승리할 것임을 알기 때문이다. 반
면, 궁극적인 승리에 대한 확신이 없는 세상 사람들에게는 이런 평
안이 없다. 그렇기 때문에 그들은 오늘은 하늘 높은 줄 모르고 우쭐
하다가 내일은 절망의 나락으로 떨어지고 다시 모레는 미친 듯이 날
뛴다.

자연계에도 가장 강력한 힘은 우리 눈에 보이지 않는다. 영적 세계에서
신앙은 하나님의 무한한 능력을 우리의 능력으로 삼게 해주는 힘이다.

성령님은 우리의
하늘 기업을 약속하신다

기업 INHERITANCE

이제는 내가 너희를 구원하여 너희로 축복이 되게 하리니
두려워 말지니라 손을 견고히 할지니라_ 스가랴서 8:13

그리스도는 자신의 사람들에게 놀라운 복을 풍성히 허락하신다. 그
리스도께서 그들에게 주시는 풍성한 복은 인간의 마음이 이해하지
도 못하고 말로 표현하지도 못한다.

그리스도께서 주시는 복은 현재적이면서도 미래적이다. 진리의 영
을 통해 말한 사도 바울의 증거에 따르면, 하나님께서는 그리스도
안에서 우리에게 모든 신령한 복들을 주셨다. 하나님의 새 창조의
자녀인 우리에게 이런 복들이 허락되었기 때문에 우리가 믿음으로
순종한다면 우리는 이 복을 누릴 수 있다.

진리의 영을 통해 예언한 사도 베드로는, 그리스도의 부활로 말미암
아 영원한 기업이 우리를 위해 하늘에 준비되어 있다고 했다. 이 기
업은 썩지 않고 더러워지지 않고 사라지지 않는 기업이다.

바울의 증거와 베드로의 예언 사이에는 모순이 없다. 바울은 현재
복에 대하여 언급했고, 베드로는 그리스도의 재림 때에 우리에게 주
어질 복에 대해 말한 것이기 때문이다. 사실, 우리의 언어는 우리가
이미 받은 많은 복에 감사하며 하나님을 찬양하기에도 역부족이다.

이런저런 세상의 기쁨을 추구하지 않고 전심으로 하나님께 헌신한다면
즉시 깊은 평안을 맛볼 것이다.

성령으로 거듭나지 않으면 하나님나라를 볼 수 없다

거듭남 REGENERATION

증거하는 이는 성령이시니 성령은 진리니라_ 요한일서 5:7

우리에게서 죄를 제거한다면 우리는 어떤 의미에서 하나님의 축소판이라고 말할 수 있다. 우리가 하나님의 형상으로 만들어졌기 때문에 우리 안에는 하나님을 알 수 있는 잠재적인 능력이 있다. 그러나 우리가 죄 가운데 빠져 있기 때문에 이 잠재적 능력만으로는 하나님을 온전히 알 수 없다.

하나님의 영이 중생을 통해 우리를 하나님의 생명에 동참하게 하는 순간부터 우리는 우리가 하나님의 자녀임을 느끼고 기뻐하게 된다. 성령으로 거듭나는 관문을 통과하지 않으면 누구도 하나님나라를 볼 수 없다. 하지만 거듭남은 끝이 아니라 시작이다. 중생은 무한하신 하나님을 찾는 영광스럽고 복된 여행의 첫걸음이다. 그러나 이 여행이 어디에서 끝나는지 아는 사람은 이제까지 없었다. 왜냐하면 삼위일체 하나님의 신비는 끝이 없기 때문이다.

대양(大洋) 같은 하나님이시여!
누가 하나님의 넓으심을 측량하리이까?
위엄의 하나님이시여!
하나님의 영원하심이 하나님을 두르고 있나이다.

성부, 성자, 성령의 여호와 하나님!
신비의 삼위일체 하나님!
죄인들이 하나님의 보좌 앞에 엎드리나이다.
우리에게 은혜와 용서와 생명을 허락하소서.

우리 얼굴에서
천국의 광채가 나타나는가?

광채 LIGHT

내가 이것을 너희에게 이름은 내 기쁨이 너희 안에 있어
너희 기쁨을 충만하게 하려 함이니라_ 요한복음 15:11

초대교회 신자들의 독특한 특징들 중 하나는 그들의 내부로부터 초
자연적 광채가 뿜어져 나왔다는 것이다. 그들의 마음속에서 태양이
솟아올랐으며, 이 태양의 빛과 열은 그들에게 필요한 신앙적 확신을
심어주기에 충분했다.

그들에게는 내적 증거가 있었다. 이 내적 증거가 그들에게 확신을
주었기 때문에 그들은 확신을 얻기 위해 증거를 교묘히 조작할 필요
가 없었다. 그들의 삶 가운데 큰 능력과 은혜가 나타났기 때문에 그
들은 예수 그리스도의 이름을 위하여 고난을 기쁨으로 이겨냈다.

그러나 오늘날 대부분의 그리스도인들은 초대교회 신자들과 다르
다. 그들에게서 복음의 광채가 뿜어져 나오지 않는다는 것은 분명한
사실이다. 일부 교사들이 그들을 격려하여 침체에서 구해내려고 노
력하지만, 그들의 노력은 열매를 맺지 못한다. 왜냐하면 기쁨, 즉 내
적 증거를 가져다줄 수 있는 현상을 그들 자신이 부정(否定)하기 때
문이다. 그러나 성경은 "하나님의 아들을 믿는 자는 자기 안에 증거
가 있다"(요일 5:10)라고 가르친다.

하나님이 주시는 기쁨은 헌신된 신자들이 누리게 되는 특권이다. 세상이
복음의 진리를 받아들이기 위해서는 먼저 우리 얼굴에 나타난 천국의 빛
을 보아야 한다.

성령님은 우리의
타락한 감정을 회복하신다

회복 RESTORATION

무서워 말라 너희 아버지께서 그 나라를 너희에게 주시기를 기뻐하시느니라_ 누가복음 12:32

죄(罪)가 초래한 가장 큰 재앙은 우리의 정상적인 감정이 타락했다는 점이다. 우리는 웃기지 않는 것을 보고 웃는다. 우리는 인간의 존엄성을 갉아먹는 것들을 보고 즐거워한다. 우리는 결코 우리의 애정의 대상이 될 수 없는 것들을 보고 기뻐한다.

진정한 성도의 특징이라고 할 수 있는 '죄악된 쾌락에 대한 반감(反感)'은 타락한 인간 감정에 대한 항의의 표출이다.

이 세상의 인간들이 만들어낸 쾌락은 무엇을 말해주는가? 그것은 인류가 진정한 삶의 기쁨을 누릴 능력을 대부분 상실했으며 그 대신 거짓되고 타락한 스릴(thrill)을 탐닉한다는 것을 말해준다.

성령님은 다른 일도 많이 하시지만 특별히 구속(救贖)받은 사람들의 감정을 본래 위치로 회복시키신다. 성령님은 자신의 수금 줄을 새로 바꾸시며, 죄 때문에 막혔던 기쁨의 샘을 다시 여는 일을 하신다.

행복은 우리의 의지와 하나님의 의지 사이의 조화로운 일치에서 나오는 내적 희락이다.

인간적인 노력으로는
육을 영으로 바꿀 수 없다

육 FLESH

너희가 믿음에 있는가 너희 자신을 시험하고 너희 자신을 확증하라 예수 그리스도께서 너희 안에
계신 줄을 너희가 스스로 알지 못하느냐 그렇지 않으면 너희가 버리운 자니라_ 고린도후서 13:5

교회가 어떤 사람을 억지로 그리스도인으로 선포한다고 해서 그가
그리스도인이 되는 것은 아니다. 그는 오직 중생(重生)을 통해서만
그리스도인이 될 수 있다. 다시 말해서 성령님이 그의 안에 거하실
때 그는 그리스도인이 되는 것이다.

성령님에게서 난 것만이 영(靈)이다. 아무리 많은 고위 성직자들이 나
서서 애를 쓴다 하더라도 육(肉)을 영(靈)으로 바꿔놓을 수는 없다.

학습문답, 세례식, 성찬식, 신앙고백 같은 것을 전부 동원한다 할지
라도 육을 영으로, 아담의 아들을 하나님의 아들로 바꿀 수는 없다.

사도 바울은 갈라디아 교인들에게 "너희가 아들인 고로 하나님이
그 아들의 영을 우리 마음 가운데 보내사 아바 아버지라 부르게 하
셨느니라"(갈 4:6)라고 말하고, 로마의 그리스도인들에게는 "만일
너희 속에 하나님의 영이 거하시면 너희가 육신에 있지 아니하고 영
에 있나니 누구든지 그리스도의 영이 없으면 그리스도의 사람이 아
니라"(롬 8:9)라고 말했다.

❋

죄인이 수양(修養)을 통해 인격적으로 성숙한다고 해서 회개에 이르는 것
은 아니다. 하나님이 그를 회개케 하실 때 비로소 그는 회개하게 된다. 회
개한 다음 그는 은혜 안에서 성숙해간다.

오순절의 영속을 믿어라

영속 PERPETUATION

저희가 다 성령의 충만함을 받고 성령이 말하게 하심을 따라
다른 방언으로 말하기를 시작하니라_ 사도행전 2:4

나는 오순절의 반복을 믿지는 않지만 오순절의 영속(永續)은 믿는
다. 이 두 가지 사이에는 큰 차이가 있다. 요컨대, 오순절은 왔다가
가버린 사건이 아니다. 그것은 이 땅에서 머물러 있는 사건이다.

오순절의 영속적(永續的) 요소는 무엇인가? 이 요소가 무엇인지 알
려면 우리는 주님의 약속이 무엇인지 알아야 한다. 요한복음 14장
16절에서 예수님은 "내가 아버지께 구하겠으니 그가 또 다른 보혜
사(保惠師)를 너희에게 주사 영원토록 너희와 함께 있게 하시리라"
(요 14:16)라고 약속하셨다.

내가 아는 한, 오순절 사건 이후 이제까지 '하늘로부터 임한 급하고
강한 바람 같은 소리' (행 2:2)가 들리거나 '불의 혀같이 갈라지는
것' (행 2:3)이 보이는 일은 반복되지 않았다. 그러나 보혜사가 오셨
다. 그분이 오셔서 주님의 제자들을 충만케 하셨다. 그분이 오셔서
그들 안에 거하셨다. 그분이 오셔서 예수님을 증거하셨다. 그분은
이 땅에 오셔서 올바로 행하고 하나님의 일을 이룰 수 있는 능력을
그들에게 주셨다. 그후 이 능력은 이 땅에 머물렀고 지금도 머물러
있다.

하나님은 가장 겸손한 그리스도인에게 기적의 삶을 살라고 명하신다. 기
적의 삶은 인간의 능력으로는 살 수 없는 도덕적이며 영적인 삶을 말한
다. 오직 예수 그리스도의 능력에 힘입어 우리는 이런 삶을 살 수 있다.

성령 강림은
주님의 약속의 성취이다

성취 FULFILLMENT

그후에 내가 내 신을 만민에게 부어주리니 너희 자녀들이 장래 일을 말할 것이며
너희 늙은이는 꿈을 꾸며 너희 젊은이는 이상을 볼 것이며_ 요엘서 2:28

현재 일부 그리스도인들은 이렇게 말한다.

"성령 강림은 과거에 영원히 단번에 이루어졌다. 성령 강림은 하나님께서 세대의 발전 단계 중 한 단계에서 이루신 역사적 사건이다. 이것은 과거에 이미 끝난 일이기 때문에 이것에 대해 지금 이러쿵저러쿵 하는 것은 무의미하다. 우리가 예수를 믿으면 그것으로 충분하다. 더 이상 무엇을 어떻게 할 필요는 없다."

그러나 이 주장은 잘못된 것이다. 우리 주님은 "내가 떠나가는 것이 너희에게 유익이라 내가 떠나가지 아니하면 보혜사가 너희에게로 오시지 아니할 것이요 가면 내가 그를 너희에게로 보내리니"(요 16:7)라고 말씀하셨다. 다시 말해서, 주님은 자신이 아버지께 가서 자신의 백성에게 놀라운 선물을 보낼 것이라고 말씀하셨다.

예수님이 하나님께 가셨고, 그후 성령께서 강림하셨다. 예수님은 자신의 말씀대로 행하셨다. 오순절 사건이 일어났을 때 제자들이 "이것이 주님이 약속하신 것인가? 정말 실망스럽다"라고 말했는가? 결코 그렇지 않다. 성경은 그들이 오순절 사건 때에 매우 감탄했다고 말한다. 그들의 마음과 입술은 감탄으로 가득 찼다. 주님은 자신이 약속하신 것 이상으로 그들에게 충만히 부어주셨다. 왜냐하면 약속은 말로 한 것이지만, 약속의 성취가 바로 성령님이셨기 때문이다.

우리가 성령 충만을 받을 수 있는 조건을 충족하기만 하면 그분은 언제나 우리를 충만케 하실 것이다.

성령님과 동행하는가?

두 사람이 의합지 못하고야 어찌 동행하겠으며_ 아모스서 3:3

아모스서 3장 3절은 '수사 의문문'이다. 이 수사 의문문에는 "뜻이 같지 않은 사람은 동행할 수 없다. 두 사람이 동행하려면 어떠한 점에서 그들이 하나가 되어야 한다"라는 뜻이 담겨 있다.

두 사람이 동행하려면 그들이 동행하기를 '원해야' 하며, 동행하는 것이 자기들에게 유익이 된다고 믿어야 한다. 다시 정리해서 말하자면, 두 사람이 자발적으로 동행하기 위해서 그들은 어떤 점에서 하나가 되어야 한다.

지금 나는 우리가 어떻게 하면 성령님과 교제하는 법을 훈련할 수 있는지, 어떻게 하면 날마다 시간마다 성령님과 동행할 수 있는지 말하고 있는 것이다. 당신이 지금보다 더욱 향상된 영적인 삶을 살기 원한다면 이 점을 기억하라. 성령님은 살아 계신 인격체이시라는 사실이다. 성령님은 성삼위(聖三位) 가운데 제3위이시다. 성령님은 하나님이시다. 성령님은 인격체이시기 때문에 우리가 그분께 가까이하면 성령님과 우리 사이는 그만큼 교제가 깊어진다.

진정한 그리스도인은 하나님 대신 세상과 죄를 섬길 수 없다. 하나님을 향한 그들의 순종이 비록 완전하지 못하더라도 그것은 '습관화된 순종'이 된다.

예수께 영광을 돌리라

한 마음과 한 입으로 하나님
곧 우리 주 예수 그리스도의 아버지께 영광을 돌리게 하려 하노라_ 로마서 15:6

당신이 지금보다 더욱 향상된 영적인 삶을 살기 원한다면 예수님만 바라보라. 예수님을 공경하라. 요한은 "이는 그를 믿는 자의 받을 성령을 가리켜 말씀하신 것이라 (예수께서 아직 영광을 받지 못하신 고로 성령이 아직 저희에게 계시지 아니하시더라)"(요 7:39)라고 말했다.

부탁하건대, 예수께서 영광을 받으셨을 때 제자들이 성령을 받았다는 것에 주목하라. 이것은 매우 중요한 사실이다. 예수님이 영광을 받으셨을 때 성령님이 오셔서 마치 홍수처럼 사람들을 덮으셨다. 성령님은 예수께 영광을 돌리지 않는 사람에게는 홍수처럼 임하시지 않는다.

만일 당신이 예수님의 영광을 드러내기 위해 헌신한다면 성령님이 찾아오셔서 당신을 높이고 충만케 하고 당신에게 빛을 비춰주시며 복을 허락하실 것이다.

예수께 영광을 돌리는 것은 성령님의 일이요, 또한 교회의 일이다.

◉

하나님의 계명에 순종하는 것은 그리스도인에게 고역(苦役)이 아니다. 하나님의 영광은 그의 존재의 궁극적인 목적이다.

의 안에서 행하라

여호와의 모든 길은 그 언약과 증거를 지키는 자에게 인자와 진리로다_ 시편 25:10

당신이 지금보다 더욱 향상된 영적인 삶을 살기 원한다면 이 점을 기억하라. 우리는 의(義) 안에서 행해야 한다. 우리에게 구원을 주시는 하나님의 은혜는 우리가 이 세상에서 불경건과 세상적인 정욕을 버리고 근신과 정직과 경건의 삶을 살도록 가르치신다.

결국 이것은 우리 삶의 세 가지 측면과 관계된다. 근신은 나 자신에 대한 것이며, 정직은 이웃에 대한 것이며, 경건은 하나님에 대한 것이다.

신령하면서 동시에 선하지 않은 삶을 살 수 있다고 착각하지 말라. 성령님과 동행하면서 비뚤어지고 더럽고 불의한 길로 갈 수 있다고 착각하지 말라. 서로 화합할 수 없는 두 사람이 동행할 수는 없는 법이다.

성령님은 '거룩한 영'이시다. 내가 거룩하지 못한 길을 간다면 어떻게 그분과 교제를 나눌 수 있겠는가?

성경은 하나님께서 우리의 마음을 깨끗케 하는 일을 하신다고 가르친다. 사람들이 이 진리를 아무리 부인할지라도 이것은 사실이다. 요한은 예수 그리스도의 피가 우리를 모든 죄에서 깨끗하게 하시는 것은 우리가 빛 가운데 행할 때임을 강조했다(요일 1:7).

악한 생각을 버리라

악한 생각 EVIL THOUGHTS

하나님이여 나를 살피사 내 마음을 아시며 나를 시험하사 내 뜻을 아옵소서
내게 무슨 악한 행위가 있나 보시고 나를 영원한 길로 인도하소서_ 시편 139:23,24

당신이 지금보다 더욱 향상된 영적인 삶을 살기 원한다면 이 점을 기억하라. 우리는 우리의 생각을 '깨끗한 성소(聖所)'로 만들어야 한다. 우리의 생각은 우리가 사는 성소 내부의 장식(裝飾)들이다. 우리의 생각이 그리스도의 보혈로 깨끗케 되었다면, 우리가 기름에 찌든 작업복을 입고 있더라도 우리는 영적으로 깨끗한 방에 살고 있는 것이다.

우리의 생각은 우리 마음을 지배하기 때문에 생각에 따라서 우리의 기분이 달라진다. 그리고 하나님은 우리의 생각을 우리의 일부로 간주하신다.

평안의 생각, 긍휼의 생각, 자비의 생각, 친절한 생각, 사랑의 생각, 하나님에 대한 생각, 하나님의 아들에 대한 생각, 이런 생각들은 깨끗하고 선하고 고상한 것이다.

그러므로 우리가 성령님을 더욱 깊이 알려고 한다면 우리는 우리의 생각을 다스려야 하며, 우리 마음이 온갖 종류의 더러운 짐승들이 우글거리는 밀림으로 변하도록 방치해서는 안 된다. 성령님과 동행하려는 자는 깨끗한 마음을 가져야 한다.

악한 생각은 사탄의 사자(使者)들이다. 사탄은 그리스도인의 마음 안으로 들어가기 위해 먼저 그에게 악한 생각을 집어넣는다. 그리스도인들이 이 악한 생각을 받아들이려고 하면 사탄은 자기가 조만간 그에게 들어갈 수 있다는 것을 알고 기뻐한다.

말씀 안에서 성령님을
알기 위해 힘써라

주의 말씀의 맛이 내게 어찌 그리 단지요 내 입에 꿀보다 더하니이다
주의 법도로 인하여 내가 명철케 되었으므로 모든 거짓 행위를 미워하나이다_ 시편 119:103,104

당신이 지금보다 더욱 향상된 영적인 삶을 살기 원한다면 이 점을
기억하라. 우리는 말씀(성경) 안에서 성령님을 알기 위해 힘써야 한
다. 우리가 성령님을 찾을 수 있는 곳이 바로 말씀이다. 왜냐하면 성
경을 쓰신 분이 바로 성령님이시기 때문이다. 성경을 기록한 사람들
은 성령님이 주시는 영감(靈感)에 따라 성경을 기록했다. 그렇기 때
문에 우리는 성경에서 성령님을 발견할 수 있다.

우리는 성경을 어떻게 사용해야 하는가? 우리는 성경말씀을 묵상해
야 한다. 성경을 펴서 책상 위에 놓고 묵상하자. 그러면 성경이 우리
에게 열릴 것이며, 하나님의 영이 그 위에 임하실 것이다.

그러므로 성경을 묵상하라. 나는 당신에게 도전한다. 한 달만이라도
성경을 묵상하고, 어떤 결과가 생기는지 지켜보라. 성경을 읽을 때
질문도 하지 말고 대답도 하지 말라. 성경의 여백에 글을 써넣지도
말라. 단지 성경을 꺼내어 편 다음 무릎을 꿇고 "아버지여, 제가 여
기 있사오니 저를 가르치소서"라고 기도하라.

그러면 그분이 당신을 가르치시기 시작할 것이다. 그분은 그분 자
신, 예수님, 성령님, 말씀, 생명, 죽음, 천국, 지옥 그리고 그분의 임
재에 대하여 가르치실 것이다.

우리의 마음이 성령으로 충만해진 다음 우리는 우리의 머릿속을 성경에
기록된 진리와 사실들로 채워야 한다. 성경은 은혜와 지식에 대해서도 가
르친다. 이 두 가지는 서로 잘 어울린다.

성령님의 임재를
느끼도록 훈련하라

내가 네게 명한 것이 아니냐 마음을 강하게 하고 담대히 하라 두려워 말며 놀라지 말라
네가 어디로 가든지 네 하나님 여호와가 너와 함께하느니라 하시니라_ 여호수아서 1:9

당신이 지금보다 더욱 향상된 영적인 삶을 살기 원한다면 이 점을
기억하라. 어디에서나 성령님의 임재를 느낄 수 있도록 훈련하라.
성령님을 가까이하고 성령님의 임재를 훈련하라. 아침에 일어나면
가장 먼저 과일을 먹거나 신문에 머리를 파묻지 말고 하나님을 생각
하라.

성령님을 가까이하는 것이 하나의 소임임을 기억하라. 그러나 이것
이 동시에 쉽고 즐거운 일이 될 수 있다는 것도 기억하라. 이 일이 목
사들만의 일인가? 물론 목사들의 일이다. 그러나 이것은 가정주부,
학생, 가게 점원을 위한 일이기도 하다. 당신이 이 일의 중요성을 깨
닫고 이 일을 성실히 수행한다면, 당신은 세속의 길로 달려가지 않을
것이며, 당신의 행동 역시 결코 비속(卑俗)하지 않을 것이다.

우리가 세상적으로 아무리 천한 직종에 종사한다 하더라도 성령님
이 우리와 함께하시며 그리스도께서 우리의 모든 것이 되신다면, 우
리의 직업은 성직(聖職)이 된다.

성화된 삶은 하나님 중심의 삶이다. 성령 충만한 영혼은 결코 권태에 빠
지지 않는다. 성령 충만한 영혼은 모든 것에서 하나님을 보고 느낀다.

성.경.색.인

구약성경

신약성경

Holy Spirit 홀리스피리트

초판 1쇄 발행	2006년 3월 13일
초판 28쇄 발행	2023년 2월 28일

지은이 A. W. 토저
옮긴이 이용복

펴낸이 여진구
편집 이영주 박소영 최현수 안수경 김도연 김아진 정아혜
책임디자인 마영애 노지현 조은혜 이하은
홍보·외서 진효지
마케팅 김상순 강성민   **마케팅지원** 최영배 정나영
제작 조영석   **경영지원** 김혜경 김경희 이지수

303비전성경암송학교 박정숙
이슬비전도학교 / 303비전성경암송학교 / 303비전꿈나무장학회

펴낸곳 규장

주소 06770 서울시 서초구 매헌로 16길 20(양재2동) 규장선교센터
전화 02)578-0003   팩스 02)578-7332
이메일 kyujang0691@gmail.com   홈페이지 www.kyujang.com
페이스북 facebook.com/kyujangbook   인스타그램 instagram.com/kyujang_com
카카오스토리 story.kakao.com/kyujangbook
등록일 1978.8.14. 제1-22

ⓒ 한국어 판권은 규장에 있습니다.
이 출판물은 저작권법에 의해 보호를 받는 저작물이므로 무단 전재와 무단 복제를 할 수 없습니다.

책값 뒤표지에 있습니다.
ISBN 978-89-7046-377-3 03230

규 | 장 | 수 | 칙

1. 기도로 기획하고 기도로 제작한다.
2. 오직 그리스도의 성품을 사모하는 독자가 원하고 필요로 하는 책만을 출판한다.
3. 한 활자 한 문장에 온 정성을 쏟는다.
4. 성실과 정확을 생명으로 삼고 일한다.
5. 긍정적이며 적극적인 신앙과 신행일치에의 안내자의 사명을 다한다.
6. 충고와 조언을 항상 감사로 경청한다.
7. 지상목표는 문서선교에 있다.

하나님을 사랑하는 자 곧 그의 뜻대로 부르심을 입은 자들에게는 모든 것이 合力하여 善을 이루느니라(롬 8:28)

규장은 문서를 통해 복음전파와 신앙교육에 주력하는 국제적 출판사들의
협의체인 복음주의출판협회(E.C.P.A:Evangelical Christian Publishers
Association)의 출판정신에 동참하는 회원(Associate Member)입니다.